Melchior Palágyi: Der Gegensatz von Geist und Leben

Melchior (Menyhért) Palágyi, 1859-1924

REIHE LEBENSPHILOSOPHIE (GRUNDLAGENTEXTE)

MELCHIOR PALÁGYI

Der Gegensatz von Geist und Leben

Schriften zur schöpferischen Verbindung von Erkenntnistheorie und Vitalismus

HERAUSGEGEBEN UND EINGELEITET
VON HEIKO HEUBLEIN

ALBVNEA VERLAG MVENCHEN

Das Porträtfoto auf S. 2 stammt aus dem Nachlass von Ludwig Klages.
Mit freundlicher Genehmigung des Deutschen Literaturarchivs Marbach.

Seldeneckstr. 18
D-81243 München
www.albunea.de
info@albunea.de

Herstellung: Books on Demand GmbH, Norderstedt

ISBN 978-3-937656-23-6

INHALT

Vorwort

von Prof. Dr. Christian Möckel

Das nicht unerhebliche Werk des dem Vitalismus und der Lebensphilosophie verbundenen ungarischen Physikers und Philosophen Melchior (Menyhért) Palágyi (1859-1924), der auf Ungarisch und – seit 1901 – auf Deutsch veröffentlicht, umfasst naturwissenschaftliche Schriften wie die *Neue Theorie des Raumes und der Zeit. Die Grundbegriffe einer Metageometrie* (Leipzig 1901, später aufgenommen in den Band *Zur Weltmechanik*, Leipzig 1925, in der er unter lebenswissenschaftlichem Blickwinkel Grundlagen für die Relativitätstheorie formuliert), der modernen Logik gewidmete wie *Der Streit der Psychologisten und Formalisten in der modernen Logik* (Leipzig 1902, eine Kritik von Husserls *Logischen Untersuchungen* 1900/01), oder *Die Logik auf dem Scheidewege* (Berlin 1903), und philosophische wie die *Naturphilosophische[n] Vorlesungen über die Grundprobleme des Lebens und des Bewußtseins* (1907, 2. Aufl. 1924) oder die *Theorie der Phantasie* (Osterwick 1908, in der er das Konzept einer virtuellen Phantasie als einem Ordnungs- und Bewegungserlebnis entwirft). Obwohl heute von Philosophen – und Physikern – scheinbar weitgehend vergessen, was allerdings nicht ganz stimmt, wird Palágyi von seinen Zeitgenossen durchaus zur Kenntnis genommen und rezipiert,[1] worauf in der der Ausgabe beigegebenen Einleitung ausführlich eingegangen wird. Unter den frühen zeitgenössischen Rezipienten figurieren der Physiker Max Born[2] und der Phänomenologe Edmund Husserl, der 1900 den Psychologismus unter den Logikern radikal verworfen hatte.[3]

Bemerkenswert sind die mehrfach bezeugten Anregungen, die Palágyi ab 1908 auf den Lebensphilosophen Ludwig Klages ausgeübt hat, u. a. in der Frage der für diesen kennzeichnenden polaren Gegenüberstellung von Geist und Leben. Von da an rezipiert Klages intensiv die Schriften Palágyis, so dass es wenig verwundert, dass er kurz nach Palágyis Tod 1924 ein einführendes Vorwort zum Band *Wahrnehmungslehre* verfasst, der als Bd. 2 der auf drei Bände angelegten

---

[1] Siehe u. a. Goswin Uphues: Zur Krisis in der Logik: eine Auseinandersetzung mit Dr. Melchior Palágyi, Berlin 1903; Werner Deubel: Die Philosophie und Weltmechanik von Melchior Palágyi. In: Preußische Jahrbücher, Bd. 203 (1926), S. 329-356; A. Wurmb: Darstellung und Kritik der logischen Grundbegriffe der Naturphilosophie Melchior Palágyis. Raum – Zeit, Materie – Äther, Diss. Leipzig 1931; Ludwig Wilhelm Schneider: Die erste Periode im philosophischen Schaffen Melchior Palágyis, Würzburg 1942.

[2] Max Born: Palágyi, Melchior: Die Relativitätstheorie in der modernen Physik. In: Die Naturwissenschaften, 3, Nr. 1 (1915), S. 11-12.

[3] Siehe dazu im vorliegenden Vorwort Anm. 18.

Ausgewählte[n] Werke (Leipzig 1924/25) Palágyis mehrere Texte versammelt; der Bd. 3 dieser Werkauswahl enthält Texte zur unvollendet gebliebenen *Weltmechanik* (Leipzig 1925). Ohne Zweifel hat Palágyi auch vom Umgang mit Klages profitiert. Nicht ohne Beachtung darf auch die Würdigung Palágyis durch Philipp Lersch bleiben, einem Lebensphilosophen, von dem der Albunea Verlag München bereits 2011 eine Auswahl einschlägiger Schriften herausgebracht hat. Auf Palágyi kommt dieser – mit Blick auf dessen ‚Schüler' Ludwig Klages – sowohl in dem Forschungsbericht „Lebensphilosophie der Gegenwart" (1932) als auch in seinem Beitrag „Eine Philosophie des Lebens" (1931) zu sprechen.[4] Das in der Reihe *Kröners Taschenausgabe* erscheinende *Philosophische Wörterbuch* von Heinrich Schmidt (9. Aufl. 1934) enthält bereits einen Artikel „Melchior Palágyi (1859-1924)",[5] Arnold Gehlen rezipiert Palágyi in seinem philosophisch-anthropologischen Hauptwerk *Der Mensch* (1940) mehrfach zustimmend,[6] u. a. das Konzept der virtuellen Phantasie, wobei der Begriff der „Bewegungsphantasie" geradezu als eine „Entdeckung" gewürdigt wird.[7]

Obwohl Palágyi in jüngerer Zeit nicht zu den bevorzugt rezipierten Philosophen zählt, nicht zuletzt deshalb, weil er außerhalb der sprachanalytischen Philosophie steht, und seiner Rezeption nach 1945 z. B. in der DDR oder in der Sowjetunion gewiss die Nähe zur Lebensphilosophie und zum Lebensphilosophen Ludwig Klages im Wege stand,[8] wird er bzw. seine Philosophie in den letzten zwei Jahrzehnten durchaus zur Kenntnis genommen, wenn auch oft im Zusammenhang mit Klages gewidmeten Ausarbeitungen, so z. B. bei Franz Tenigl[9] oder bei Ferdinand Fellmann.[10] In Ungarn ist es u. a. der Philosoph Janós Kristóf Nyíri,

---

[4] Siehe Philipp Lersch: Erlebnishorizonte. Schriften zur Lebensphilosophie. Hrsg. und eingeleitet von Thomas Rolf, München 2011, S. 45, 91, 95f., 127f., 130, 135.

[5] Philosophisches Wörterbuch. Von Heinrich Schmidt. 9., neubearbeitete und erweiterte Auflage, Leipzig 1934, S. 467f.

[6] Siehe Arnold Gehlen: Der Mensch. Seine Natur und seine Stellung in der Welt (1940). Textkritische Edition unter Einbeziehung des gesamten Textes der 1. Auflage 1940. Teilband 1. In: Gesamtausgabe. Hrsg. von Karl-Siegbert Rehberg, Frankfurt a. Main 1993, S. 192ff., 209, 212ff., 297, 372f.

[7] Ebd., S. 209.

[8] Palágyi wird weder in der fünfbändigen sowjetischen *Philosophischen Enzyklopädie* (1960-1970), dem Standardlexikon der sowjetischen Philosophie, mit einem Artikel bedacht noch im Namensverzeichnis des ostdeutschen *Philosophischen Wörterbuch[s]* (1. Aufl. 1964, 10. Aufl. 1974), einem Standardlexikon der DDR-Philosophie, erwähnt. Siehe Filosofskaja Enziklopedija. Hrsg. von F. W. Konstantinow, Moskwa 1960-1970, Band 4: Nauka logiki – sigeti, (1967); Philosophisches Wörterbuch. Hrsg. von Georg Klaus und Manfred Buhr, Leipzig (1. Aufl. 1964), 10. Aufl. 2 Bde. Leipzig 1974.

[9] Siehe Franz Tenigl: Ludwig Klages. Vorträge und Aufsätze zu seiner Philosophie und Seelenkunde, Bonn 1997, S. 93, 154.

[10] Siehe Ferdinand Fellmann: Lebensphilosophie. Elemente einer Theorie der Selbsterfahrung, Reinbek bei Hamburg 1993, S. 157.

der Palágyi die gebührende Aufmerksamkeit schenkt.[11] Auffällig ist, dass der Philosoph und Physiker Palágyi ebensowenig wie Ludwig Klages ins *Metzler Philosophen Lexikon* (1989), einem aktuellen Standardwerk zur Geschichte der Philosophie,[12] aufgenommen wurde. Gleichsam findet Palágyi im Autoren- und Werkverzeichnis der aktuellen Ausgabe des *Wörterbuch[s] der philosophischen Begriffe* (2013) keine Erwähnung.[13] Um so überraschender und erfreulicher ist die Tatsache zu werten, dass Palágyi sowohl im neueren russischen *Philosophisch-enzyklopädischen Wörterbuch* (1. Aufl. 1997, 2. Aufl. 2005) als auch in der aktuellen *Enzyklopädie Philosophie und Wissenschaftstheorie* (2016) jeweils mit einem eigenen Artikel gewürdigt wird.[14]

Für mich persönlich macht der Tatbestand, dass sich Palágyi sehr früh, 1902, intensiv, wenn auch sehr kritisch, mit den *Logischen Untersuchungen* (1900/01) Edmund Husserls und dem Problem der Grundlegung der Logik auseinandersetzt,[15] den ungarischen Philosophen aus einem weiteren Grunde interessant, sollte doch die Husserlsche Phänomenologie, die sich nach 1907 zunehmend als eine Variante von Transzendentalphilosophie versteht, neben der Lebensphilosophie zu einer der wichtigsten philosophischen Strömungen in der ersten Hälfte des 20. Jahrhunderts werden, und dies nicht ohne gemeinsame Berührungspunkte, auf die der ebenfalls von Palágyi beeinflusste Max Scheler sehr früh hinweist.[16] Dass wegen Palágyis heftiger Kritik[17] und Husserls ebenso heftiger Reaktion darauf

---

[11] Janós Kristóf Nyíri: Wörter und Bilder in der österreichisch-ungarischen Philosophie: Von Palágyi zu Wittgenstein. In: Berichte zur Wissenschaftsgeschichte 24, 3, 2001, S. 147-153.

[12] Metzler Philosophen Lexikon. Dreihundert biographisch-werkgeschichtliche Porträts von den Vorsokratikern bis zu den Neuen Philosophen. Hrsg. von Bernd Lutz, Stuttgart 1989.

[13] Wörterbuch der philosophischen Begriffe. Begründet von Friedrich Kirchner und Carl Michaëlis, fortgesetzt von Johannes Hoffmeister, vollständig neu hrsg. von Arnim Regenbogen und Uwe Meyer, Hamburg 2013.

[14] Artikel „Mel'chior Palad'i (Palágyi)". In: Filosofskij enziklopeditscheskij slovar'. Hrsg. von E. F. Gubskij, G. W. Korabljowa, W. A. Luttschenko, Moskwa (1. Aufl. 1997) 2005, S. 329f.; Artikel „Menyhért (Melchior) Palágyi", in: Enzyklopädie Philosophie und Wissenschaftstheorie. Hrsg. von Jürgen Mittelstraß, Bd. 6: O-Ra, 2. Aufl. Stuttgart 2016, S. 79.

[15] Melchior (Menyhért) Palágyi: Der Streit der Psychologisten und Formalisten in der modernen Logik, Leipzig 1902.

[16] Max Scheler: Versuche einer Philosophie des Lebens. Nietzsche – Dilthey – Bergson. In: Vom Umsturz der Werte. Abhandlungen und Aufsätze. In: Gesammelte Werke, Bd. 3, 5. Aufl.. Bern und München 1972, S. 311-339; siehe dazu auch meinen Beitrag „Lebensphilosophie und Lebensbegriff in der Phänomenologie Husserls". In: Christian Möckel: Husserlsche Phänomenologie. Probleme, Bezugnahmen und Interpretationen, 2. Aufl., Berlin 2016, S. 213-231.

[17] Ferdinand Fellmann kommentiert diese Kritik und ihren Einfluss auf Ludwig Klages 1993 wie folgt: Bei Klages' Strukturanalysen des Bewusstseins finden „sich Einsichten, die es mit der Bewußtseinstheorie der Phänomenologie durchaus aufnehmen können. Leider hat Klages den Phänomenologen Edmund Husserl durch die Brille des Naturphilosophen Melchior Palágyi rezipiert und als ‚Logozentriker' verketzert. Dadurch ist die Möglichkeit

1902/03[18] zwischen beiden kein Gespräch zustande kommen konnte, erscheint mir sehr bedauerlich. Zumindest in der Deutung geistiger Akte als zeitloser, dem Zeitfluss enthobener Akte im Unterschied zu den in der Zeit verlaufenden psychischen, empirischen Akten kommen sich beide ansonsten recht konträre Denker durchaus nahe.

Was am physikalischen und philosophischen Schaffen Palágyis ganz grundsätzlich beindruckt, ist der Umstand, dass er bestimmte Entdeckungen bzw. Thematisierungen auf Jahre vorwegzunehmen scheint; das gilt für die bereits erwähnte Schrift *Neue Theorie des Raumes und der Zeit* (1901) in Bezug auf die Relativitätstheorie Albert Einsteins ebenso wie für seine Theorie der Wahrnehmung hinsichtlich der Idee eines ‚Tieferlegens' der Wahrnehmungsakte ins Lebenstätige, d. h. in Empfindung, Gefühl und virtuelle Phantasie (was Ludwig Klages' und Ernst Cassirers spätere Theorien der Ausdrucksphänomene bzw. der Ausdruckswahrnehmung vornehmen); oder auch hinsichtlich der Idee eines gleichzeitigen ‚Höherlegens' der Wahrnehmung ins Geistige, Symbolische, das selbst wiederum im vitalen Unterbau wurzelt (was u. a. Ernst Cassirers Lehre vom Symbolcharakter der Wahrnehmung oder Edmund Husserls Rede von den noetischen Akten in etwa umsetzen). Und wenn Palágyi den ‚unbewussten' Charakter vieler Vollzüge im vital unterbauten Erfahrungs- und Erkenntnisvermögen des Menschen thematisiert, so bewegt er sich damit in einem breiten philosophisch-wissenschaftlichen Kontext, entwerfen doch Zeitgenossen wie der Ethnologe Franz Boas, der Linguist Ferdinand de Saussure, der Philosoph Eduard von Hartmann und Sigmund Freud, der Begründer der Psychoanalyse, jeweils Theorien vom ‚Unbewussten'.

Der Umstand, dass beispielsweise Ernst Cassirer, der mit seiner *Philosophie der symbolischen Formen* (3 Bde. 1923/25/29) eine weitere wirkmächtige philosophische Richtung der ersten Hälfte des 20. Jahrhunderts begründet und dabei nicht nur die Phänomenologie würdigend im Blick hat,[19] sondern auch die Lebensphilosophie;[20] dass also ein Zeitgenosse, der die Ausdruckslehre Ludwig Klages' – trotz mancher Einwände – außerordentlich schätzt,[21] offenbar nicht auf

---

einer fruchtbaren Kooperation zerstört worden." – Ferdinand Fellmann: Lebensphilosophie. Elemente einer Theorie der Selbsterfahrung, Reinbek bei Hamburg 1993, S. 157f.

[18] Edmund Husserl: Literaturbericht: Melchior Palágyi. Der Streit der Psychologisten und Formalisten in der modernen Logik. In: Zeitschrift für Psychologie und Physiologie der Sinnesorgane, 31, 1903, S. 287-294.

[19] Siehe dazu meinen Beitrag „Ernst Cassirer und die Phänomenologie Edmund Husserls. Inhaltliche Bezugspunkte, Kulturverständnis und Eigenheiten". In: Journal Phänomenologie, Heft 42 (September 2014), S. 17-51.

[20] Siehe dazu meine Monographie: Das Urphänomen des Lebens. Ernst Cassirers Lebensbegriff, (Cassirer-Forschungen Bd. 12) Hamburg 2005.

[21] Ernst Cassirer: Zur Metaphysik der symbolischen Formen. Hrsg. von John Michael Krois unter Mitwirkung von Anne Appelbaum, Rainer A. Bast, Klaus Christian Köhnke, Oswald

Palágyis Schriften zur Wahrnehmung aufmerksam wird (zumindest finden diese und Palágyi selbst weder in den veröffentlichten Werken noch in den nachgelassenen Texten Cassirers Erwähnung; während – wie bereits angedeutet – die eigene Lehre von der unmittelbaren Ausdrucksfunktion, vom Symbolcharakter der Wahrnehmung, ihrer urphänomenalen Strukturiertheit und „symbolische Prägnanz", oder vom nichtkausalen, gleichursprünglichen Charakter scheinbar polarer, letztlich symbolisch vermittelter Relationen wie der zwischen Körper und Seele;[22] aber auch die Kritik am Sensualismus, Psychologismus, an Lebenskrafttheorie und psychologischer Assoziationstheorie ganz offensichtlich gewisse Parallelen zu den früheren Untersuchungen Palágyis aufweisen), macht wohl auch auf bestimmte Probleme bei der Rezeption Palágyis bereits durch die Zeitgenossen aufmerksam, die mit großer Wahrscheinlichkeit die eine oder andere potentiell fruchtbare Diskussion verhindert haben. Möglicherweise hat Palágyi selbst zu diesen Schwierigkeiten der Rezeption beigetragen, indem er ab und an zu einer wenig glücklichen (eventuell durch seine physikalische Bildung vorgeprägten) Begriffswahl greift; so wenn er beim Versuch, die Korrelation von Mechanischem und Vitalem auszuleuchten, mit dem Ausdruck ‚Mechanisches' wohl eher Verwirrung bei potentiellen Rezipienten auslöst (auch wenn er mit diesem Terminus ein Lebloses, Anorganisches, Körperliches, räumlich Ausgedehntes, Fremdes etc. zu bezeichnen meint, dem Lebendigkeit und Eigenheit abgehen), da der Terminus im üblichen Gebrauch wohl vor allem Aggregat, Mechanik und Mechanismus assoziiert.

Deshalb kommt der im Albunea Verlag München veranstalteten Ausgabe ausgewählter Schriften von Melchior Palágyi (die Auszüge aus den *Naturphilosophische[n] Vorlesungen über die Grundprobleme des Lebens und des Bewußtseins*, Kapitel 2; aus der *Wahrnehmungslehre*, Kapitel 3; und der *Neue[n] Theorie des Raumes und Zeit* Kapitel 4, enthält) ohne Zweifel ein großes Verdienst um die Tilgung bestimmter philosophiegeschichtlicher ‚weißer Flecken' und um die Präsentation alternativer – lebenswissenschaftlicher – Sichtweisen und Standpunkte in der Diskussion um zentrale philosophische Fragen zu. Von besonderem Interesse sind die in Kapitel 1 versammelten kleinen Texte Palágyis, die – entweder heute schwer zugänglich (Darmstädter Tagblatt) oder bislang unveröffentlicht geblieben – in einem essayistischem Stil geschrieben sind und überraschenden Aufschluss über das philosophische Suchen und Sichfinden, Positions-

Schwemmer. In: Nachgelassene Manuskripte und Texte. Hrsg. von John Michael Krois und Oswald Schwemmer, Bd. 1. Hamburg 1995, S. 24f., 103f., 121, 207, 210, 212, 237, 241f.

[22] „Das Verhältnis von Seele und Leib stellt das erste Vorbild und Musterbild für eine rein symbolische Relation dar, die sich weder in eine Dingbeziehung noch in eine Kausalbeziehung umdenken läßt." – Ernst Cassirer: Philosophie der symbolischen Formen. Teil III: Phänomenologie der Erkenntnis (1929). In: Gesammelte Werke. Hamburger Ausgabe. Hrsg. von Birgit Recki. Bd. 13, Text und Anm. hrsg. von Julia Clemens, Hamburg 2002, S. 113.

bestimmen des jungen Palágyi geben („Insichgehen“, „Die Persönlichkeit“, „Über den philosophischen Pessimismus und Optimismus“), aber auch die eigenwillig-originelle Weise des vitalistischen Philosophierens („Wachen, Schlafen und Traum“, „Das Leben ein Traum“) und (Kant-)Auslegens des reifen Palágyi nacherlebbar machen.

Mit Heiko Heublein, der 2013 an der Humboldt-Universität zu Berlin eine beeindruckende Magisterarbeit über die außerordentlich originelle und anregende „philosophische Wahrnehmungstheorie bei Melchior Palágyi“ vorgelegt hat und dabei kaum auf Forschungsliteratur, die den Namen verdient, zurückgreifen konnte, hat einer der wenigen derzeitigen Kenner des philosophischen und physikalischen Werkes Palágyis sich dieser schwierigen, aber lohnenswerten Aufgabe angenommen. Intensive Recherchen im Literaturarchiv Marbach und im Hessischen Staatsarchiv haben interessante Materialien zu Tage gefördert, die sich im vorliegenden Band niederschlagen. Gewiss ist es auch kein Zufall, dass die Ausgabe ausgewählter Schriften Palágyis im Münchener Albunea Verlag erscheint, in dem Robert Josef Kozljanič seit 2005 das *Jahrbuch für Lebensphilosophie* und eine „Reihe Lebensphilosophie“ herausgibt; ja, mehr noch, die Schriften des ungarischen Philosophen, der lebensphilosophische und vitalistische Positionen vertritt,[23] haben im Albunea Verlag, ebenso wie die Philipp Lerschs, eine würdige Heimat gefunden.

Die von Heiko Heublein vorgelegte Ausgabe von ausgewählten Schriften Palágyis wird dabei helfen, so meine Erwartung, die originellen Ansätze des ungarischen Philosophen, denen natürlich auch einige problematische, weniger überzeugende Positionen gegenüberstehen, wiederzuentdecken. Heublein benennt deren Eigenart im Kontext der lebensphilosophischen Strömung – bezogen auf Philosophie der Wahrnehmung, was sich aber verallgemeinern lässt – mit einer aufschlussreichen Formulierung: „Palágyis vitalistische Wahrnehmungslehre ist von dem Impuls durchdrungen, dem theoretischen wie praktischen Verlorengehen der Seele entgegenzuwirken, wenn auch der Schwerpunkt nicht auf ‚radikaler Zivilisationskritik‘ liegt, sondern auf dem Bemühen, die (Lebens-)Philosophie in die Wissenschaften zu tragen und umgekehrt die Wissenschaft in die Philosophie.“[24] Damit sollten Bedingungen geschaffen sein, Melchior Palágyis Werk künftig stärker in den aktuellen philosophischen Diskurs einzubeziehen, zumindest da, wo er nicht rein sprachanalytisch dominiert ist.

---

[23] „Auf Palágyi ist in unserem Zusammenhang kurz einzugehen, da er, von Hause aus Naturwissenschaftler, in der Grundtendenz seines vitalistischen Denkens durchaus in die lebensphilosophische Richtung weist.“ – Philipp Lersch: Lebensphilosophie der Gegenwart (1932). In: ders.: Erlebnishorizonte. Schriften zur Lebensphilosophie. Hrsg. und eingeleitet von Thomas Rolf, München 2011, S. 95.

[24] Siehe die Einleitung von Heiko Heublein im vorliegenden Band.

Einleitung

von Heiko Heublein M. A.

Mit dem Ungarn Melchior Palágyi gilt es, einen äußerst originellen Vitalisten und Lebensphilosophen des frühen 20. Jahrhunderts wiederzuentdecken. Von der Mathematik und Physik kommend, entwickelte er eine betont vitalistische Philosophie, die sich besonders in seiner Wahrnehmungstheorie zeigte. Daneben unternahm er viele ungewöhnliche Versuche, Physik und Logik lebenswissenschaftlich zu reformieren. Heute fast vergessen, wirkte er in den ersten Jahrzehnten des 20. Jahrhunderts insbesondere mit seiner Theorie der „virtuellen Phantasie“ auf Philosophen wie Ludwig Klages, Arnold Gehlen, Max Scheler, von beiden ersteren als Entdecker eingestuft. Seine bemerkenswerte Vorwegnahme einer Grundidee der Relativitätstheorie, der Union von Raum und Zeit, und seine spätere umfangreiche Kritik der Relativitätstheorie sind heute nur als Randnotiz bekannt.

Biographie

Melchior (Menyhért) Palágyi wurde am 26.12.1859 in Paks, 100 km südlich von Budapest geboren.[1] Er gehörte dem jüdischen Bevölkerungsteil an. Sein Großvater mütterlicherseits, Eleasar Rokesch (1754-1837) war einer der bekanntesten Talmudwissenschaftler seiner Zeit.[2] Das Elternhaus war ungarisch-nationalistisch und antiösterreichisch eingestellt, dort erhielt er in früher Jugend Förderung in der deutschen Sprache und in den Anfängen der Naturwissenschaften. Nach Abschluss des Professorenexamens in den Fächern Mathematik und Physik wandte er sich verstärkt der Literatur, Kunst und Philosophie zu und veröffentlichte in den Jahren 1882 – 1892 nach eigenen Angaben ca. 200 Aufsätze in ungarischer Sprache literaturkritischen und ästhetischen Inhalts. Er schrieb über die Ästhetik Schopenhauers, Fichtes und Hegels, die Begriffe des Erhabenen und Schönen bei Kant.

Ab ca. 1892 beschäftigte sich Palágyi verstärkt mit psychologischen Studien, die bereits auf erkenntnistheoretische Fragen hinwiesen und ihn in Gegensatz zum englischen Empirismus brachten.

---

[1] Quellen für die Biographie Palágyis: Ludwig Schneider: Leben und Werk Palágyis, Darmstadt [2]1977 (ersterschienen 1942), S. 3-22. H. E. Schröder: Ludwig Klages. Die Geschichte seines Lebens. Zweiter Teil: Das Werk, Bonn 1972, S. 594-598, S. 993-1012, S. 1083-1088.

[2] Serdült Benke Éva: Palágyi, Paks 2007, S. 79 (ungarisch).

Während er in seiner ersten Entwicklungsperiode nach eigener Aussage „in sich selbst eingesponnen blieb", habe er sich in der zweiten Periode (1901-1914) stark mit der zeitgenössischen Philosophie, sowie dem Empirismus und dem Rationalismus auseinandergesetzt. Gleichzeitig galt es, eine angemessene Form und Gliederung für sein eigenes Gedankensystem zu finden, sowie dessen Stellung in Zusammenhang mit der Philosophiegeschichte zu überdenken.

Im Herbst 1900 ging Palágyi für drei Jahre nach Deutschland, um sich dort mit der zeitgenössischen Philosophie auseinanderzusetzen und zu versuchen, seine eigenen Gedanken zu verbreiten. Währenddessen trat er auch mit seiner Frau zum evangelischen Bekenntnis über. 1901 veröffentlichte er seine erste in Deutsch abgefasste Schrift „Neue Theorie des Raumes und der Zeit", in der Grundgedanken zur Union von Zeit und Raum entwickelt werden und in gewisser Weise Teile der Relativitätstheorie Einsteins und Minkowskis vorweggenommen werden. Später bezog er jedoch gegen die Relativitätstheorie Stellung. Die Stationen seines Aufenthaltes in Deutschland waren München, Heidelberg, Leipzig, wo er z. B. Wilhelm Wundt kennenlernte, dann Halle, wo zu dieser Zeit Husserl wirkte. Mit Husserls „Logischen Untersuchungen" setzte er sich kritisch in der 1902 erschienenen Schrift „Der Streit der Psychologisten und der Formalisten in der modernen Logik" auseinander. Es folgten kurz darauf zwei weitere auf Deutsch verfasste logische Schriften, von denen vor allem seine „Logik auf dem Scheidewege" (1903) hervorsticht.

Ab 1905 war er in Klausenburg (heute Rumänien) als Privatdozent für „philosophische Erkenntnistheorie der Naturwissenschaften" an der mathematisch-naturwissenschaftlichen Fakultät tätig. Dort entstanden in dieser Zeit die „Naturphilosophischen Vorlesungen", in der er eine weiter ausgebaute Darstellung seiner Wahrnehmungstheorie auf Grundlage der Unterscheidung von der Kontinuität der Lebensvorgänge und der Punktualität der geistigen Akte, sowie erstmals seine Phantasielehre darlegte. 1908 hielt Palágyi Vorträge auf dem Philosophenkongress in Heidelberg, bei denen Ludwig Klages unter den Zuhörern war. Die daraufhin angeknüpften Beziehungen der beiden Denker blieben bis zum Tod Palágyis 1924 bestehen. Klages war neben Goswin Uphues der deutsche Philosoph, mit dem Palágyi in engstem Kontakt stand.

In den folgenden Jahren setzte sich Palágyi scharf ablehnend mit der aufkommenden Relativitätstheorie auseinander und arbeitete an seiner „Weltmechanik", in der wieder auf eine für ihn charakteristische Weise die Korrelation von Mechanischem und Vitalem ausgearbeitet werden und auch die Wahrnehmungstheorie eine Erweiterung erfahren sollte. Die philosophisch-physikalischen Forschungen traten während der Weltkriegsjahre hinter politisch-publizistische Tätigkeit zurück, bei der er die polare Zusammengehörig von Nationalstaat und europäischer Staatengemeinschaft vertrat. So vertrat er ungarisch nationale Interessen, ohne sich für irgendeine Kriegspropaganda instrumentalisieren zu lassen, und erblickte in den zwischennationalen Zerwürfnissen der Gelehrten und

Wissenschaftler „einen Bankrott der europäischen Zivilisation und ein böses Vorzeichen für den kommenden Frieden".[3] Ab 1923 bis zu seinem Tod am 13.7.1924 lebte er mit seiner Familie in der Künstlerkolonie Mathildenhöhe in Darmstadt. Seine „Weltmechanik", in der er versuchen wollte, seiner Kritik an der Relativitätstheorie einen konstruktiven Teil an die Seite zu stellen, blieb unvollendet.

Eine große Zahl von Aufsätzen, in denen sich Palágyi u. a. mit mit Dichtung und Malerei beschäftigt, sowie Grundzüge seiner politischen Kritik und Philosophie entwirft, liegen nur auf Ungarisch vor. Zwischen seinen beiden vielleicht geschlossensten Werken „Die Logik am Scheidewege" und den „Naturphilosophischen Vorlesungen" veröffentlichte Palágyi 1904 die „Grundlegung der Erkenntnislehre" (Az Ismerettan Alaptavese), die, im deutschen Sprachraum anscheinend nicht rezipiert, möglicherweise ein wichtiges Bindeglied zwischen seiner Logik, Erkenntnistheorie und seinem Vitalismus darstellt.

Hier aufgenommene Texte Palágyis

Das erste Kapitel bringt eine kleine Sammlung von verstreut veröffentlichten Aufsätzen, wobei das von seiner Tochter Tilda Palágyi übersetzte Fragment „Persönlichkeit" noch nicht auf Deutsch erschienen ist. Diese gut zugänglichen, in wunderbar transparentem Stil verfassten Aufsätze und Vorträge mögen den Leser vielleicht am schnellsten für Palágyi zu interessieren oder sogar zu gewinnen. Man bemerkt Anklänge an Schopenhauer und eine Verwandtschaft zu existenzphilosophischem Denken. Das Polaritätsdenken zeigt sich in mehreren Facetten, wie im Aufsatz über Wachen, Schlaf und Traum, aber auch im Beitrag „Das Leben ein Traum". Im ehrerbietigen und souveränen Aufsatz „Kant der Philosoph" bringt Palágyi die Unterscheidung a priori – a posteriori in Verbindung mit der Polarität von Selbst- und Sach-/Welterkenntnis. Im Aufsatz über Optimismus und Pessimismus vertritt Palágyi die charakteristische Auffassung, dass die Vernachlässigung des Vitalen bzw. des „Gemüts" zu einer Einseitigkeit und unfruchtbaren feindlichen Gegenüberstellung von optimistischer und pessimistischer Philosophie führte. Das Problem des Schöpferischen klingt an: Für Palágyi scheint eine entscheidende Wurzel des Schöpferischen in der Erhellung, Differenzierung und gelebten Verbindung der zahlreichen Polaritäten, die die Welt und das Leben ausmachen, zu bestehen. So bildet dann das „seelenbiographische Vorwort" zur zweiten Auflage der „Naturphilosophischen Vorlesungen" mit seinem Bezug zum Problem des Schöpferischen die Brücke zum zweiten Abschnitt dieses Bandes.

Im zweiten Kapitel sind einige Schriften zu seiner philosophischen Wahrnehmungstheorie versammelt, die in ähnlich literarischem und transparentem Stil abgefasst sind, allerdings viel speziellere Themen behandeln. Die Einleitung aus

---

[3] Ludwig Schneider: a. a. O., S. 19.

den „Naturphilosophischen Vorlesungen“ von 1907 (bzw. die 1. Vorlesung aus der 2. Auflage 1924): Sie ist programmatisch für Palágyis Wahrnehmungslehre bzw. den Versuch einer vitalistischen Grundlegung einer Erkenntnistheorie.

Im dritten Kapitel finden sich die Aufsätze zu Empfindung und Bewusstheit (entstanden in den Jahren 1910-1912) sowie zur Theorie der Phantasie (veröffentlicht 1908). Den Aufsatz „Raum und Zeit“ verfasste Palágyi wenige Monate vor seinem Tod 1924. Die Aufsätze des dritten Kapitels stammen alle aus dem von Ludwig Klages herausgegebenen und mit einem sehr lesenswerten Vorwort versehenen Nachlassband „Wahrnehmungslehre“ (1925).

Den Schlusspunkt setzt *im vierten Kapitel* sein frühester auf Deutsch veröffentlichter Aufsatz „Neue Theorie des Raumes und der Zeit“ (1901). Dieser gibt einen Einblick in Palágyis mathematisch-physikalische Überlegungen und seine unvollendete „Weltmechanik“. Er beinhaltet u. a. den Versuch einer Reform des Raum- und Zeitbegriffes, der den Neuerungen der Relativitätstheorie um einige Jahre voranging und diese in gewisser Weise vorwegnahm. Mustergültig führt Palágyi auch die Verworrenheit und Widersprüchlichkeit unseres alltäglichen Raumbegriffes vor. Dagegen setzt Palágyi die innigste Polarität von Raum und Zeit. Eine Bedingung, den Fluss des vitalen Geschehens zu entdecken, ist es, die innige Bezogenheit von Raum und Zeit zu meditieren. Eine für Palágyi typische Formulierung lautet: Die Raum-Zeit-Ordnung bildet die Logik des lebendigen Geschehens. Dies drückt sich auch in einer verlebendigten Raumauffassung aus, indem Palágyi durch Einbeziehung des Zeitflusses zur phantastisch anmutenden Theorie des „fließenden“ oder „dynamischen Raumes“ gelangt. (Dieser Aufsatz wurde 1925 in den Nachlassband „Weltmechanik“ aufgenommen, der außerdem Palágyis ausführliche Kritik der Relativitätstheorie sowie weitere Aufsätze zur Physik und Kosmologie enthält. Palágyi entwickelt dort in Grundzügen die Theorie der Polarität von „Materie und Äther“.)

Hingewiesen sei noch besonders auf *Die Logik auf dem Scheidewege* (1903): Ludwig Klages nannte dieses Werk die „abseitigste aller logischen Schriften“, von modernen Logikern mit Nichtbeachtung gestraft. Palágyis Logik sei „reich an Befunden, reicher an neu gesehenen Problemen“. Er habe „seine wertvollen logischen Einsichten offenbar ‚intuitiv‘ gewonnen“. Goswin Uphues, der Palágyi einen glänzenden Stilisten nennt, äußerte: Palágyis Buch sei ein Beweis, dass man auf schöpferische Gedanken in der Wissenschaft des Denkens noch nicht verzichten brauche.[4]

---

[4] Goswin Uphues: Zur Krisis in der Logik. Eine Auseinandersetzung mit Dr. Melchior Palágyi, Berlin 1903.

Palágyi selbst sah sein Denken als eng verwandt mit dem Polaritätsdenken der Romantik. Er sei „durch und durch Romantiker, allerdings ein mathematisierender". Seine Weltanschauung gliedert sich in einer Vielzahl von polaren Gegensätzen. Für Erkenntnistheorie und Wahrnehmungstheorie hat die Unterscheidung von Geist und Leben grundlegende Bedeutung. Sie ist gleichsam ein Stamm, aus dem heraus sich seine Philosophie entfaltet. Die Unterscheidungen polarer Gegensätze durchzieht seine Philosophie von den tragenden Ästen bis in die feinsten Verästelungen seiner Wahrnehmungstheorie.

Eine Vielzahl als polar aufeinander bezogener Gegensätze tritt hinzu, neben Geist–Leben u. a. Zeit–Raum, Materie–Äther, Empfindung–Bewegung, Mechanische Bewegung–lebendige Bewegung, Sachbesinnung–Selbstbesinnung. Palágyis Auffassung von Polarität ist in den makrokosmischen Bereich ausgespannt, entfaltet sich im mesokosmischen Bereich, unserer Lebenswelt, und dringt ein in den mikrokosmischen Bereich. Einige bedeutende Vorzüge der romantisch-polaren Betrachtungsweise könnte man so skizzieren:

- Das Polaritätsdenken trägt gleichermaßen der immer weitergehenden Unterscheidung wie dem innigen Zusammenhang Rechnung. Aus der Sicht der Lebensphilosophie stehen Seele und Leib in solch einem Zusammenhang: Sie sind durchaus wesensverschieden, aber die Beziehung ist unausdenkbar innig, d. h. nichts kann auf der einen Seite geschehen, ohne dass eine Veränderung auf der anderen Seite eintritt. Polarer Zusammenhang bedeutet auch nichtkausaler Zusammenhang. Die gegensätzlichen Pole sind gleich ursprünglich und lassen sich nicht aufeinander zurückführen. Die Sackgasse einer Reduktion auf ein Erklärungsprinzip wird so vermieden. Ähnlich wie die Leib-Seele-Polarität stellt Palágyi z. B. den Zusammenhang von Raum und Zeit dar: Jeder Zeitpunkt entfaltet sich in allen Raumpunkten, und durch jeden Raumpunkt geht der gesamte „Strom der Zeit" hindurch. Raum und Zeit stellen sich als wesensverschieden heraus *und* stehen in absolutem Durchdringungsverhältnis zueinander.
- Ein weiterer Vorzug sind die überraschenden Perspektivwechsel, die zustande kommen können, wenn man sich mit seiner Anschauung oder Besinnung gleichsam von einem Pol nach und nach in den Bannkreis des zugehörigen Pols bewegt. (Ein Beispiel ist die polare Zusammengehörigkeit *und* abgrundtiefe Verschiedenheit von Empfindung und Schauung, sprich virtueller Phantasie). Zudem sind verschiedene Polaritäten eng miteinander verwoben, so dass man zuweilen nicht nur die Perspektive, sondern auch die „Ebene" wechselt. So führt z. B. die sehr elementare Differenzierung von Empfindung als aus Eindruck und Erinnerung (oder Eindrucks- und Erinnerungsstrom) bestehend unversehens zu der umfassenden Frage von Raum und Zeit. Es

entstehen für die Lebensphilosophie typische, sehr ungewohnte Denkverbindungen und ein großer Reichtum an Analogien. Dies mag ein Grund sein, warum man sich von hochabstrakten Detailfragen seiner Wahrnehmungstheorie ebenso wie von seinen kosmischen „weltmechanischen" Theorien immer wieder auch „gemütshaft" angesprochen fühlen kann.

In seinem Aufsatz zur Relativitätstheorie schreibt Palágyi:

> „Wir haben demzufolge die üble Denkgewohnheit angenommen, das natürliche Band zwischen dem Raum- und dem Zeitbegriff zu zerreißen: wir haben gleichsam die Nervenfäden durchschnitten, welche die beiden Begriffe miteinander verbinden, so daß unser Denken über Raum und Zeit mit einer Art von Ataxie behaftet ist."[5]

Das Polaritätsdenken Palágyis bringt solche Begriffspaare wieder in eine organische Verbindung zueinander, mit vielerlei subtilen Verbindung und lebendig schillernden Facetten. Das Polaritätsdenken, weit mehr als ein „alternatives Denkschema", durchdringt in unzähligen Abwandlungen und Brechungen Palágyis gesamte Philosophie.

Die Unterscheidung von Geist und Leben/Seele

Die Unterscheidung von Geist und Leben (Vitalität/Seele) wurde nur von sehr Wenigen mit dieser Eindringlichkeit vertreten und hat schon aufgrund ihrer Seltenheit besondere Aufmerksamkeit verdient. Dabei bleiben bei Palágyi Geist und Leben polar (wenn auch im Menschen aus den Fugen geraten) aufeinander bezogen. Geist und Leben treten also einander nicht antagonistisch gegenüber wie bei Palágyis Forschungsgenossen Ludwig Klages.

Die eindringlich begründete Unterscheidung von Geist und Leben/Seele hat außerdem den charakteristischen Vorzug, ein eigenes, vitalistisches Forum zu eröffnen: Der Satz „Ich fühle – also lebe ich" tritt philosophisch und wissenschaftlich gleichberechtigt neben den Satz „Ich denke, also bin ich". Vitale Prozesse, auch wenn wir unser Leben lang pausenlos von ihnen getragen werden, kommen uns jedoch oft nur in Sekundenbruchteilen und unvermutet mit umstimmender Deutlichkeit zu Bewusstsein. Palágyi warnt immer wieder davor, dass eigentlich bewusstseinsfähige vitale Phänomene allzu leicht verloren gehen zwischen „den Mühlsteinen" einer Geistesphilosophie, die die vitalen Phänomene in geistige oder Bewusstseinsphänomene umdeutet, und einer Biologie, die die vitalen Phänomene in chemisch-mechanische Prozesse auflöst. In Palágyis eigenen Worten:

[5] Melchior Palágyi: Die Relativitätstheorie in der modernen Physik, Berlin 1914, S. 11.

„Unserer inneren Lebendigkeit oder Vitalität verdanken wir es in erster Reihe, unserem Geist jedoch nur in zweiter Reihe, daß wir Erlebnisse, Wahrnehmungen von der Außen- oder Erscheinungswelt gewinnen, also unser Sachbewusstsein betätigen. Hingegen spielt bei allem Denken, Werten und Wollen der Geist die erste Rolle, obwohl er trotz aller Führerschaft in diesen Tätigkeiten auf unsere innere Lebendigkeit angewiesen bleibt.“[6]

„Es wurde mir klar, daß das ganze Gebäude der Philosophie nur auf Grundlage einer ‚Bewußtseinslehre' errichtet werden könnte, die dem entspräche, was man heutzutage ‚Erkenntnistheorie' zu nennen pflegt, aber viel tiefer schürfen, und dem entsprechend auch einen weit umfassenderen Charakter haben müßte. Die sogenannte ‚Erkenntnistheorie' ist viel zu einseitig auf die theoretischen Anlagen im Menschen eingestellt“.[7]

„Es ist nämlich eine andere Sache, das vitalistische Rätsel endgültig zu lösen, und wieder anderes, die Berechtigung des vitalistischen Forschens endgültig nachzuweisen. Das erstere kann niemals völlig gelingen, das letztere muß hingegen unbedingt vollbracht werden“.[8]

Wahrnehmungstheorie und vitalistische Erkenntnistheorie

Im Zentrum dieses Bandes steht Palágyis Wahrnehmungstheorie, der deshalb eine detaillierte Einführung gewidmet ist. Warum hat für Palágyi die Wahrnehmungstheorie eine so große Bedeutung?

„Der Geist des modernen Lesers ist nämlich in solchem Maße mit Impressions-, Sensations- oder Empfindungstheorien imprägniert, daß es beinahe unmöglich ist, sich anders mit ihm zu verständigen, als indem man die Untersuchung unseres Empfindungslebens zum Ausgangspunkt aller erkenntnistheoretischen Betrachtungen macht.“[9]

Zudem scheint die Wahrnehmungstheorie am besten geeignet zu sein, die Unterscheidung von Geist und Leben (bzw. geistigen Akten und vitalen Prozessen oder Besinnung und Erleben) vor Augen zu führen.

Wie für nur wenige andere Philosophen ist für Palágyi die Unterscheidung von Geist und Leben/Seele zentral. (Z. B. Henri Bergson, im gleichen Jahr geboren,

---

[6] Melchior Palágyi: Naturphilosophische Vorlesungen über die Grundprobleme des Bewußtseins und des Lebens (Ausgewählte Werke Band 1), Leipzig ²1924 (ersterschienen 1907), S. VI.

[7] Ebd., S. IV.

[8] Ebd., S. 65.

[9] Melchior Palágyi: Wahrnehmungslehre, Leipzig 1925 (Ausgewählte Werke Band 2), S. 2.

ebenfalls „Lebensphilosoph“ mit mathematischem Hintergrund, trifft diese Unterscheidung nicht. Bergson, sich auf die griechische Trias Körper–Seele–Geist beziehend, lässt die Bedeutungen von Geist und Seele ineinander fließen.) Und Palágyi sucht, ähnlich wie z. B. Klages, intensiv nach den *Erlebnissen*, die unsere bewusste Wahrnehmung überhaupt erst fundieren. Klages' grundlegendem Satz „Lebenswissenschaft hat ihren Ankergrund in der Rückbesinnung auf Erleben“ kann man Palágyis Satz an die Seite stellen: „Wir sind offen gestanden der Ansicht, *daß nur dasjenige wahrgenommen werden kann, was irgendwie erlebt wird.*“ Das gilt auch bei den Themen Raum und Zeit:

> „Die Wahrnehmungslehre muß alles daran setzen, auf die tatsächlichen Erlebnisse hinzuweisen, durch welche uns Raum und Zeit kund werden. Denn erst wenn wir diese Erlebnisse aufdecken, können wir zu einem tieferen Verständnis unserer eigenen Wahrnehmungstätigkeit, mithin auch alles Naturgeschehens gelangen.“[10]

Durch den Sinnenschein sei gleichsam das Wunder vollbracht, dass ein unergründliches Geheimnis sich in solcher Weise vor uns ausbreitet, *als ob* es sich völlig enthüllt hätte.[11] Unser Bewusstsein enthüllt diese der Wahrnehmung zugrunde liegenden vitalen Prozesse aber gerade *nicht*, wie es allerdings überall eine dingliche Erscheinungswelt mit mannigfaltigen sinnlichen Qualitäten uns eröffnet. Diese vitalen Prozesse müssen, soweit sie noch potentiell in den Bereich eines anschaulichen Erlebnisses fallen, erst „enthüllt“ oder entdeckt werden.

Ein kurzer Überblick über Palágyis Wahrnehmungstheorie:

Es ist in Palágyis Auffassung unmöglich, dem „Geist“ die Fähigkeit zuzuschreiben, die an der Wahrnehmung beteiligten vitalen Prozesse in einen geordneten Zusammenhang zu bringen. Ihr Zusammenspiel muss auf *vitale* Weise ausgebildet sein, *bevor* es überhaupt zum Eingreifen des Geistes, zu Auffassungsakten und bewusster Wahrnehmung und Urteilsakten kommen kann. Palágyi unterscheidet drei vitale Prozesse, die die Grundlage der Wahrnehmungsfähigkeit bilden: erstens, Empfindung; zweitens, Gefühl; drittens: virtuelle Phantasie bzw. Bewegungsphantasie. Diese gehören zur Schicht der animalen Lebensprozesse, die im Gegensatz zu den vegetativen vitalen Prozessen potentiell noch anschaulich, dem Bewusstsein zugänglich sind.

> „Wir nennen unseren Lebensprozeß vegetativ, insofern er die innere Welt von physikalisch-chemischen Prozessen zusammenordnet und beherrscht; und wir nennen ihn animal, insofern er die äußere physikalisch-chemische Welt, die er

---

[10] Ebd., S. 106.
[11] Melchior Palágyi: Naturphilosophische Vorlesungen, a. a. O., S. 15.

nicht in vegetativer Weise zu organisieren vermag, sinnlich zu erfassen und durch willkürliche Bewegung zu beherrschen versucht.“[12]

Empfindung ist ein „Qualitätserlebnis“, das uns das Erleben des Geschehens in der anorganischen Welt (physikalisch, chemisch, Außenwelt oder Körperinneres) ermöglicht. Das *Gefühl* stellt die Verbindung zum eigenen vitalen Lebensuntergrund, zu den Tiefen der eigenen vitalen Basis her. Gefühl ist „Vitalitätserlebnis“. Die bedeutendste Neuerung ist die Rolle, die Palágyi der *„virtuellen Phantasie“* gibt: Die Raumauffassung und Gestaltauffassung ist ohne den vitalen Prozess der Phantasie nicht möglich, ebenso wenig die Zusammenordnung der mannigfaltigen Empfindungen und Gefühle. Die virtuelle Phantasie ist mithin Ordnungs-, Richtungs- und Bewegungserlebnis.

Erstens: Empfindung (und der Gegensatz zu den geistigen Akten)

Das Thema Empfindung ist Einstieg und zugleich ein wichtiger Knotenpunkt: Hier wird die Unterscheidung von Geist und Leben bzw. vitalem Prozess und geistigem Akt herausgearbeitet. Hier setzt sich Palágyi intensiv mit philosophischen Vorgängern und Zeitgenossen auseinander, z. B. mit Locke und Kant, dem Empirismus, und dem zeitgenössischen Psychologismus. Bei Locke sieht er einen der wichtigsten empiristischen Grundirrtümer begründet: Die Auffassung von Empfindungen als „einfachen Ideen“. Schon die Auffassung der Empfindung als vitalem Prozess scheint unseren Gewohnheiten zuwider zu laufen: Einige Schwierigkeiten seien angedeutet:

- Vom abstrakten Begriff der Empfindung ausgehend, geraten wir schnell dazu zu übersehen, dass wir bereits jederzeit in Empfindungen eingetaucht sind. Wenn die Abstraktion der erste Schritt ist, versäumt man es, die unübersehbare Mannigfaltigkeit der Empfindungsarten zu berücksichtigen. Ebenso kann man übersehen, dass es keinerlei isolierte Empfindungen gibt, sondern sie allesamt in räumlichen und zeitlichen Zusammenhang stehen. Idealerweise müsste die Besinnung umgekehrt laufen: Erst wenn man so von Empfindungsarten durchtränkt ist, dass „die Bedingung des Einheitsgedankens gewissermaßen zerrinnt“,[13] würde die Rückwendung zum Begriff der Empfindung diesen zum aussagekräftigen Kristallisationspunkt von erlebten Empfindungen machen.
- Eine andere Schwierigkeit ist die Subjekt-Objekt-Spaltung, die die Auffassung von Empfindung als vitalem Prozess verhindert oder zumindest völlig ungewohnt erscheinen lässt. Uns kommt Empfindung nicht als vitaler Prozess

---

[12] Ebd., S. 221.
[13] Ludwig Klages: Der Geist als Widersacher der Seele, Bonn ^{6}1981 (ersterschienen 1929-1932), S. 1002.

zu Bewusstsein, sondern Empfindungen sind an die „Sinnendinge“ gebunden. Es sind die Qualitäten der Wahrnehmungsgegenstände, die uns erscheinen, die sinnlichen Eigenschaften der Körper, die uns mit diesen objekthaft gegenüber stehen. Die Auffassung der Empfindung als vitalem Prozess hat keinen oder nur gelegentlich einen haarbreiten Spalt Platz zwischen der alles beherrschenden Subjekt-Objekt-Spaltung. Nun vertritt die Lebensphilosophie mit Klages und Palágyi die Ansicht, dass der Gegensatz Geist–Leben *ursprünglicher* ist als der Subjekt-Objekt-Gegensatz und bietet somit vielleicht einen alternativen Ansatz zur vermeintlich nicht hintergehbaren Subjekt-Objekt-Spaltung.

- Die Gewohnheit, Empfindung als das Produkt der Funktionsweise und Anatomie der entsprechende Organe und Nerven zu sehen, überdeckt eine zu entwickelnde vitalistische Herangehensweise. Eine vitalistische Wahrnehmungstheorie stellt zwar immer wieder Bezüge zur Physiologie und Anatomie her, nimmt diese aber nicht als Ausgangspunkt.

Zuerst führt uns Palágyis Empfindungslehre zum grundlegenden Kriterium für die Unterscheidung von geistigem Akt und vitalem Prozess: Eine Empfindung ist nichts Einfaches, sondern ein in der Zeit fließender Prozess, darum unendlich zusammengesetzt. Streng davon abzugrenzen sind die geistigen Akte, die nicht mitfließen. Die geistigen Akte finden „intermittierend“ statt, es gibt keine unbegrenzte Anzahl geistiger Akte in einem bestimmten Zeitraum. Die vitalen Vorgänge sind stetige Prozesse, die in der Zeit fließen, die geistigen Akte nehmen jedoch überhaupt keine Zeit in Anspruch. Man kann den lebendigen Empfindungsprozess mittels geistiger Akte niemals ausschöpfen, da diese nicht mitfließen. Man vernichtet den Begriff von Empfindung ebenso wie den von Bewegung, wenn man vom Fluss der Zeit absieht. Gesteht man den geistigen Akten hingegen zeitliche Dauer zu, müsste beliebig viel von dem unendlich zusammengesetzten Empfindungsprozess enthüllt werden können, so dass nicht ein menschlich begrenztes, sondern ein eher göttlichen Bewusstsein das Resultat wäre. „Es steht fest, daß zufolge dieser Zusammengesetztheit jede Empfindung ein grenzenloses Geheimnis in sich bergen muß.“

Empfindung macht uns mit irgendeinem Geschehen vertraut, aber nicht mit den kleineren und kleinsten Abschnitten dieses Geschehens. Daraus ergibt sich auch eine bündige „Bewusstseinskritik“: Wer vermeint, Empfindungen, Gefühle in das Bewusstsein, „Mind“ etc. verlegen zu müssen, schneidet diese Vorgänge von ihren vitalen Grundlagen ab und fasst irrtümlich das Bewusstsein als „Behälter“ auf. Eine von Intellektualisierung und „Bewusstseinskrampf“ gefangenengehaltene Philosophie ist die Folge. Ebenso weist er die Metapher des „Bewusstseinsflusses“ zurück, weil in ihr der kontinuierliche Fluss, der nur dem Lebensprozess zukommt, dem Bewusstsein zugeschrieben wird.

Für Palágyi ist die Lehre von den intermittierenden und zeitlosen geistigen Akten zugleich Grundstein einer originellen Bewusstseinslehre und eines „realistischen Bildes“ vom menschlichen Bewusstsein, seiner Unvollkommenheit, Beschränktheit, „Irrtumsseligkeit“, aber auch seiner nicht absehbaren Steigerungsfähigkeit.

Den Fluss und die unausschöpfliche Zusammengesetztheit der Empfindung meditierend, findet Palágyi weitere Merkmale des Empfindungsprozesses, die unerlässlich sind, soll er für eine bewusste, auffassende Wahrnehmung und die urteilende Besinnung dienen können. „Palágyi“, so Ludwig Klages, „aber beweist, daß es sogar allemal *zweier* grundsätzlich unterscheidbarer Lebensvorgänge bedürfe, damit ein Bewusstsein des Erlebten entspringe.“[14]

> Palágyi: „Wir müssen in unserem Empfinden zwei gegensätzliche oder antagonistische Strömungen unterscheiden, von denen die eine unserem Empfinden den Charakter des Eindrucks, die andere hingegen den Charakter der Erinnerung verleiht. In unserem Empfinden kann nämlich die Tendenz herrschen, jeden zeitlichen Abschnitt der Empfindung dem soeben kommenden Abschnitte zuliebe sofort fallen zu lassen, als ob er nicht dagewesen wäre: wir stürmen mit unserem Empfinden vorwärts in die Zukunft, wir sind gefesselt vom Eindruck, er reißt uns mit sich fort und läßt uns nicht zu einer urteilenden Besinnung kommen. Die antagonistische Tendenz in unserem Empfinden besteht darin, daß ein jeder neuer Abschnitt der Empfindung abgewehrt wird, um die vergangenen Abschnitte zu bewahren: es ist die Erinnerungstendenz in unserem Empfinden, durch welche wir uns von den Fesseln des Eindrucks befreien, um in die urteilende Besinnung herüberkommen zu können. – Wir können nicht mit mathematischer Gleichzeitigkeit sowohl dem Eindruck als auch der Erinnerung unterliegen: wir kommen vom Eindruck zur Erinnerung und von der Erinnerung zum Eindruck. Unsere empfindende Besinnung ist ein Schaukeln zwischen zwei antagonistischen Zuständen“.[15]

Nach solchen Neuerungen in der Empfindungstheorie geht Palágyi noch weiter und zeigt auf, dass Empfindung als vitale Grundlage der Wahrnehmung nicht ausreichend ist und andere Erlebnisklassen dazu treten müssen.

Zweitens: Gefühl

Wiederholend: Gefühl und Empfindung gehören beide (neben der „virtuellen Phantasie“) in Palágyis Auffassung zu den animalen Lebensvorgängen, die die vitale Grundlage der Wahrnehmung bilden, indem sie eben eine Verbindung zwischen bewusstseinsfremden Vorgängen und dem Bewusstsein herstellen

---

[14] Ludwig Klages: Vorwort, a. a. O., S. XV.

[15] Melchior Palágyi: Die Logik auf dem Scheidewege, Berlin 1903, S. 177.

können. Palágyis wesentliche Unterscheidung zwischen Empfindung und Gefühl ist, dass er das Gefühl als einzigen Mittler zwischen dem tief rätselhaften vegetativem Lebensprozess und dem Bewusstsein ansieht, während der Empfindung die Vermittlung der Prozesse der mechanischen Welt obliegt. Daraus folgt, dass wir den eigenen Lebensprozess nur mittels des Gefühls entdecken.

> „Die Geschichte der neuzeitlichen Philosophie zeigt uns nämlich, daß die philosophischen Systeme gerade dem vitalen Elemente in der Welt der Geschehnisse nicht gerecht zu werden vermochten, und dasselbe, sei es dem vermeintlich psychologischen, sei es dem mechanischen Geschehen zuliebe, unwillkürlich unterdrückten.“[16]

Die notwendige Unterscheidung von Empfindung und Gefühl gründet somit auch darauf, dass man Mechanisches und Lebendiges nicht aufeinander zurückführen kann. Zwischen Empfindung und Gefühl besteht ein analoger Unterschied wie zwischen Nichtlebendigem und Lebendigem: „Nur das Nichtlebendige wird empfunden, nur das Leben gefühlt.“[17]

Das Gefühl (als Mittler zum Bewusstsein) bringt damit einen entscheidenden vitalistisch-philosophischen Ausgangspunkt, nämlich die unmittelbare Gewissheit des Lebendigseins (im Besitz von Erlebnissen sein), den Palágyi gleichberechtigt neben die Selbstgewissheit durch das Denken und die „mechanistische Forschung“ stellt. Eine Begründung des vitalistischen Standpunktes etwa durch den Begriff der „Lebenskraft“ lehnt Palágyi ab. Damit würde sich eine vitalistische Herangehensweise nur ungerechtfertigt der mechanistischen unterordnen. Ungewollt würde so die Existenz mechanischer Vorgänge als das unmittelbar Gewisse hingestellt. Wenn die Gewissheit der eigenen Lebensvorgänge auf diese Weise zurücktrete, könne es auch niemals gelingen, das Vorhandensein seiner Lebensvorgänge zu beweisen.[18]

Alles Axiomatische an unserer Erkenntnisweise gehe zuletzt auf eine gefühlshafte Grundlage zurück, da Gefühle genauso zu geistigen Akten hindrängen würden wie Sinneseindrücke. Es sei nicht zwingend notwendig, ein axiomatisches Erkennen als ein apriorisches, der Erfahrung vorausgehendes Erkennen aufzufassen. Palágyi sieht alle Erkenntnisarten mit der Erfahrung verbunden. Er unterscheidet dagegen zwischen konstatierender Erkenntnis, die auf Wahrnehmung beruht, und intuitiver, postulierender Erkenntnis, die auf aktiven Gefühlen beruht. Die Akte der Sinneswahrnehmung und die Akte der Intuition sind die zwei Klassen der unmittelbaren oder direkten Akte des erkennenden Bewusstseins.[19]

---

[16] Melchior Palágyi: Naturphilosophische Vorlesungen, a. a. O., S. 60.

[17] Melchior Palágyi: Wahrnehmungslehre, a. a. O., S. 98.

[18] Melchior Palágyi: Wahrnehmungslehre, a. a. O., S. 56; ders.: Naturphilosophische Vorlesungen, a. a. O., S. 50.

[19] Melchior Palágyi: Naturphilosophische Vorlesungen, a. a. O., S. 298.

Im Rahmen der Wahrnehmungstheorie liefert Palagyi somit auch einen beachtenswerten Beitrag zu einer Philosophie des Gefühls.

Drittens: Virtuelle Phantasie

Palágyi postuliert eine weitere Klasse von animalen Lebensprozessen bzw. vitalen Erlebnissen, die unbedingt vorhanden sein müssen, soll sich eine voll entfaltete, funktionsfähige Wahrnehmung herausbilden können. Diese ist die Virtuelle Phantasie, synonym Bewegungsphantasie oder eingebildete Bewegung. In einem späten Aufsatz übernimmt Palágyi dafür auch den Begriff des „Schauens" von Ludwig Klages. Palágyi argumentiert, dass sich Bewegung und Bewegungswahrnehmung nicht auf Empfindung zurückführen lassen. Empfindung und Bewegung haben unterschiedliche Wurzeln, analog zum sensorischen und motorischen Nervensystem. Sie sind gleich ursprüngliche Phänomene. Zudem lasse sich die Findung des Ortes nicht aus Empfindungsreihen, wie mannigfaltig auch immer, ableiten.

> „Wieso es kommt, daß Leben sich in Bewegung ‚äußert' und Bewegung sich zu Erlebnissen ‚verinnerlicht', das ist das mechanistisch-vitalistische Grundproblem, welches wir nicht dadurch lösen können, daß wir Bewegung auf Empfindung oder umgekehrt Empfindung auf Bewegung ‚zurückführen', denn hierdurch wird das Problem nur beseitigt, nur vernichtet, nicht einer stufenweisen Lösung entgegengeführt."[20]

> „Aber obwohl der Raum nichts Empfindbares ist, so ist er doch etwas Wahrnehmbares: Ein scheinbares Paradoxon, in dem die Rätselnatur des Raumes zum knappsten Ausdruck gelangt. Gewöhnlich meint man, daß nur das Empfindbare auch das Wahrnehmbare sei, aber das Dasein des Raumes ist gleichsam eine allgegenwärtige Verspottung dieses scheinbar richtigen Satzes, denn der Raum ist ja das überall Wahrnehmbare, das trotzdem nirgends auf die empfindenden Nerven einzuwirken vermag."[21]

> „Man steht hier der wunderbaren Tatsache gegenüber, daß die wirkliche räumliche Ordnung der Dinge uns durch die Phantasie kundgetan wird, so daß wir ohne sie, namentlich ohne virtuelle Bewegungen, nicht die geringste Ahnung von der reelen Anordnung, Lagerung und Gestaltung der tatsächlich bestehenden Erscheinungswelt hätten."[22]

---

[20] Ebd.: S.148.
[21] Melchior Palágyi: Wahrnehmungslehre, a. a. O., S. 78.
[22] Ebd.

So wie das Thema Empfindung tief in das Problem der Zeit hineinführt, führt das Thema Phantasie tief in das Problem des Raumes hinein. Palágyi forscht an Blindgeborenen, deren Phantasie nicht auf visuellen Eindrücken, sondern auf Tasten und Bewegung beruht, und zeigt, dass Phantasie in der Wurzel nichts Visuelles, sondern Bewegung ist.

Ludwig Klages fasst in seinem Vorwort zu Palágyis „Wahrnehmungslehre" aus dem Nachlass für die erste Orientierung in der Phantasietheorie wie folgt zusammen:

> „1. So gewiß motorische Nerven nicht auf sensorische Nerven zurückgeführt werden können, so gewiß Bewegungserlebnisse nicht auf Eindruckserlebnisse. 2. Das Bewegungsphantasma ist keine wirkliche Bewegung, erst recht nicht die ‚Vorstellung' einer Bewegung und muß auch unterschieden werden vom Bewegungsdrang. Es ist die reine Innerlichkeit oder Virtualität der Bewegung, mithin ein seelischer Zustand, der jedoch nur im Hinblick auf die Bewegungsäußerung charakterisiert werden kann. 3. Ohne virtuelle oder eingebildete Bewegung würde die wirklich stattfindende Bewegung des Steuers und somit des Zieles ermangeln. 4. Erst das Bewegungsphantasma macht eine Raumanschauung möglich, mit ihr die Gestaltanschauung, mit ihr die Anschauung der Außenwelt überhaupt. 5. Wie die ‚direkte' Bewegungsphantasie an jeder Wahrnehmung teilnimmt, so ist es die ‚inverse' Bewegungsphantasie, die uns dem Wahrnehmungsraum entrückt und solche Phantasmen zeitigt, die man im Alltagsleben meint, sooft man jemandem ‚Phantasie' beimißt."[23]

In Zusammenhang mit seiner Phantasielehre entwickelt Palágyi eine sehr lesenswerte Kritik der Assoziationstheorie Humes. Er beleuchtet weitere bedeutsame Unterscheidung und Stufen im Prozess der vitalen Phantasie, z. B. die direkte und inverse Phantasie. Er beschreibt weitergehend die Phantasie als „Lebensschwung", als höchste Selbstentfaltung des rein vitalen Prozesses. Er entwirft eine Theorie einer abgeblassten „symbolischen Phantasie", die als stetige vitale Unterlage für geistige Tätigkeit, dem „Selbstverkehr des Bewusstseins", dient.

> „Die Einbildung spielt im Reiche des Vitalen eine ähnliche Rolle wie die Bewegung in der mechanischen Welt. Man könnte sie als das vitale Analogon, als das vitale Äquivalent oder das vitale Abbild der Bewegung bezeichnen. So wie ein Körper aus der Gesellschaft anderer Körper in mechanischer Weise nur durch Bewegung zu entkommen vermag, so kann ein Lebensprozess sich nur durch die Einbildung aus den Klammern der Umgebung befreien. Es ist ein Wunder ohnegleichen, daß das Leben, ohne von der Stelle zu weichen, wo es sich befindet, sich trotzdem so verhalten kann, als ob es an eine andere Stelle

[23] Ludwig Klages: Vorwort, a. a. O., S. XXI.

des Raumes oder an eine andere Stelle der Zeit entwichen wäre. [...] Wie nun das Leben nirgends so deutlich dem Mechanischen entgegentritt wie im Einbildungsprozesse, so ist dieser als die höchste Entfaltung des Vitalen zu betrachten."[24]

Anregungen für eine Alltagsphänomenologie

Palágyis vitalistische Wahrnehmungslehre ist von dem Impuls durchdrungen, dem theoretischen wie praktischen Verlorengehen der Seele entgegenzuwirken, wenn auch der Schwerpunkt nicht auf „radikaler Zivilisationskritik" liegt, sondern auf dem Bemühen, die (Lebens-)Philosophie in die Wissenschaft zu tragen und umgekehrt die Wissenschaft in die Philosophie.

In der Palágyi-Rezeption wurde gelegentlich bemerkt, dass die Unterscheidung Geist–Leben in der Psychologie oftmals eindrücklicher wirkt als die Unterscheidung Bewusstsein–Unbewusstes. Palágyi versteht es in eigentümlicher Weise, hohe Abstraktion resp. Logik und „Lebensrätsel des Alltags" einander überraschend berühren zu lassen. Er liefert nicht zu unterschätzende Anregungen für eine Alltagsphänomenologie seelisch-vitaler Vorgänge. Dazu zwei Beispiele:

Erstens: Man schaue sich genauer einen Moment im Leben an, an dem man von einer Szene, einem Geschehen, das man zunächst neutral verfolgt, „sich plötzlich berührt fühlt": Mehr oder weniger starke körperliche Empfindungen melden sich, Schauer laufen über den Rücken, ein Kribbeln an der Körperperipherie oder im Körperinneren usw.. Wodurch dieser plötzliche Anstieg des empfindenden Beteiligtseins? Wenn man geschickt genug ist, ziemlich genau den Augenblick zu beachten, an dem dieses Beteiligtsein anfängt, wird man m. E. mit etwas Glück ein unmittelbar vorhergehendes unwillkürliches Phantasma bemerken können, das gleichsam das seelische Erlebnis anstößt. Zumindest wird man bemerken, dass man während dieses seelisch betonten (zumindest sentimentalen) Erlebnisses *auch* in einen Zustand des Phantasierens gerät, mit dem man sich sozusagen in die Situation „einwebt". Typisch für einen vitalisierten, seelisch betonten Zustand ist, dass sich in schneller, flüchtiger Folge viele weitere Fragen anschließen. Hier z. B.: Was bezeichnet man eigentlich bei einem seelisch betonten Erlebnis als „Gefühl"? Sind die vielfältigen Empfindungen nicht eigentlich nur eine Art „Fußabdruck" des Gefühls, während das Gefühl selbst unerkannt im Dunkeln bleibt, auch wenn man meint, es benennen zu können? Oder: Wie erstaunlich selten und kurz sind eigentlich die Momente, während derer man wirklich in einem anschaulichen seelisch betonten Erleben steht und fast gleichzeitig darüber forschen und reflektieren kann?

---

[24] Melchior Palágyi: Wahrnehmungslehre, a. a. O., S. 94-95.

Zweitens: Am alltäglichen Phänomen der Zerstreutheit zeigt Palágyi en passant überzeugend zwei grundlegend unterschiedliche Richtungen der Phantasie, die „direkte" und die „inverse" Phantasie: Was fällt an der Zerstreutheit von Kindern so auf, was macht es so schwierig ihre Aufmerksamkeit zu gewinnen und zu lenken? Die Zerstreutheit der Kinder drückt sich oft darin aus, dass es die *gegenwärtigen* Gegenstände sind, an denen sich die Kinder, ohne ein Ende zu finden, „in die Unaufmerksamkeit zerstreuen" können. Die entgegengesetzte Art von Zerstreutheit tritt z. B. bei Personen auf, die intensiv geistig beschäftigt sind: Sie zeigen sich in der Wahrnehmung und Behandlung gegenwärtiger Gegenstände oft bemerkenswert ungeschickt. Man solle darauf achten, wie stark die Phantasie eines Kindes durch seine Umgebung gefesselt sei und wie leicht ein hochintelligenter Mensch sich mittels Phantasie aus dem Gefesseltsein an das Gegenwärtige lösen könne.[25] Bei Kindern zeigt sich die Zerstreutheit als Ergebnis der direkten Phantasie, im anderen Fall ist die inverse Phantasie ausschlaggebend.

Allerdings muss man darauf hinweisen, dass allerlei „subtile seelische Erlebnisse", die oft „in Sekundenbruchteilen" stattfinden, noch lange nicht die gesuchten zentralen Erlebnisse, die die Wahrnehmung erst ermöglichen, enthüllen. Sie geben nur verstreute Fingerzeige. Etwas überhöhend könnte man sagen: Palágyis Theorien bringen ein Kunststück fertig, das sonst vitale Prozesse fertigbringen: Vitale Prozesse machen sich sozusagen nach oder während ihres Wirkens für die bewusste Wahrnehmung unsichtbar. Das ist ihre ungeheure selbstverständliche Dienstbarkeit; Palágyis Theorie über die vitalen Prozesse der Wahrnehmung erscheint nun manchmal so „dienstbar", so passend wie eine „zweite Haut", die, wenn sie den Blick auf die vitalen Vorgänge gelenkt hat, wie durchsichtig wird.

Rezeption

Palágyis auf ungarisch verfasste Frühschriften (ca. 1892 bis 1901) wurden von Ludwig Schneider[26] teilweise zusammengefasst und in ihrer Beziehung zu Palágyis späteren Werken dargestellt. Sie scheinen sonst im deutschsprachigen Raum fast keine Spuren hinterlassen zu haben.

Auch die Rezeption von Palágyis deutschsprachigen Werken ist relativ gering geblieben. Davon ist die Rezeption seiner logischen Schriften am geringsten. In seiner Schrift „Der Streit der Psychologisten und Formalisten in der modernen Logik" (1902) attackierte er Husserl scharf, Husserl antwortete auf Palágyis Schrift mit einem vollständigen Verriss, in dem er dem Autor Gründlichkeit und fundiertes Denken abspricht.

---

[25] Melchior Palágyi: Naturphilosophische Vorlesungen, a. a. O., S. 205.
[26] Ludwig Schneider: a. a. O..

Eingehend setzte sich Goswin Uphues mit Palágyis „Logik auf dem Scheidewege“ auseinander. Uphues stimmt z. B. der Aufteilung der Empfindung in eine doppelte Richtung, Eindruck und Gedächtnis, zu.[27] Palágyis Charakteristik der antiken wie der modernen Logik enthalte viele wertvolle Gedanken, die nicht unbeachtet bleiben dürften.[28] Palágyis Buch sei ein Beweis, dass man auf schöpferische Gedanken in der Wissenschaft des Denkens noch nicht verzichten brauche.[29] Uphues hält Palágyi für einen glänzenden Stilisten, der sich dadurch oft zu unvorsichtigen Behauptungen fortreißen lässt.[30]

Eine ähnliche, wenig wahrgenommene, dem „Zeitgeist“ entgegenstehende Position hat Palágyi gegenüber der von ihm scharf kritisierten Relativitätstheorie eingenommen. Palágyi berichtet, dass er etwas früher und auf anderem, nämlich erkenntnistheoretischem und „synthetisch-geometrischem“ Weg, als Einstein und Minkowski zu einer Umgestaltung des Zeit- und Raumbegriffs gelangte.[31]

Die stärkste Rezeption hat Palágyi in Bezug auf die anthropologische und wahrnehmungstheoretische Bedeutung seiner Wahrnehmungs- und Phantasielehre erfahren, besonders bei Arnold Gehlen und Ludwig Klages.[32] Gehlen würdigt Palágyis Unterscheidung von Bewegungserlebnis und Empfindung als aufeinander nicht rückführbare Phänomene.[33] Er greift Palágyis Gedanken auf, dass sich Empfindung immer aus einer aktiv-passiven Doppelempfindung zusammensetzen müsse, dass die Kreisprozesse der vitalen Grundlagen der Wahrnehmung schon elementaren kommunikativen Charakter trügen als eine Art von „Rollenwechsel“.[34] Palágyi habe mit der virtuellen Phantasie eine Entdeckung von großer theoretischer Bedeutung gemacht.[35] Ohne die Bewegungsphantasmen verderbe

[27] Goswin Uphues: a. a. O., S. 92.
[28] Ebd., S. 56.
[29] Ebd., S. 89.
[30] Ebd., S. 42.
[31] Melchior Palágyi: Zur Weltmechanik. Beiträge zur Metaphysik der Physik (Ausgewählte Werke Band 3), Leipzig 1925; vgl. den Beitrag „Neue Theorie des Raumes und der Zeit“ (1901 ersterschienen).
[32] Ausführlich hat sich Renate Walthes in ihrer Dissertation mit Palágyis Wahrnehmungslehre auseinandergesetzt: dies.: Zur Theorie der virtuellen Bewegung. Wahrnehmung, Bewegung und Sprache in der Waldorfpädagogik und bei Melchior Palágyi, Marburg 1979. Da bei vielen Autoren und Wissenschaftlern die Rezeption von Klages und Palágyi Hand in Hand gingen, findet man viele Hinweise bei Hans Kasdorff: Ludwig Klages im Widerstreit der Meinungen, Bonn 1978.
[33] Arnold Gehlen: Der Mensch, Frankfurt am Main 1993 (ersterschienen 1940), S. 192.
[34] Ebd. S. 193.
[35] Ebd.: S. 214: „Sie führt zuerst zu der allgemeinen Definition der Phantasie als eines nicht weiter auflösbaren Urphänomens im Sinne der Fähigkeit, sich resp. sich und die Dinge, mit denen man ein kommunikatives System bildet, in andere Lagen zu versetzen, als wir selbst und diese Dinge in Wirklichkeit haben [...] Die ungemeine Bedeutung der Phantasie muß jetzt anfangen, sich zu verdeutlichen. Sie ist die eigentlich kommunikative Macht, die die

man sich die Einsicht in die Bedeutung der Wahrnehmung für die Steuerung der Handlung sowie die Einsicht in ihren elementar kommunikativen und schöpferischen Sinn.[36] Die reformerischen Bestrebungen in der Erkenntnistheorie und die Kritik an Kant sieht er als gerechtfertigt an.

Eine umfassende Rezeption hat Palágyi von Ludwig Klages erfahren. Klages unterstützt emphatisch wie sonst kein anderer einige der Hauptbefunde Palágyis, wie eben die These von der Dauerlosigkeit und Intermittenz der geistigen Akte und der Kontinuität der Lebensvorgänge, also der Wesensverschiedenheit von Geist und Leben. Klages' Kritik setzt da an, wo ihm Palágyis Lebensbegriff zu eng begrenzt erscheint. Palágyi fehle, obwohl er eine „extrem vitalistische Philosophie"[37] vertrete, letztlich der Begriff vom ursprünglichen Erleben.

Die Rezeption durch den um 13 Jahre jüngeren Klages begann um 1908. Von da an gibt es in allen seinen Werken Verweise auf Palágyi. In „Der Geist als Widersacher der Seele" beschäftigt er sich in zwei Kapiteln sowie einem längeren Abschnitt mit Palágyi („Die Forschungen Melchior Palágyis" und „Galilei und Palágyi", „Palágyis ‚virtuelle Bewegung'"[38]). Neben brieflichem Kontakt kam es zu einigen persönlichen Begegnungen, kurz vor dem Tod Palágyis 1924 wurden noch gemeinsame Arbeitsprojekte ins Auge gefasst.[39] Klages wurde von Palágyis Familie mit Sichtung und Herausgabe des Nachlasses beauftragt, von dem zwei Bände, „Wahrnehmungslehre" und „Weltmechanik" erschienen. Zur „Wahrnehmungslehre" steuerte Klages ein längeres einführendes Vorwort bei. Dort stellt Klages Palágyis Werk in eine Linie mit den Philosophen der Romantik, mit Nietzsche und verwandten zeitgenössischen Denkern. Auf verschiedene Weise sei diesen Denkströmungen die Einsicht gemeinsam, dass Bewusstsein Besinnung auf Erlebtes und folglich nicht Erlebnis selber sei, dass das Erleben an sich jeglicher Besinnung ermangele. Die romantischen Philosophen hätten diese Einsicht an der Aufhellung von Instinkten und „nachtpolarer" Bewusstseinszustände (Traumleben, Somnambulismus, Hellsichtigkeit u. a.) erprobt. Nietzsche hätte eine solche Einsicht gegen den Wert des Bewusstseins gewendet und bei Klages und verwandten Denkern habe sich es in ausdrucks- und seelenkundlichen Untersuchungen niedergeschlagen.[40] Klages hält es für einen Glücksfall, dass Palágyi gleichermaßen ein hochbedeutender Metaphysiker und Mathematiker war:

Einheit unseres Bewegungs- und Empfindungslebens herstellt, und wir werden sie von nun an, zumal auch in ihren Leistungen innerhalb des Sprachlebens, immer am Werke sehen."

[36] Ebd.: S. 215.

[37] Ludwig Klages: Der Geist als Widersacher der Seele, a. a. O., S. 462.

[38] Ludwig Klages: Der Geist als Widersacher der Seele, a. a. O., S. 458-476 u. S. 731-742, S. 1024-1034.

[39] Ebd. S. 475.

[40] Ludwig Klages: Vorwort, a. a. O., S. IX.

„Denn ebendarin dürfte nicht allein die unbeirrbare Zielsicherheit begründet liegen, mit der sein Denken auf die Ermittlung eines exakten Unterscheidungsmerkmals von Geist und Leben ausgeht, sondern auch der gewichtige Umstand; daß er es tatsächlich findet mittels des Begriffspaares der Diskontinuität und Kontinuität.“[41]

Melchior Palágyi und Ludwig Klages

Den Schlusspunkt sollen hier einige Auszüge aus den Briefen von Palágyi an Ludwig Klages setzen. Palágyi hatte die Werke Klages nur oberflächlich rezipiert, in seinen Werken erwähnt Palágyi Klages' Auffassungen nicht ein einziges Mal ausdrücklich. Es liegt keine detaillierte Kritik aus Palágyis Feder vor. Seine Kritik an Klages' Philosophie ist eher intuitiv:

> „Nietzsches Irrtum: Leben höher als Geist zu werten. Wenn er Geist sagt, meint er nicht Geist, sondern das Rationelle. Er (und Klages) ist der Feind des Rationalen, des Rationalismus. Geist ist aber der umfassendere, schöpferische. Beim Dichter ist er untergeordnet dem schöpferischen Leben. Nietzsche ist Vertreter jener Oppositionsphilosophie, die herrührt aus dem romantischen Rückschlag gegen Kants falsche Lehre, die aus dem Geist die Ratio machte. Klages ist dagegen der Rückschlag des schöpferischen Lebens *und* des schöpferischen Geistes, nur wird sie dem Geist nicht gerecht. Es gibt schöpferischen unbewussten Geist, den verwechseln Nietzsche und Klages mit dem Leben, das ist das Grundgebrechen ihrer Philosophie“.[42]

Anfang der 20er Jahre des letzten Jahrhunderts, wenige Jahre vor Palágyis Tod, intensivierte sich der briefliche und persönliche Kontakt zwischen den beiden Denkern: Ihre scheinbare Ähnlichkeit in bezug auf den fundamentalen Gegensatz zwischen Geist und Leben/Seele zeigt sich in der Nähe schnell als Gegensätzlichkeit, die sie jedoch als polar zusammengehörig zu verstehen und fruchtbar zu machen versuchen. Schnell werden im Briefwechsel fundamentale Fragen und Gegensätze markiert. Palágyi schreibt an Klages:[43]

---

[41] Ebd., S. X.

[42] Gespräche mit Werner Deubel (1921-24), S. 44. Nachlass Werner Deubel, Literaturarchiv Marbach. Unveröffentlicht, zitiert mit freundlicher und vorbehaltlicher Genehmigung des Deutschen Literaturarchivs Marbach. Erben und Urheberrechtsinhaber sind nicht auffindbar. Es wird versichert, dass berechtigte Ansprüche der Rechtsinhaber, falls solche noch auftreten sollten, nachträglich abgegolten werden.

[43] Briefe von Melchior Palágyi an Ludwig Klages, Nachlass Ludwig Klages, Deutsches Literaturarchiv Marbach. Zitate mit freundlicher und vorbehaltlicher Genehmigung des Deutschen Literaturarchivs Marbach.

21.10.1920: „Die Lektüre Ihrer Abhandlung über ‚Geist und Seele' hat mir ausserordentlichen Genuss bereitet. [...] Selbst Ihr Vorwurf, dass meine Philosophie des Begriffs des ‚ursprünglichen Erlebens' ermangele, berührt mich eigentümlich sympathisch, denn er zeigt mir den Punkt an, wo Ihre Individualität sich deutlich von der meinigen abhebt." „Beinahe hat es den Anschein, als ob Sie die Existenz des persönlichen Geistes leugnen und nur die Existenz der persönlichen Seele behaupten wollten [...] Jedenfalls bitte ich Sie, sich in diesem höchst wichtigen und ausserordentlich schwierigen Punkt nicht allzufrühe festzulegen [...]. Es scheint mir aber ein fundamentaler Irrtum so gut wie aller Rationalisten und Intellektualisten zu sein, dass sie nur einen *allgemeinen* Geist kennen, an dem wir alle teil hätten und nicht auch einen zur Person gewordenen Geist, der mit einer persönlichen Seele in innigster Vermählung unser Ich ausmacht. Die Behandlung dieses grossen und fruchtbaren Problems führt in ein Neuland, welches ich gerne in Ihrer Gesellschaft durchqueren möchte."

19.8.1923: „Man braucht nur an Hamlet zu denken, um die Lebensfeindlichkeit des Geistes auch poetisch symbolisiert zu sehen. Ja gäbe es überhaupt etwas Tragisches auf der Welt, wenn keine furchtbare Lebensfeindlichkeit des Geistes bestünde? [...] Wir stehen also einander auch in diesem Punkte nicht so ferne, als es vielleicht den Anschein haben könnte. Aber selbst wenn wir in diesem Punkte weit auseinander gehen würden, erblickte ich darin nur ein Zeichen der ergänzenden Polarität unserer metaphysischen Bestrebungen, und Ihre philosophische Persönlichkeit gewänne nur noch einen neuen bestrickenden Reiz für mich. Fast noch mehr als über die Lebensfeindlichkeit des Geistes habe ich mich leider über die Geistesfeindlichkeit des Lebens zu beklagen. Wäre das Leben dem Geiste nicht so spinnefeind, so hätten wir so viele schöne Jahre hindurch nicht getrennt leben müssen, und hätten unsere philosophische Wirksamkeit wechselseitig wunderbar potenzieren können."

April 1924: „Wenn Sie nun gleich im Vorwort gleich auch den ‚zentralsten Gegensatz' zu Ihrem Standpunkt ausgesprochen finden, so mögen Sie Trost im Gedanken suchen, dass es uns allen, die wir Wahrheitsforscher auf eigene Faust sind, in völlig gleicher Weise ergeht. Wir finden alle in dem, was uns lieb und teuer ist, zugleich den zentralsten Gegensatz zu dem, woran unsere ganze Seele (und auch unser ganzer Geist) hängt. Und dass Sie sich so zu meinem Buche verhalten, ist für mich der einzig denkbare bindende, untrügliche Beweis unserer innigsten philosophischen Zusammengehörigkeit. Wir machen uns gegenseitig anschaulich die tiefste und letzte Tragik eines echten Forscherlebens".

Aufgrund des Engagements von Klages bei der Wiederveröffentlichung der „Naturphilosophischen Vorlesungen“ (1924) stellt Palágyi fest, dass er es dem Einsatz Klages zu verdanken habe, dass er nicht mehr heimatlos in der Wissenschaft sei.[44]

Er sieht in Klages gegen Ende seines Lebens einen „echten Schicksals- und Forschungsgenossen“.[45] Wenige Monate vor seinem Tod schreibt er an Klages:

> „Von meinem tragischen Naturell bin ich selbst ganz überzeugt, aber ich gebe Ihnen darin völlig Recht, daß ich unter einem Glücksstern geboren bin, d. h. von Haus aus zur inneren Harmonie neige, was aber – meiner vielleicht etwas seltsamen Auffassung nach – nur die Verschärfung meines Geschicks zur Folge hatte.“[46]

---

[44] Zit. in: Hans Eggert Schröder (Hg.): Ludwig Klages 1872-1956, Katalog der Centenar-Ausstellung 1972, Bonn 1972, S. 207.
[45] Ebd. S. 208.
[46] Ebd. S. 208.

I. Persönlichkeitsphilosophische Grundüberlegungen: Insichgehen, Individualität, Selbst-, Wach- und Traumbewusstsein

Insichgehen[1]

Der Anfang aller Philosophie ist das Insichkehren und darum ist die erste Aufgabe des Philosophen, den Menschen zu sich zurückzuführen. Dies ist aber ein gefährliches Unternehmen, denn den Menschen graut es vor dem Insichgehen, wie vor dem Tode. Wenn der Lebenskampf ihn grausam bedrängt, wenn die Wellen über seinem Kopf zusammenzuschlagen drohen, gibt er sich der uferlosen Verzweiflung hin, ermordet sich oder seinen Mitmenschen, aber insichkehren will oder kann er nicht. Es scheint, daß Sterben leichter ist als Insichkehren und man kann leichter unter der Erde als in sich Beruhigung suchen. Es gibt vielleicht keine so schwere und bittere Aufgabe, als das Insichkehren, vielleicht übersteigt sie die menschliche Kraft, vielleicht gelang es noch nie einem Sterblichen. Es ist wohl nur ein Märchen, daß es einen Helden gab, der den Rettungsanker seines Lebens in sich fand.

Wie könnte ein Sterblicher den Zauber brechen, der sein ganzes Wesen gefangen hält? Denn unser Leben ist nur eine Art von Bezauberung; wir werden von allem, was uns umgibt, was wir sehen und fühlen, betäubt, wir klammern uns an alles, an Ding und Mensch, an Freund und Feind, Vermögen, Rang, Ruhm, Liebe, Macht unterjochen uns; einander umarmend oder das Leben angreifend, immer und überall, in Lust und Leid, nüchtern oder berauscht, weinend oder lachend, zappeln wir im Netze einer unermeßlichen und unnennbaren Zauberei. Wie sollen wir uns von ihr freimachen, wie sollen wir das uns ängstigende Zaubergewebe zerreißen und warum überhaupt die Befreiung suchen?

Freuen wir uns lieber der Zauberei, Blendung und Betörung oder wie wir es nennen sollen, denn *eben das ist das Leben*. Es vergeht schnell; dem Tode sollen wir es überlassen, dieser großen Betörung ein Ende zu bereiten; aber bis er kommt, leben und genießen wir, trinken wir den süßen Trank bis zum letzten Tropfen aus, geben wir uns dem Rausch, der Wonne, der Lust hin, und niemand soll uns von dem Insichgehen reden! Weg mit dem Bösen; aus ihm spricht Mephisto; wir kennen den wütenden Dämon, der nur verneinen und zerstören kann, der unseren Glauben erschüttert und unsere Götter in den Staub reißen möchte!

---

[1] Auf Deutsch zuerst erschienen in: Didaskalia (Wochenbeilage der Frankfurter Nachrichten vom 28.12.1924). Einleitend vermerkte der Herausgeber dieses Didaskalia-Beitrages – höchstwahrscheinlich Werner Deubel: „Dieser Aufsatz des bedeutenden, kürzlich in Darmstadt gestorbenen Denkers erschien 1896 in der Budapester Zeitschrift: ‚Jelenkor'. Er zeigt bereits deutlich die originale Führung der stets ganz schlichten Untersuchung und die tragische Färbung, die zum Gepräge des gewaltigen Gedankenbaus gehört, den Palágyi später mit einzigartiger logischer Kraft und entdeckerischem Hellblick errichtete."

Doch vergebens schmähen wir Mephisto und nennen ihn den verneinenden, zerstörenden, düsteren Dämon: er wohnt in uns. Vergebens fliehen wir vor ihm, vergebens versuchen wir in dem großen Lebensrausche zu versinken, eine unbekannte Macht hebt uns heraus, ob wir wollen oder nicht, die Augenblicke des Erwachens und des Insichgehens suchen uns auf. Und wenn diese Augenblicke sich immer häufiger und häufiger melden, fangen wir an, uns mit ihnen immer mehr zu befreunden. Das Grauen verflüchtigt sich und wir fühlen, daß sich in uns eine neue Quelle des Genusses öffnete. Eine neue Welt erscheint vor uns, und wir fühlen ein gewisses Mitleid den Mitmenschen gegenüber, die infolge eines albernen Grauens sich aus dieser Welt ausschließen. Später können wir es nicht mehr verstehen, daß wir auch einmal die Gefangenen dieses großen Lebenszaubers waren. Das Leben kommt uns wie ein leeres, nichtssagendes, tierisches Vegetieren vor, ohne die Wonnen des Insichkehrens. Ohne sie wären wir wie die seelenlosen Geizhälse, die die Schätze zu Haufen sammeln, in Kisten versperren und sie nicht einmal anzusehen wagen, damit sie nicht irgendwie fortfliegen. Es dünkt uns, daß alles, was die Menschen Genuß nennen, eigentlich kein Genuß wäre und nur durch das Insichkehren den Charakter und Wert des wahren Genusses erlangte. Es scheint, als ob überhaupt alles in der Welt wertlos wäre, wenn es nur als äußere Erscheinung betrachtet würde, und nur die innere Erwägung der Seele könnte ihm den Stempel des wahren Wertes aufdrücken. Wir nehmen vielmehr wahr, wie bei dieser inneren Erwägung die Werte immer wachsen und mit der Zeit sammeln wir uns einen unendlichen Reichtum, der unser Wesen mit maßloser Freude erfüllt.

Es ist wahr, daß die innere Erwägung uns durch eine große und mühevolle Schule führt, und wir glauben unter den Qualen der Selbstuntersuchung zusammenzubrechen. Es ist wahr, daß eben diese innere Erwägung unsere Traumbilder vernichtet und das verlogene System unserer süßen Selbsttäuschung zertrümmert und beweist, wie eitel das ist, woran wir am stärksten hingen, dem wir den höchsten Wert zusprachen, an das wir vielleicht unser ganzes Leben knüpften. Wahrlich, wird das Insichgehen unbedingt eine innere Revolution verursachen, es scheint den Grund unseres Daseins zu erschüttern, alles in Trümmer zu schlagen, woran wir inmitten der Lebenskämpfe uns klammerten. Doch eben darum graut es dem Menschen vor dem Insichgehen; wir fürchten uns vor dem Weltschmerz. Denn jede insichgehende Seele muß – wenigstens eine Zeitlang – dem Weltschmerz verfallen; denn Weltschmerz ist der große Schmerz des Insichgehens, der umso höher, riesiger wird, je mächtiger und aufrichtiger der Geist ist, der aus den falschen Blendungen des Lebens sich einen Ausweg sucht. Aber wenn es wahr ist, daß wir nur durch das Inunsgehen zum „Vanitas Vanitatum" und zum Zusammenbruch der bisherigen vermutlichen Werte gelangen: so ist dies nur dadurch möglich, wenn wir einen unendlich großen Wert entdeckten, mit dem verglichen alles, was wir früher für wertvoll hielten, als klein, niedrig, nichtig und unbedeutend dahinsinkt. Wenn eine Seele die Einsicht in die „Eitelkeit der Eitelkeiten" erlangen konnte, dann hält sie nur noch ein Schritt von der unendlichen Wonne zurück, die aus dem ewigen Werte des Insichgehens entstammt. Wenn es überhaupt einen Weg gibt, der zur inneren Ruhe führt, so können wir ihn nur in der qualvollen Welt des Insichgehens auffinden. Mit diesem Gedanken fängt die Philosophie an und ihr erstes Wort ist: Insichkehren.

Und dies Wort, möchte es noch so mild klingen, ist das mächtigste unter allen Worten. – Es klingt, es tönt, überall in allen Festen und Vergnügungen, weder der Lärm des Marktes noch das Geräusch der Maschinen kann es unterdrücken. Kein Befehlswort der Mächtigen, kein Kriegsruf der Truppen, kein Kanonendonner kann es überwinden. Die Zeit schadet ihm nicht, man hört es Jahrhunderte und Jahrhunderte hindurch: Insichkehren! Denn ohne es gibt es kein wahres Gesetz, keine männliche Tat, keine Schöpfung der Kunst. Die Mode kann es nicht verändern, denn dies einzelne Wort läßt jede leere unnütze Mode verschwinden. Das Genie lehnt sich vergebens dagegen auf, da es einzig nur aus ihm seine Kraft schöpft. Wenn es Schön, Wahr und Gut gibt, wenn diese Wörter überhaupt einen Sinn haben, dann entspringt ein jedes aus dieser Quelle, gehorcht ein jedes dem Befehl: Insichgehen!

* * *

Der erste Schritt, den wir auf dem Wege des Insichkehrens tun, führt gleich zu einer eigentümlichen Entdeckung, vor der wir anfangs erschrecken, wie bei jeder Entdeckung, die wir verleugnen möchten, denn sie dünkt uns niederschmetternd. Wir erkennen erst später die Wahrheit und wenn wir sie vollkommen in uns aufgenommen haben, fühlen wir, daß unsere ganze Welt eine große Veränderung erfuhr. Und diese Entdeckung ist nichts anderes als das klare, unabänderliche Bewußtsein unserer vollkommenen Einsamkeit.

Ich spreche nicht von jener Einsamkeit, die die Wüste oder der Wald einem jeden geben mag, auch nicht von der Einsamkeit, die der Mensch fühlt, wenn er verlassen im Elend allein dasteht. Denn alle diese Arten von Einsamkeit kann man durchbrechen, aber die, von der ich hier spreche, kann weder Freund noch Feind, noch Bruder oder Geliebte, noch überhaupt ein Mitgefühl oder eine Liebe bezwingen. Sie ist eine unheilbare Einsamkeit, denn sie entsteht daraus, daß wir Individuen sind, und sie wird unbedingt so lange dauern, so lange wir Individuen bleiben. Durch Gesten, Gesichtsausdruck, Stimmen, Zeichen, und mit der Sprache können wir miteinander verkehren, fühlen und denken: aber *dies* verändert nichts an unserer vollkommenen Einsamkeit. Zu der Seele des anderen können wir nicht hinüberkommen, ins Gefühl des anderen können wir nicht eindringen, ins Bewußtsein des anderen können wir nicht einbrechen, nie können wir uns sagen, daß sein Gefühl oder sein Gedanke uns gehöre. Aber wir dürfen das Gesagte nicht mißverstehen.

Ich gebe zu, daß die Gefühle zweier Menschen vollkommen identisch sein können, ähnlich wie zwei Kreise, die den gleichen Radius haben. Dies bestreite ich nicht, obwohl die Gefühle zweier Seelen niemand solcherweise messen und vergleichen kann, wie das mit geometrischen Figuren möglich ist. Wenn auch die zwei Gefühle vollkommen übereinstimmen, *eins* sind sie doch nicht, ebenso wie die zwei kongruenten geometrischen Figuren doch nicht als eine und dieselbe Figur bezeichnet werden können. Ganz klar wird diese Wahrheit, wenn wir bedenken, daß unseren Hunger und unseren Durst nur wir selbst, und nicht andere fühlen können. Auch wenn wir mit dem Schmerze und dem Leide eines anderen noch so sehr mitfühlen und wenn wir durch unser Mitgefühl ebensoviel leiden wie der Betreffende selbst, wir müssen doch unterscheiden zwischen seinem und unserem Schmerze. Mein und Dein der Seelen vermögen wir mit keiner Mühe zu verwischen. Wir können für den anderen sterben und dadurch sein Leben retten, aber unsere Aufopferung wird die vollkommene Einsamkeit nicht durchbrechen: wer sich aufopferte, erleidet nur selbst die Leiden des Todes, und der Lebende wird ebenso die Todeskämpfe durchleiden müssen. Wenn wir darüber noch so viel nachdenken, müssen wir doch einsehen, daß wohl die Seelen miteinander in die stärkste Wechselwirkung treten können, aber an ihrer Verschlossenheit und vollkommenen Einsamkeit nicht das Geringste zu verändern mögen. *Individualität und vollkommene Einsamkeit sind ganz gleichbedeutend*: das Bewusstsein unserer Individualität ist gemeinsam mit dem Bewußtsein unserer Einsamkeit. Darum führt der erste Schritt, den wir auf dem Wege des Insichgehens tun, zum Prinzip der undurchdringlichen Einsamkeit.

In der materiellen Welt herrscht ein ganz ähnliches Gesetz, das die Naturforscher die Undurchdringlichkeit der Materie nennen. Im Sinne dieses Prinzips können zwei Körper nicht zu gleicher Zeit denselben Raum einnehmen. Die Körper können miteinander in Wechselwirkung treten, sie können ihre Eigenschaften gegenseitig verändern, verschmelzen, sich chemisch verbinden, der eine kann im anderen scheinbar verschwinden, wie der feste Körper in der Flüssigkeit, aber das bedeutet nur soviel, daß die Teile des einen unsichtbar unter den Teilen des anderen abgelagert sind. Kein Atom vermag ins andere Atom einzudringen, keine Materie vermag die andere aus sich selbst zu verdrängen, denn dies hätte die Bedeutung, daß ein Teil der Materie den anderen vollkommen vernichtet hat. – Dasselbe Prinzip ist auch in der geistigen Welt gültig: eine Seele vermag mit der anderen in Wechselwirkung zu treten und die Eigenschaften der anderen zu verändern, doch keine kann in die andere eindringen, denn dann müsste entweder die eine oder die andere vernichtet werden. Man kann es sich gar nicht vorstellen, daß aus zwei Seelen auf irgendeine Weise eine Seele entstehen soll, so daß die Verschiedenheit des Mein und Dein unter ihnen endgültig aufhöre. Sogar bei den Siameser Zwillingen blieb das Prinzip des seelischen Mein und Dein ebenso gültig, wie bei allen anderen zwei Personen, die miteinander in Berührung kommen. Das Prinzip der Einsamkeit können wir daher das Prinzip der seelischen

Undurchdringlichkeit nennen, wodurch das Individuum dem Individuum bei jeder Wechselwirkung unzugänglich bleibt.

* * *

Schon aus dem solcherweise gewonnenen Standpunkt sehen wir die Unhaltbarkeit des sogenannten Materialismus ein. Der Materialismus nämlich kann nur eine solche Welt anerkennen – der wir uns auf jede Weise nähern können. – Er nennt diese Welt die Welt der Materie und der Kraft, und er leugnet einfach die Existenz einer jeden anderen Welt. – Tasten, Sehen und die übrigen Sinne zwingen uns, auf gleiche Art diese materielle Welt anzuerkennen, aber es gibt keinen Sinn, der uns zur Aufdeckung einer anderen, nicht sinnlichen Welt führen könnte. Dagegen weisen wir einfach darauf hin, daß jedermann seine eigene besondere Welt hat, in die außer ihm selbst niemand einzudringen vermag. Wenn jemand eine Art und Weise fände, vermittelst deren ich *sein* Gefühl mir aneignen und das meine nennen kann, dann müßte ich dem Materialismus recht geben. Aber so lange das andere Individuum eine geschlossene Welt hat, in die ich mit keinem Mittel einbrechen kann, so lange muß ich die materialistische Weltanschauung als eine Unmöglichkeit betrachten. Wenn zwei ein und dieselbe Rose betrachten und ihren Duft einatmen, so kann jeder von beiden einräumen, daß sich der andere auf gleiche Weise der Rose nähert und deren Duft einatmet. Wenn nun jemand mir beweisen wird, daß er sich nicht nur auf ebensolche Weise der Rose nähern kann, wie ich, sondern auch meinem Genusse, den mir die Rose verursacht, ebenso nahe gekommen ist, wie ich selbst, dann werde ich zugeben, daß die Rose und mein Genuß gleicher Natur sind und daß außer der materiellen keine andere Welt existiert. Aber so lange ich das Bewußtsein habe, daß die Rose jedermann empfinden kann, aber mein Gefühl niemand: kann ich nichts anderes tun, als den Materialismus von mir abweisen.

Der Materialist ist eigentlich ein solcher Mensch, der die Möglichkeit des Insichgehens oder, was das Gleiche bedeutet, die Möglichkeit der Kontemplation nicht anerkennt. Wenn wir nicht in uns kehren und nachsinnen, dann erkennen wir unsere Einsamkeit nicht und entdecken nicht, inwiefern die Welt einsam ist. Wir taumeln nur ohne Nachsinnen durch eine Welt, die scheinbar jedermann, im Grunde genommen aber niemandem angehört. Denn sobald wir anerkennen, daß die Welt wirklich jemandem gehören kann, so nehmen wir in diesem Augenblicke wahr, daß sie, sofern sie jemandem angehört, sie auch einsam ist. Also wir würden zur individuellen geschlossenen Welt gelangen, die für den Materialismus nicht bestehen kann. – Der Materialismus also wird im ersten Augenblicke des Nachsinnens unhaltbar, weil er die Möglichkeit des Nachsinnens ausschließt, dagegen läßt das Nachsinnen ihn als Unmöglichkeit erscheinen. Der Materialismus kann nicht als Weltanschauung betrachtet werden, da er eigentlich das Fehlen einer Weltanschauung bedeutet.

Wir sahen den Materialismus in unserem Zeitalter zu einer riesigen Macht gelangen. Dies bedeutet nur soviel, daß wir nicht mehr in uns kehren wollen und daß unser seelisches Hören abgestumpft ist gegen das große Wort, das die einzige Quelle der Wahrheit ist. Aber diese Gleichgültigkeit kann nicht lange dauern: Die Seele muß aus dieser Betäubtheit erwachen. Schon beim ersten Erwachen finden wir ein großes Prinzip, das Prinzip der Einsamkeit, das jeden tieferen Denker zur Gottesidee, der Grundidee jeder einheitlichen Weltauffassung, führt.

Die Persönlichkeit (Individualität)[1]

Die Philosophie fängt dort an, wo das Bewusstsein des Individuums erwacht, und so weit kann sich Jeder, der von seiner eigenen Existenz Kenntnis nahm, für einen Philosophen halten. Jedoch ist zwischen Bewusstsein und Bewusstsein ein grosser Unterschied, denn nicht nur, dass ein Jeder ein anderes Bewusstsein hat, sondern es verändert sich auch [bei] ein und demselben Menschen im Laufe der Zeiten. Jedes neue Erlebnis und jedes neue Insichgehen erhebt uns im Bewusstsein und wir sehen die Welt in anderer Beleuchtung. Die Reihe der Erlebnisse und das unermüdlich sich wiederholende *Insichgehen* entwickeln in uns das eigentliche philosophische Bewusstsein, und das leuchtet uns in dem Augenblicke am hellsten, da wir zuerst fühlen und erkennen, dass wir allein stehen, *einsam unter den Menschen leben.* Seine Einsamkeit erkennt ein Jeder anders. Denn wie vielartig unsere Beziehungen zu den Personen und Gegenständen sind, so vielartig können wir unsere Einsamkeit erkennen, mag es auch wie ein Widerspruch erscheinen, dass je mehr wir mit den Menschen und der Welt befreundet sind, wir umso mehr uns fremd und einsam auf der Erde fühlen. Es liegt in der Natur des geselligen Lebens, dass es uns die Einsamkeit tausendmal vergessen lässt, aber uns auch ebenso oft daran erinnert. In all unseren Erlebnissen ist etwas, was sich ausschliesslich nur auf uns bezieht, in Gedanken versunken, erkennen wir es und fühlen uns einsam. Es gibt keine so tiefe Sympathie zwischen zwei Seelen, dass, in manchen Augenblicken, die eine oder die andere über ihre Verlassenheit nicht verzweifeln möchte: im Gegenteil, je inniger die Freundschaft ist, umso grausamer lässt sie uns die Einsamkeit fühlen. Und das ist auch der Grund, weshalb wir im Glücke immer etwas Bitteres fühlen, denn wir sehen auf einmal, wie allein wir mit unserem Glücke sind. Doch wir dürfen nicht glauben, dass die Einsamkeit traurig und niederschlagend auf uns wirken müsse; im Gegenteil, dieser Gedanke birgt ebenso viel Erhebendes in sich. Gleichsam einen masslosen Stolz erweckt in uns das sichere Gefühl eines ausschliesslichen Besitzes; wie viel jauchzendes Glücksgefühl, dass wir etwas haben und allein besitzen, dass etwas unsere alleinige Eigenschaft, unsere Arbeit, unser Gefühl oder unser Gedanke sei. Die Erkenntnis der Individualität kann also im Gefolge der traurigsten, aber auch der erhabensten Gefühle entstehen. *Einsamkeit*, dies einzige Wort enthält nicht nur unser tragisches Schicksal, sondern auch unsere ganze Glückseligkeit. Es ist auch

---

[1] Übersetzt von Tilda Palágyi. Bisher unveröffentlichtes Manuskript aus dem Nachlass Werner Deubels, Literaturarchiv Marbach. Unveröffentlicht, zitiert mit freundlicher und vorbehaltlicher Genehmigung des Deutschen Literaturarchivs Marbach. Erben und Urheberrechtsinhaber sind nicht auffindbar. Es wird versichert, dass berechtigte Ansprüche der Rechtsinhaber, falls solche noch auftreten sollten, nachträglich abgegolten werden.

sehr natürlich. Denn alles, was wir taten, fühlten, dachten und durchlebten, wird auf uns selbst bezogen, und so verbirgt sich in der Tiefe eines jeden Lebensmomentes die Erkenntnis unserer Einsamkeit. Je mehr wir lebten und in uns selbst versanken, umso mehr fühlen wir die Einsamkeit; wir erlangen also ein umso höheres Bewusstsein. Auf dem Wege des ständigen Insichkehrens nehme ich wahr, dass mein Gefühl nur mich betrifft, dass mein Gedanke nur der Meine ist und von meinem Vorhaben nur ich weiss und niemand anders. Man spricht von einem gemeinsamen Gedanken, Gefühl oder Vorhaben, aber wir wissen, welchen Sinn diese Ausdrücke haben. Ich kann durstig sein, ein Anderer kann auch durstig sein, aber wenn ich trinke, stillt das den Durst des Anderen noch nicht. Von Stufe zu Stufe gelange ich zur Erkenntnis, was immer nur mich treffen mag, in allem finde ich mich selbst wieder. In der Freude meine Freude, im Schmerze meinen Schmerz; was ich hören, sehen, denken oder wünschen mag, alles ist mein. In allem erkenne ich mich selbst, in mir selbst das Weltall. Ich fühle es, ich weiss es: Diese Welt ist meine Welt, also die Welt gehört mir. *Und dies ist das Prinzip der Individualität.*

* * *

Die Welt ist mein: dieser Satz ist der einfachste Ausdruck des individuellen Selbstbewusstseins. Trotzdem oder ebendeshalb verstehen die Wenigsten seine wahre Bedeutung. Jedermann sieht es ein, dass er seine körperlichen Schmerzen ganz anders fühlt wie irgendein Anderer: aber die Wenigsten wissen es, dass es mit allem, was wir sehen oder erfahren, geradeso steht. Er weiss es nicht, dass, was er sieht, ausschliesslich nur von ihm gesehen wird, und dieses Sehen auf niemanden so wirkt wie auf ihn.

Woher stammt diese auffallende Schwäche unseres Bewusstseins? Es ist leicht verständlich, dass, was ich sehe, *mein* Sehen und nicht das eines anderen ist. Aber die Menschen halten es nicht für wichtig, das Gesehene als ihr ausschliessliches Eigentum zu betrachten; wahrscheinlich darum nicht, da sie es mit den Händen nicht greifen und erfassen können. Sogar das Publikum, das die Theaterschaustellungen für Geld sich erkauft, weiss nicht bestimmt, dass alles Gesehene ausschliesslich das seine ist. Wenn ich nicht irre, verwirrt einen jeden der Gedanke, dass nicht *nur* er das Gesehene geniesst, sondern auch andere. Er glaubt vielleicht: da auch andere im Genusse teilnehmen, verliert der Genuss seinen ausschliesslichen Charakter. Welch wunderbare Täuschung! Welch unentwickeltes Bewusstsein! Den einsamen Charakter der eigenen Gedanken merken die Menschen nicht, besonders nicht in der Jugend. Bei naiven Kindern, auch Jünglingen, finden wir oft diese liebenswürdige Unentwickeltheit des Selbstbewusstseins, sie wissen nicht, dass ihre Gedanken ihr ausschliesslicher Besitz sind. Diese unschuldigen überschwänglichen Seelen sind von einem Gedanken oder Gefühle so erfüllt, dass sie glauben, ihr Gedanke gehöre uns allen. Und da sie das, was ihre Seelen beschäftigt, für gemeinsam und für selbstverständlich halten, verraten sie oft ihre innersten Geheimnisse. Oft finden wir ähnliche Irrtümer auch in reiferem Alter; wenn wir über unser Leben nachdenken, sehen wir ein, dass die tiefste Quelle unserer Enttäuschungen darin liegt, dass wir unsere Seelen von den Seelen anderer nicht unterscheiden können. Wir dachten, sie fühlten dasselbe wie wir, oder glaubten, sie wollten dasselbe, was unser Vorhaben war. Nur nach vielen bitteren Enttäuschungen und häufigem Insichkehren beginnen wir das seelisch Meine und seelisch Deine zu unterscheiden. Und dadurch gelangten wir zu dem Anfange der Philosophie, zum Prinzip der Individualität.

* * *

Wenn ich sage: die Welt ist mein, so ist damit das Vorhandensein anderer individueller Welten nicht ausgeschlossen. Im Gegenteil, eben so [wie] ich die Geschlossenheit meiner eigenen Welt wahrnehme, erkenne ich die Existenz der anderen, für mich verschlossenen Welten. Die Einsamkeit ist nur für ein geselliges Wesen fühlbar; das Bewusstsein meines individuellen Seins kann sich nur in den Beziehungen zu den anderen Individuen entwickeln. Wie könnte ich es entdecken, dass mein Gefühl nicht einem Anderen gehört, wenn ich nicht an ein anderes Wesen dächte, dessen Gefühl wieder nicht das Meine ist! Wie sollte ich erkennen, dass Andere aus meiner Welt ausgeschlossen sind, wenn ich nicht als Bedingung annehme, dass auch Andere leben, in deren Welt ich nicht eindringen kann; gerade da ich mich sehr für die Welt Anderer interessiere, erkenne ich meine Einsamkeit; in ähnlicher Lage befinden sich die Anderen mir gegenüber. Das Prinzip der Individualität drückt nicht nur das aus: die Welt ist mein, sondern auch das, dass dies Jedermann von sich selbst sagen kann. Denn ein Jeder kann es behaupten: die Welt ist meine Welt. Gewiss liegt ein Widerspruch darin; doch dieser Widerspruch besteht in der Wirklichkeit. Aus dem Prinzip der Individualität folgt Kampf und Krieg, doch diese müssen auch sein. Ein Kampf muss sein im praktischen Leben, es müssen verschiedene Richtungen im Gebiete der Kunst, ewiger Streit in der Theorie sein. Und wahrlich gibt es Kämpfe und Verschiedenheiten, und all dies bezeugt das Prinzip der Individualität. Die meisten Philosophen lehnen sich auf gegen die ewigen Meinungs- und Auffassungsverschiedenheiten und Glaubenskämpfe der Menschheit. Ein jeder Philosoph möchte vor allem und für jeden Preis den vieltausendjährigen Kampf und Krieg einstellen und hält es für seine höchste Pflicht unter den Gegnern durch Entdeckung von allgemeinen ehernen Wahrheiten Frieden und Einigkeit zu stiften. So möchte die individuelle Engherzigkeit sich als Gemeininteresse aufdrängen, und der individuelle Fanatismus erscheint unter der Maske der Wahrheit.

Wir kennen sie, jene selbsterfüllten intoleranten Tyrannen, die die Individualität der Anderen nicht anerkennen wollen und in ihrem blinden Hochmut glauben, nur ihre Gedanken seien wahre Gedanken, und nur das sei Wahrheit, was sie für wahr halten. Ich denke, wir dürften damit sehr zufrieden sein, wenn wir über unsere Uneinigkeit einig sind. Denn dies würde bedeuten, dass wir schon alle ein individuelles Bewusstsein erlangten. Ein jeder soll Mensch sein und die Welt für die Seine halten.

Das wäre der schönste Traum der Philosophie.

Wir unterscheiden vier Stufen von Selbstbewusstsein. Die erste Stufe ist die der Unentwickeltheit, der Naivität, da das Individuum seine Einsamkeit noch nicht entdeckt hat. Es kann sich noch nicht von Personen, sogar noch nicht einmal von Sachen unterscheiden. Darauf legt es noch kein Gewicht, dass sein Gefühl, sein Gedanke, sein Vorhaben ausschliesslich ihm gehören; es weiss nur, dass sein eigener Körper sein Eigentum ist. Ausser dem eigenen Körper hält es noch einzelne Gegenstände für die seinigen, da es jene als Privateigentum betrachtet, manchmal auch lebende Wesen wie Frau, Kinder, Dienstboten, Sklaven, Haustiere. Es ahnt jedoch kaum, dass es nicht nur zu seinem Körper und zu manchen Dingen in einer besonderen Beziehung steht, sondern alles in der Welt es solchermassen berührt, wie [es] niemanden vor ihm früher oder später berühren wird. Seine bevorzugte Lage fühlt der primitive Mensch nur seinem Körper oder einzelnen Personen und Dingen gegenüber; er kann sich von anderen Individuen nur durch den eigenen Körper unterscheiden. Während die wahre Persönlichkeit in allem von den Übrigen verschieden ist und nur in einer Hinsicht mit den Anderen übereinstimmt, dass er von Diesen auch ein Sich-Unterscheiden, eine Individualität fordert. Wenn Jemand sich nur durch den Körper von anderen Menschen unterscheiden kann, so gibt er uns zu wissen, dass er nur als Körper unter den Körpern angesehen werden kann. Wenn aber jemand nur durch ihm gehörende Gegenstände sich von den anderen unterscheiden will, und dadurch die Gegenstände ebenso wichtig oder sogar noch wichtiger als sich selbst nimmt, dann gesteht er, ein Ding unter den Dingen zu sein, oder noch etwas Geringeres. In diesem Falle wird der Gegenstand der Eigentümer, der Herr aber nur ein Eigentum seiner Habseligkeiten. Die Unentwickeltheit des Bewusstseins, die die Gegenstände zu Personen erhöht und die Personen zu Gegenständen erniedrigt, nennen wir den Materialismus.

Die Materialisten oder Sachenmenschen mögen im Lebenskampfe ihren Platz behaupten, da der Lebenskampf eigentlich für Sachen gekämpft wird; umso verkehrter ist es [das materialistische Bewusstsein] im philosophischen Gedankenaustausch. Denn es wirkt höchst sonderbar, wenn Jemand versucht, auf das unentwickelte Bewusstsein ein philosophisches System aufzubauen. Man soll sich darüber nicht wundern, dass jemand auch einen unmöglichen Versuch unternimmt, denn es findet sich manchmal ein Sachenmensch, der sich eine Bildung und vielseitige Kenntnisse aneignet[e], ohne dabei aufzuhören, ein Sachenmensch zu sein. Und er ordnet sein unreifes Bewusstsein in ein scheinbar sehr reifes System ein. So entsteht das, was wir unter materialistischer Philosophie verstehen.

* * *

Der unentwickelte Geist kann sich von anderen Personen nicht genügend unterscheiden. Daher ist er immer bereit, ungerechte Einmischung in innerste Angelegenheiten zu dulden, aber auch bereit, die Persönlichkeit Anderer immerfort zu beleidigen. Fortwährend beleidigt er und wird selbst beleidigt, er täuscht und täuscht sich, er tyrannisiert und demütigt sich. Bald sich duckend, bald sich aufbäumend schleicht oder drängt er sich durch das Leben, ohne nur einmal zu einem menschlichen Bewusstsein erweckt zu werden.

Er entdeckt sich selbst auch in seinen Gefühlen nicht, und so kennt er weder die Wonne der Wonnen, noch den Schmerz der Schmerzen, die nur das Gefühl der Einsamkeit in uns erwecken kann. Nach angenommenen Gefühlen richtet sich seine Lebensweise und seine Laufbahn, aber seine eigene Seele, sein eigenes Ich, rührt sich nie unter einem tief ergreifendem Schmerze. Auch in seinen Gedanken findet er sich nicht, aus geliehenen, blassen Ideen fristet er sein geistiges Dasein. Und da er nie einen selbständigen Gedanken hat, ist es sehr natürlich, dass sein Wille nicht selbständig sein kann. Seine Seele wird von der Gesellschaft, in der er lebt, solchermassen beeinflusst, dass er sich von den Anderen nicht durch sich selbst, sondern nur durch seine Umgebung unterscheidet, (denn die anderen gehören nicht zu diesem Kreise, sondern zu einem anderem). Also er ist keine eigentliche Individualität, sondern mehr ein Herden-Mensch, ein Klassenmensch.

* * *

Mit dem Stempel der Klasse auf der Stirne schreitet dieser Mensch durch's Leben. Verwandtschaft, Nationalität, Religion, Rang, Beschäftigung unterscheidet Person von Person, ohne dass er erwacht und die wahren individuellen Verschiedenheiten erkennt. In der Weltgeschichte spielen die Millionen, in irgendeiner Kaste aufgelösten Wesen nur als die Kaste eine Rolle. Wenn auch manche aus der Menge hervorragen, meistens sind sie doch nur Vorkämpfer einer Klasse, also auch Klassenmenschen. Die Weltgeschichte wäre auch nichts anderes als die blutige Chronik von Klassenkämpfen, wenn es mitunter nicht Einzelne gegeben hätte, die mit der Kaste brechen, deren zügellose Individualität alles sprengt. Diese wahren Menschen bilden die Klasse der Klassenlosen. Dass die Weltgeschichte nicht ruht, die Herzen nicht vertrocknen, die Geister nicht erstarren und die Menschheit immer und immer wieder wahre Menschen hervorbringt, das haben wir ihnen, den Klassenlosen, zu danken.

* * *

Auf die zweite Stufe des Bewusstsein sich emporhebend nimmt das Individuum seine vollkommene Einsamkeit wahr, und diese Entdeckung erfüllt es so sehr mit sich selbst, dass es sich für das einzige wirklich existierende Wesen hält. Dieser von sich selbst erfüllte Zustand des Überganges ist in vieler Hinsicht der interessanteste Teil des menschlichen Lebens. Denn dies Gären und Brausen ist die Zeit der Geburt der Individualität. In diesem Alter möchte der Mensch alles selbst erfahren, sehen, fühlen, denken und durchleben. Was immer er nur fühlen mag, er fühlt sich selbst; was immer er sehen mag, er nimmt sich selbst wahr; wenn er handelt oder schafft, bildet und gestaltet er nur sich selbst. Sein Wesen erhöht sich über den Körper und strahlt in das Weltall hinein, um alles in sich aufzunehmen. Da fühlt er, dass Sonne, Erde und Sterne nur von ihm gesehen werden und nur ihm gehören, da erwacht sein individuelles Bewusstsein zuerst, da spricht er das Grundprinzip der Philosophie aus: die Welt ist mein! Aber mit solchem Übermut, als wenn dies ein Anderer nicht sagen könnte. Diese zweite Stufe des Selbstbewusstseins nenne ich die Stufe des *Subjektivismus* oder des *Idealismus*. Wer dies alles nicht durchlebte, kann nie eine wahre Persönlichkeit, nie ein wahrer Mensch werden. Der Idealist hört vor allem auf, ein Sachenmensch zu sein. Dies ist der wichtigste Schritt, den der Mensch auf der Erde tun kann, denn indem er dies tat, gab er den Beweis seiner Entwicklungsfähigkeit, die die Grundbedingung zu allem Folgenden ist. Für den Sachenmenschen ist es charakteristisch, dass die Gegenstände für ihn ausserordentlich viel gelten, und dem gegenüber, was seinen Besitz bildet oder was er besitzen möchte, schrumpft er zu nichts zusammen. Der Idealist bricht vor allem jenen Zauber, mit dem die Sachen die Personen beherrschen. Wie könnten ihm einzelne Gegenstände bedeutend sein, wenn er fühlt, dass alles ihm gehört, wie könnte er ein Sklave des Vermögens werden, wenn er sich unendlich reich fühlt. Denn alles, was es nur gibt, ist *nur* sein Gefühl, sein Gedanke. Alles ist von *ihm* abhängig und dieses Selbstbewusstsein hebt ihn über alles im empor.

Erde, Himmel und Sternenwelt scheinen nur als Nebel und Dunst vor dem selbsterfüllten Idealisten. Denn all diese sind nur Träume und Traumbilder seiner Seele, also nur flüchtige Nichtigkeiten. Mag diese Auffassung noch so einseitig sein, ohne sie könnten wir doch keine wahren Menschen werden, denn nur auf diesem Wege befreien wir uns von dem seelenverkümmernden Zauber der materiellen Welt. In der Geschichte unserer Individualität muss es einen Zeitraum geben, in dem unser Geist von dem Alpruck der Aussenwelt frei wird, wo wir in kühnem Aufschwung fühlen, dass nur wir existieren und das ganze Weltall nur unser Traum ist. Denn ohne dies bliebe unsere Seele ewig ein Bettler, der Elendste der Elenden, Lastträger aller Lasten und Sklave des eigenen Besitzes.

Indem der Idealist den Zauber der Gegenstände bricht, befreit er sich von der Macht der Personen und der Gesellschaft. Er rechnet sich zu keiner Menge, denn er entdeckte seine Einzigkeit. Jede Kaste wie Stamm, Nationalität, Beschäftigungsfach oder Rang wird ihm verhasst. Allem Bestehenden erklärt er den Krieg. Da er überall sich selbst fühlen will, verlässt er die traditionellen Gefühle, die nicht von ihm stammen. Da er alles selbst denken will, verwirft er das ganze übernommene Wissen als falsch und wertlos. Wie hätte der Gedanke einen Wert, wenn *er* nicht die Wonne fühlte, diesen Gedanken [erfunden zu haben]. Ihm ist [dies] kein Wissen, was jemand nicht aus eigener Kraft erwarb. Was nur im Laufe der Weltgeschichte geschah, ist alles schlecht und unnütz, nur Hemmnis des Fortschrittes, denn es ist nicht seine Schöpfung; er hat keinen Teil daran, ihm ist es fremd, leblos, verhasst. Man soll also jede Schöpfung zerstören, jede Ordnung umstürzen, alles bisher erlangte Wissen wegwerfen, jede Moral vernichten. Von vorne soll das Fühlen, Denken und Handeln angefangen werden, auf den Ruinen der alten Welt soll die neue gebaut werden. Der erste Gedanke der zum Selbstbewusstsein erwachten Individualität ist der vollkommene Weltumsturz, die radikale Zerstörung alles Bestehenden. Wer das Denken des Weltrevolutionärs nicht durchfühlte, kann sich nie zu einer wahren Persönlichkeit entwickeln. […][2]

[2] An dieser Stelle bricht die Übersetzung bzw. das Manuskript ab (Anmerkung des Herausgebers).

Über den philosophischen Pessimismus und Optimismus[1]

Solchen Schlagwörtern gegenüber, wie Pessimismus und Optimismus, muß man vor allem darauf achten, sich von ihnen nicht schlagen zu lassen. Wer sie zum Beispiel für gegensätzliche philosophische Systeme halten würde, zu deren einem man sich notwendig bekennen muß, der wäre ihnen von vornherein erlegen, denn er würde ihnen eine völlig unberechtigte, überschwengliche Bedeutung beigemessen haben. Es gibt kein pessimistisches und auch kein optimistisches System der Philosophie, auch werden solche „Systeme" niemals zustande kommen können. Denn derartige Fragen: ob es mehr Leid oder mehr Freude in der Welt gebe, ferner ob der Mensch von Haus aus ein bösartiges oder gutartiges Wesen sei, und schließlich gar, ob die Weltschöpfung als ein durchaus verfehltes oder durchaus gelungenes Werk der Gottheit betrachtet werden müsse, können offensichtlich nicht den Ausgangspunkt einer auf ernste Erkenntnis angelegten Weltbetrachtung bilden. Indessen kann es nicht in Abrede gestellt werden, daß der Pessimismus-Optimismus-Streit in der Philosophie, und ganz besonders in der neuzeitlichen Philosophie, im Anschwellen begriffen ist, so daß er zuweilen die eigentliche philosophische Diskussion ganz überwuchert und verdrängt. Es liegt mir also nichts ferner, als den besagten Streit noch mehren zu wollen, im Gegenteil wäre es eine höchst verlockende Aufgabe, ihn durch eine Art von wirksamer Prophylaxis in der Zukunft womöglich zu dämpfen. Es müßte zu diesem Zwecke die tiefverborgene Ursache aufgedeckt werden, die in der Vergangenheit das Anschwellen jenes Streites verursachte.

Die Philosophie trägt wohl selbst Schuld daran, wenn solche Begriffe, wie Pessimismus und Optimismus, in ihr eine allzu bedeutsame Rolle spielen. Gestehen wir uns ein, daß die Philosophen von jeher neben der Untersuchung des menschlichen Verstandes die Erforschung des Gemütes und des uns innewohnenden Lebensgeheimnisses in hohem Maße vernachlässigten. Die natürliche Folge davon ist, daß das durch den sogenannten Verstand (Intellekt, Vernunft) geringschätzig von der Seite betrachtete, übersehene, verdrängte und nicht selten auch verletzte und mit Füßen getretene menschliche Gemüt durch alle möglichen Hintertüren zur philosophischen Verhandlung hereinschleicht, um sich schließlich doch – wenn auch nur halb geduldet und berücksichtigt – an allen großen Menschheitsfragen beteiligen zu können. Für den tiefer blickenden Denker steht es zwar von allem Anfang an wie ein Vernunftsaxiom fest, daß an allen Fragen, die der Mensch überhaupt aufzuwerfen vermag, das Gemüt ebenso notwendigen Anteil hat wie der Verstand, denn ohne Mithilfe eines fragelustigen und antwort-

[1] Darmstädter Tagblatt vom 25.5.1924.

begierigen Gemüts lassen sich weder Fragen stellen noch Antworten finden, so daß ein gemütsverlassener Verstand unbedingt ein unfruchtbarer, ja toter Verstand sein müßte. Leider aber wird die unermeßliche Tragweite dieses Axioms von den meisten Philosophen nicht genügend gewürdigt und anerkannt, so daß das Gemüt ein ebenso verkanntes Rätsel bleibt, wie das mit ihm eng verbundene Rätsel unserer inneren Lebendigkeit. Die verhängnisvolle Folge ist dann, daß es in der Philosophie für das menschliche Gemüt immer nur Neben- und Hintertüren gibt, während am Haupttor bloß seiner Majestät dem Begriffe schaffenden, Urteile fällenden und Schlüsse ziehenden Verstand freier Eingang gewährt und gegönnt wird. Da also in der Philosophie das Gemüt und die Lebendigkeit stets verkürzt, bedrückt, unterjocht erscheint, so rächt es sich dadurch, daß es hinterrücks, und zwar in der Verkleidung des Verstandes, die ironischsten und dämonischsten Zweifelfragen spielen lässt und den an Selbstüberhebung leidenden Verstand um jeden Glauben an eine Wirklichkeit, um jeden Verlaß auf eine Wahrheit, also um jeden Sinn des Daseins zu bringen versucht. Der also verhöhnte blutleere Verstand macht freilich irgendwelche klägliche Anstrengungen, die Realität der Welt, die Geltung der Wahrheit und den Sinn des Seins durch sogenannte reine Vernunftgründe zu retten, aber wie wenig es ihm gelingt, ist aus zahllosen philosophischen Diskussionen zur Genüge bekannt. Man überzeugt sich also, daß aller Skeptizismus und Pessimismus unserer modernen Weltbetrachtung ein revolutionärer Rückschlag des mißhandelten Gemüts ist gegen die Alleinherrschaft jenes selbstherrlichen Verstandes, den man in der Schulsprache als „angeborenen“, „reinen“ oder „apriorischen“ Verstand zu bezeichnen pflegt. Trotz seiner angeblichen Reinheit versteht er es jedoch sehr wohl, auf die zweideutigen Kompromisse mit der „sinnlichen Erfahrung“ einzugehen, was hier nicht näher ausgeführt werden kann. Seine Alleinherrschaft trägt also einen durchaus formalen und eben deshalb absolutistischen Charakter. Jedenfalls ist er in erster Linie dafür verantwortlich, daß Skepsis und Pessimismus in der Philosophie allzusehr überhand nehmen mußten.

Was aber den philosophischen Optimismus betrifft, so sind über ihn nicht viel Worte zu verlieren, denn er spielt im Durchschnitt eine ziemlich traurige Rolle in seinem Streit wider den Pessimismus, da er nur eine Schachfigur in der Hand des herrschsüchtigen Verstandes ist und taktisch dazu mißbraucht wird, die immer gefährlicher werdende skeptische und pessimistische Verbitterung so weit wie möglich zurückzudrängen. Das leichtgläubige optimistische Gemüt liefert sich selbst eben jenem Verstande aus, der nur an seine Unterdrückung denkt und mit wachsender Vermessenheit das Reich seiner formalen Despotie zu befestigen sucht. So tritt es denn mit aller wünschenswerten Deutlichkeit hervor, daß hinter dem Streit der Pessimisten und Optimisten als eigentlicher Drahtzieher jener Intellekt steht, der jeweilig in der Philosophie zur Herrschaft gelangt. Nun ist aber der Intellekt, der seit etwa drei Jahrhunderten in der neuzeitlichen Philosophie den Ausschlag gibt, so geartet, daß er dem Gemüt und dem inneren Leben nicht gerecht zu werden vermag. Er geht nämlich vor allem auf prinzipielle, notwendige Wahrheiten aus, die angeblich von jeder Erfahrung unabhängig sein sollen. Unabhängig von Erfahrung bedeutet aber soviel wie unabhängig von allem Erleben, mithin auch von allem Leben, mithin auch von allem Gemüt. So wird denn das Leben sachte wie ein unbequemes Hindernis beiseite geschoben, weil der Verstand die Wahrheit nur aus seinem eigenen unberührten Schoße schöpfen zu können glaubt. Wenigstens die fundamentalen Wahrheiten, die aller plebejischen, sinnlichen Erfahrungserkenntnis zugrunde liegen, sollen aus dem reinen, jungfräulichen Urintellekt herstammen. Dieser sich selbst mißverstehende Intellekt, der sich glauben macht, daß er ohne Mitbeteiligung des Lebens und Erlebens und ohne jede Teilnahme von Gemütserregungen die Erkenntnis zu zeugen vermag, kann natürlich dem Gemüt auch niemals gerecht werden. Es liegt in seiner Natur, daß er den Zweifel und die Verzweiflung systematisch großzüchten und schließlich die Freude an aller philosophischen Erhebung des Geistes vergällen muß.

Somit wäre die erste Hälfte meiner Aufgabe gelöst, denn ich hätte den verborgenen Grund aufgezeigt, der einen Überfluß von Zweifelsucht und von pessimistisch-optimistischer Gemütsentzweiung in der modernen Weltbetrachtung verursachte, ja zeitweilig (im vergangenen Jahrhundert) unsere ganze Philosophie in die trostlosen Niederungen des Materialismus zu versenken drohte. Wollte ich hier eine wissenschaftliche Abhandlung liefern, müsste ich nunmehr die ganze Geschichte der neuzeitlichen Philosophie im 17., 18. und 19. Jahrhundert die Revue passieren lassen, und ganz besonders die großen (rationalistischen) Philosopheme von Descartes und Leibniz, wie nicht minder die ergänzenden und modifizierenden Systeme von Spinoza und Kant durchleuchten, um meine obige Darlegung eindringlich zu rechtfertigen. Gewiss werde ich mich bei passender Gelegenheit dieser Aufgabe nicht entziehen, zum Teil bin ich ihr ja schon in einer Reihe von Schriften nachgekommen, auch werde ich meine These an einem markanten und – wie ich glaube – entscheidenden historischen Beispiel veranschaulichen und erläutern. Zuvor möchte ich jedoch – um nicht mißverstanden zu werden – einer diesbezüglichen tiefgefühlten Grundüberzeugung Ausdruck geben. Jener neuzeitliche philosophische Verstand, den ich oben leider bloß von seiner dunkelsten Schattenseite kennzeichnen durfte, ist bei gehöriger Vollbeleuchtung in gewissem Sinne wohl der grandioseste Verstand, der bislang in die weltgeschichtliche Erscheinung trat. Er hat wesentlichen Anteil an der Schaffung der neuen Mathematik, mathematischen Physik und exakten Naturwissenschaft überhaupt, also ist ihm in nicht geringen Maße die Hegemonie der abendländischen Kultur zu verdanken. In solchem Lichte betrachtet, sind wir ausnahmslos seine Schüler und Verehrer, denn er ist ja im letzten Grunde nichts anderes als der zur Weltführung berufene abendländische Geist, allerdings in seiner jugendlichen, heldischen Gestalt, wo er noch an einer charakteristischen Hybris, an einer Selbstüberhebung litt und infolge seiner überquellenden Schöpferkraft sich selbst verkennen, mißverstehen mußte.

Er hielt sich nämlich für einen apriorischen, gleichsam jungfräulich gebärenden, parthenogenetischen Verstand. Er glaubte, sich als „reinen" Verstand herauszudestillieren, herausfiltrieren zu können, aber eine solche Destillations- oder Filtrationsmethode gibt es nicht, denn sie wäre gleichbedeutend mit der völligen Abtrennung des Geistes vom Lebensuntergrunde, also gleichbedeutend mit dem Tode. Wenn jemand in Gedanken versunken ist, die ihn zu neuartigen Erkenntnissen führen, so kann er hinterher wohl die Illusion haben, als ob sein Geist sich vollends aus der Umarmung, nicht nur der äußeren Welt, sondern auch seines eigenen inneren Lebens losgelöst hätte und in einem weltentrückten Wahrheitshimmel lustwandelt wäre, aber solche Metaphern mögen niemanden zu falschen Auffassungen unserer geistigen Tätigkeit verleiten. Es gibt keine parthenogenetische Zeugung von Erkenntnissen, d. h. nicht durch Trennung von der inneren Lebendigkeit, sondern im Gegenteil durch eine Art von Kopulation mit ihr, durch eine Verbindung von Geist und Leben kommt alle Erkenntnis zustande. Es ist dies eine leichtfaßliche, einleuchtende, fast will es mir scheinen selbstverständliche Lehre vom Ursprung aller menschlichen Erkenntnis. Denn wer würde nicht einsehen, daß das Leben, die Vita, eine ebenso unerläßliche Grundbedingung für das Zustandekommen der Erkenntnis ist, wie die geistige Tätigkeit, das Denken.

Hätte der große Descartes, als er seine Cogito sprach, gleich auch das Vivo als unerläßliche Bedingung für's Cogito hingestellt, so wäre die verhängnisvolle Entzweiung des Geistes und des Lebens nicht zum Grundübel der neuzeitlichen Weltbetrachtung geworden. Freilich kann es auch heute noch – und wie erst im 17. Jahrhundert – als eine der denkbar schwierigsten Aufgaben gelten, jener selbstverständlichen Anforderung wissenschaftlich zu entsprechen. Aber die Jahrhunderte haben allmählich die Wege geebnet, die große Aufgabe immer kraftvoller in Angriff zu nehmen. Lernt sich der Verstand selbst verstehen, so gibt er seinen Despotismus auf, alle seine Vermessenheit und Überhebung schwinden von ihm. Er verneint und verleugnet nicht mehr das Leben in uns und entwürdigt den lebendigen Leib nicht zu einer bloßen Maschine, zu einem Mechanismus. Der sich selbst erkennende Geist weiß vor allem, daß ohne werktätige Mitbeteiligung des inneren Lebens und Erlebens niemals auch nur der geringste menschliche Gedanke zustande kommen kann, daß also das Gebäude der Wissenschaft genau in dem selben Maße eine Verherrlichung unserer inneren Lebendigkeit wie unseres denkenden Geistes ist. Nur das ist echt an allem Wissen und aller Philosophie, was seine Beglaubigung ebenso sehr vom Leben als vom Geiste herleitet: alles übrige ist Trug und Verirrung. Die Legende weiß uns von einem Lebens- und einem Wissensbaume zu erzählen, die schon im Paradies gepflanzt waren: das ist aber keine Legende, sondern die wesenhafteste Wirklichkeit selbst, daß beide Bäume in unser eigenes Selbst hineingepflanzt sind, d. h. daß dieser Doppelbaum unser eigenes Wesen selbst ist.

Mit diesen Andeutungen sind wir bei den philosophischen Bewegungen unserer Tage angelangt, zu deren Charakter es gehört, daß sie der inneren Lebendigkeit als der Teilhaberin an jeder schöpferischen Betätigung des Menschen gerecht zu werden und dadurch der Selbstüberheblichkeit des Geistes und dem pessimistisch-optimistischen Gemütszwiespalt prophylaktisch vorzubeugen sucht. Nun kann ich auch an dem früher zugesagten konkreten Beispiel anschaulich machen, daß tatsächlich die Überhebung des Verstandes für allen pessimistisch-optimistischen Widerstreit in der Philosophie verantwortlich zu machen ist. Die Denkart der beiden großen Mathematiker unter den Vätern der neuzeitlichen Metaphysik, Descartes und Leibniz, kann zu diesem Zweck ausgiebig verwertet werden. Gerade diese schöpferischen mathematischen Genies, die zugleich zu philosophischen Führern wie prädestiniert waren, neigen zu einer gewissen mathematischen Einseitigkeit in ihrer ganzen Weltbetrachtung hin: zu einer eigentümlichen mathematischen Hybris, derzufolge ihnen die Gottheit selbst ganz unwillkürlich in Gestalt eines übermenschlichen Mathematikers vorschwebt. Ganz besonders kommt dies in der wunderbaren Theodicee des großen Leibniz zu einem überwältigenden Ausdruck. Denn indem er sich zum Verteidiger des Weltschöpfers macht gegenüber der skeptischen und pessimistischen Anklage, daß er das physische Übel und das moralisch Böse in seiner Schöpfung zugelassen habe, setzt er sich eigentlich über die Gottheit zu Gericht, obwohl er mit aller Macht seiner hohen Besonnenheit den fatalen Schein zu vermeiden sucht, daß er dem Weltschöpfer – wenn auch nur, um ich zu verteidigen – den Prozeß macht. Er ist ein Christ von redlicher Überzeugung, läßt sich jedoch durch seine ungewöhnliche mathematische Erfindungskunst dazu verleiten, die Gottheit wie einen jedes menschliche Maß überschreitenden mathematischen Weltkonstrukteur anzufassen.

Und er konnte dieser in seiner Denkart begründeten Verirrung auch mit dem besten Willen deshalb nicht entgehen, weil er nach Descartes der Hauptvertreter jener apriorisch zugestutzten, parthenogenetischen Verstandeskonzeption war, die eigentlich eine Art Vergottung, Verabsolutierung des menschlichen Geistes darstellt. Dieser so leicht verständliche Irrtum eines großen Mathematikers ist die Quelle der übrigen Irrtümer von Leibnizens Gottesverteidigung. Sein Grundirrtum verleitet ihn vornehmlich zu dem charakteristischen falschen Begriff vom Weltganzen, wonach der mathematisch konstruierenden Gottheit unzählige Weltpläne als „Möglichkeiten" vorgeschwebt hätten, von denen sie natürlich die allerbeste Welt zur Verwirklichung ausgewählt habe. Nun ist aber offenbar, dass eine Vielheit von möglichen Weltallen ein Widerspruch in sich selbst ist, weil es im Begriff des Weltalls (Universum, Kosmos) liegt, nur als eines gedacht werden zu können. Allerdings unterscheidet Leibniz den Begriff des „Weltganzen" von dem der „Welt", aber die beiden Begriffe geraten bei ihm in eine anthropomorphe Verwirrung, deren genauer Nachweis eine eigene Studie fordern würde. Nur ein erfindungsreicher Odysseus allen menschlichen Wissens, wie Leibniz es war, konnte in einen derartigen Widerspruch geraten, weil er dadurch die Weltschöpfung gleichsam auf eine göttliche Maximum- und Minimum-Rechnungsaufgabe zurückgeführt zu haben vermeinte. Seine sanguinische Gemütsart verleitete ihn zu glauben, in dem widerspruchsvollen Gedanken einer Vielheit von möglichen Kosmossen die Grundlage zu einer optimistischen Weltbetrachtung gewonnen zu haben. Der aufmerksame Leser der Theodicee findet jedoch mit wachsendem Erstaunen, wie leicht diese Verteidigungsschrift der Gottheit in eine äußerst scharfe Anklageschrift derselben transponiert und umgemodelt werden kann. Für einen pessimistisch veranlagten, geistreichen Mann von einiger dialektischer Geschicklichkeit ist die Leibnizsche Theodicee vielleicht die reichste aller Fundgruben einer pessimistischen Weltbetrachtung. Die Herren Pessimisten haben denn auch das Werk des großen Leibniz zu ihren Gunsten weidlich ausgeschrotet und sich an den geistigen Anleihen, die sie bei ihm machten, in nicht geringem Maße bereichert. So liefert uns die Theodicee ein klassisches Beispiel dafür, daß ein optimistisches Gemüt, indem es sich dem zur Überhebung geneigten, apriorisch zugestutzten Verstand ausliefert, dem Pessimisten die allergrößten, ungewollten Dienste leistet. Ich glaube, so an einem Beispiel wenigstens nahegelegt zu haben, warum ich den parthogenetisch stilisierten, neuzeitlichen mathematisch-metaphysischen Verstand als eigentliche Ursache des überhandnehmenden pessimistisch-optimistischen Widerstreites betrachte, und warum ich mit Freude die neue philosophische Richtung begrüße, die unserer inneren Lebendigkeit und demzufolge auch unserem Gemüte gerecht zu werden sucht.

Die gegenwärtige Zeitströmung scheint dieser Bewegung fördernd entgegenzukommen. Es ist erstaunlich, welch ein tiefgehendes Interesse an der Philosophie erwacht ist, das fast an die denkwürdigen Tage der Geburt des deutschen Idealismus vor einem Jahrhundert gemahnt. Es scheint, daß das katastrophale europäische Erlebnis, wenn schon keine andere, so doch die eine gute Seite hat, die Geister zur Selbsteinkehr zu bestimmen und sie für die tiefsten Fragen unseres Daseins empfänglich zu machen. Selbst die exakten Naturwissenschaften haben ihre Sinnesart wesentlich geändert und befleißigen sich einer ernsten philosophischen („erkenntnistheoretischen") Haltung, die eine Hebung ihres allgemeinen Niveaus zur Folge hat. Die einst so starken skeptischen, zersetzenden, destruktiven Neigungen sind versiegt und der wahrhaft aufbauende, fruchtbare, schöpferische Geist ist in geheimem Wachsen begriffen. Das einseitige mechanistische Denken ist überwunden und die besten Köpfe sind vom großen vitalistischen Geheimnis ergriffen, bezaubert. Mit Rücksicht auf die schwierigen Zeitumstände muß als besonders merkwürdig hervorgehoben werden, daß gerade der deutsche Geist von dieser Rennaissancebewegung wohl am mächtigsten ergriffen erscheint.

Und nun zum Schluß noch eine Bemerkung: Wenn in der obigen Betrachtung vom Leben die Rede ist, so ist im Stillen nicht nur das individuelle, sondern auch das Völkerleben gemeint. Mag man auch derzeit noch dem deutschen Geist vielfach mit Vorurteilen gegenüberstehen, so wird er doch schließlich nur danach beurteilt werden, was er nicht nur für sich, sondern zu Nutz und Frommen der ganzen Menschheit schafft. Es erleidet für mich keinen Zweifel, daß die Wiedergeburt der deutschen Philosophie dazu beitragen kann, den europäischen Geist seiner Wiedergenesung entgegenzuführen.

Kant der Philosoph[1]

Ihr sollt nicht Philosophie von mir lernen, sondern philosophieren: also sprach Kant zu seinen Hörern, und schon an dieser Forderung ist der Originaldenker zu erkennen, der den Beruf in sich fühlt, die Geister zum Selbstdenken zu erziehen. Alsbald ging denn auch eine so mächtige, umfassende Anregung von ihm aus, daß der deutsche Geist von einem förmlichen Fieber des Philosophierens ergriffen wurde, der den weltbekannten „deutschen Idealismus" zum Vorschein brachte. Zwar ist die Neigung zur Kontemplation nicht erst durch Kant dem deutschen Volke eingeimpft worden, sondern bildet vielmehr einen ursprünglichen Grundzug deutschen Wesens, auch waren die Geister durch die vorangegangene französisch-englische „Aufklärung" in allen Tiefen wachgerüttelt und aufgewühlt, aber diese ganze große Bewegung erreicht zweifellos erst in Kant ihre eigentliche Kulmination. Während im 17. und auch im 18. Jahrhundert noch vorzugsweise englische und französische Denker und Schöngeister die philosophische Weltbetrachtung beherrschen, erstand dem deutschen Volk an der Wende des 18. zum 19. Jahrhundert ein Philosoph von solcher systembauender Energie, daß kein Volk des Abendlandes sich seinem überwältigenden Einfluß zu entziehen vermochte. Sieht man von dem großen Leibniz ab, dessen Mißgeschick es mit sich brachte, für das deutsche Volk allzu frühzeitig (im 17. Jahrhundert) gekommen zu sein, so darf man wohl sagen, daß in Kant zum erstenmal die ausgeprägte Selbständigkeit der philosophischen Begabung des deutsch gearteten Geistes in die geschichtliche Erscheinung trat, und daß er zugleich der erste war, der diese eigentümliche Begabung zu einem bestimmenden, ja führenden Faktor im ganzen Abendlande erhob. Es ist also sehr wohl begreiflich, daß das deutsche Volk unter den heutigen unerfreulichen europäischen Verhältnissen die zweite Jahrhundertfeier der Geburt seines großen Sohnes mit besonderer Andacht und tiefster Einkehr bei sich selbst begeht.

Da Kant von uns vor allem ein selbständiges Denken fordert, so ziemt es sich an seinem Gedenktage darüber nachzusinnen, was das Originaldenkertum für eine jede Nation und für die ganze Menschheit bedeutet? Denn am Leitfaden dieser Frage kann auch die Sendung Kants mit der erwünschten Helligkeit beleuchtet werden. Vielleicht bestand schon seit fast einem Jahrhundert keine so große Sehnsucht nach einem echten Philosophen wie gerade in unseren verworrenen

---

[1] Darmstädter Tagblatt vom 20.4.1924. Einleitend vermerkte der Herausgeber (Name unbekannt) des Darmstädter-Tagblatt-Beitrages: „Professor Palágyi, der bekannte ungarische Philosoph, schrieb uns auf unser Ersuchen den nachstehenden Aufsatz. Die Gegenüberstellung der Arbeiten der beiden bekannten Gelehrten (Artikel von Hans Vaihinger) dürfte für unsere Leser von ganz besonderem Interesse sein."

Tagen, wo man es beinahe verlernt zu haben scheint, sich ernste Gedanken über den Sinn des menschlichen Daseins zu machen. Vielleicht gehen wir auch gerade infolge des getrübten Zusammenlebens der europäischen Völker einer Wiedergeburt der Philosophie entgegen, die das deutsche und dadurch auch das europäische Selbstbewußtsein wieder aufrichten könnte, wenn auch nicht ganz nach derselben Manier, wie es seinerzeit das kantische System der „reinen Vernunft" zuwege brachte. Denn jede Epoche, jede Generation hat ihre eigenen Lebens- und Geistesaufgaben, denen nur sie selbst vermöge ihrer ureigenen Schöpferkraft gerecht zu werden vermag. Eben aus diesem Grunde greifen wir immer gerne auf einen Denker wie Kant zurück, um an seinem lebendigen Beispiel inne zu werden, was uns unter wesentlich neugearteten Zeitumständen am meisten not täte. Freilich muß uns zu diesem Zwecke einmal – ausnahmsweise – gestattet sein, über Kant nicht in der hergebrachten Schulsprache und in den gewohnheitsmäßigen Kunstausdrücken zu sprechen. Es steht uns ja an allen folgenden Wochentagen frei, wieder zu rein fachmännischen Verhandlungen über die Transzendentalphilosophie zurückzukehren.

Wie jeder große Denker, so führt uns auch Kant zum Urquell aller Philosophie zurück: zu dem in der Menschheit nie versiegendem Verlangen, das Geheimnis des Weltganzen (Kosmos, Universum) zu ergründen. Man nennt bekanntlich dieses Verlangen auch den metaphysischen Drang des Menschengeistes. Wer von diesem Drang auch nur einmal im Leben wahrhaftig ergriffen wurde, der weiß auch mit unumstößlicher Gewißheit, daß er niemals befriedigt werden kann. Auf dieser tragischen Gewißheit, die die frostige Morgenhelligkeit unserer Selbsterkenntnis ist, baut sich seltsamerweise alle Philosophie, so auch die kantische auf. Ich sage seltsamerweise, denn sie gibt uns die störrische Frage ein, was es nützen, was es frommen mag, die starre Gewißheit zu haben, daß unserer Erkenntnisfähigkeit unübersteigliche Schranken gesetzt sind? Man kann diese Frage geradezu als das Fundamentalproblem aller Philosophie bezeichnen, und sie spielt diese Rolle auch bei Kant, wenn er es auch nicht ausdrücklich ausspricht. Man braucht einen Menschen nur diesem Fundamentalproblem gegenüberzustellen, um entscheiden zu können, ob er philosophisch veranlagt oder ein Nichtphilosoph ist. Denn angesichts der Gewißheit, das Weltgeheimnis nicht ergründen zu können, wirft der Nichtphilosoph seinen sogenannten metaphysischen Drang entweder wie den unnützesten und unbequemsten Ballast weit von sich fort, oder aber er sucht eiligste Zuflucht bei dem so süßen und so tröstlichen religiösen Glauben, den er von seinen Vätern erbt, und den wir ihm sicherlich nicht verargen wollen. Nicht so der metaphysisch veranlagte Geist. Ihm wird klar, daß es zum Wesen des Menschseins, der Humanität gehört, vor unübersteigliche Schranken der eigenen Erkenntnisfähigkeit gestellt zu sein und – gleichwohl niemals das metaphysische Verlangen nach Ergründung des Weltgeheimnisses aufgeben zu können und zu dürfen. Man lese aufmerksam die Vernunftkritiken Kants, und man wird für dieses „Gleichwohl" hunderte von Belegstellen zitieren können. Freilich erwacht gerade einer solchen ausgesprochen metaphysischen Persönlichkeit gegenüber mit erneuter Dringlichkeit die Frage, welchen Sinn es haben mag, an einem niemals erfüllbaren Verlangen, wie an einem Hort der Humanität festzuhalten?

Die Antwort lautet zwar bei verschiedenen Metaphysikern in der mannigfaltigsten individuellen Weise, sie läuft jedoch gerade bei den selbständigsten übereinstimmend darauf hinaus, daß das Axiom von den unübersteiglichen Schranken unserer Erkenntnisfähigkeit nur der Anfang, nur der erste und dürftigste Schritt auf dem Wege unserer Selbsterkenntnis ist, und daß wir auf diesem dornenvollen Weg schon deshalb beharrlich fortschreiten müssen, weil die wachsende Selbsterkenntnis eine unumgänglich notwendige Vorbedingung (ein sogenanntes Apriori!) auch unserer fortschreitenden Erfahrung, d. h. unserer wachsenden Welterkenntnis ist. Dieser Satz bildet das Fundament des kantischen Kritizismus, allerdings in einer freien Ausdrucksweise, die jedoch den Sinn des kantischen Apriori von allem schulmäßigen Formelkram befreit hervortreten läßt. Nichts ist gewisser, als daß das Selbstbewußtsein des Menschen die unerläßliche Bedingung seines Sachbewußtseins ist, denn mangelte es uns an jedem Selbstbewußtsein, so müßte auch unser Sachbewußtsein zum Verschwinden kommen. Aus demselben Grunde ist auch die Selbsterkenntnis die unerläßliche Bedingung jeder Sacherkenntis, also aller nur möglichen Erfahrung und unserer Welterkenntnis überhaupt. In diesem Lichte betrachtet sieht auch der Nichtphilosoph den Fundamentalsatz der kantischen Lehre sofort ein, daß die Erkenntnis a priori die notwendige Bedingung jeder Erkenntnis a posteriori (der Erfahrungserkenntnis) ist. Denn er weiß es aus der eigenen Lebensgeschichte, daß, je reifer sein Selbstbewußtsein wurde, je heller er seine eigenen Fähigkeiten erkannte, er auch umso sicherer und erfolgreicher in der Sacherkenntnis und in der Welterkenntnis überhaupt fortzuschreiten vermochte. Auch der Nichtphilosoph ist durch seinen persönlichen Lebensgang davon überzeugt, daß die Selbsterkenntnis nicht nur die Bedingung der Sacherkenntnis ist, sondern auch, daß der Fortschritt in der ersteren eine mächtig befruchtende Wirkung auf die letztere üben kann. Das ist aber eben die Hauptabsicht Kants, – und dieser Absicht soll seine sogenannte „transzendentale Methode“ dienstbar sein – die Selbsterkenntnis des Menschen derart zu fördern, daß sie imstande sei, alle mögliche Erfahrung mit vollständiger Sicherheit zu leiten und zu befruchten. Da nun die befruchtende, erweiternde, fortschreitende, schöpferische Erkenntnis in der Kunstsprache auch den Namen „synthetische Erkenntnis“ führt, so liegen Kant ganz besonders die „synthetischen Urteile a priori“ am Herzen. Das will sagen, es handelt sich ihm überall um sicher leitende, vor Irrtum schützende, schöpferische Selbsterkenntnis. Darum handelt es sich aber auch jedem echten Metaphysiker, denn es ist eine Hauptaufgabe aller Philosophie, auf dem Wege der schöpferischen Selbsterkenntnis zu schöpferischer Welterkenntnis (Erfahrung) hinzuführen, im vollen tragischen Bewußtsein dessen, daß das Geheimnis des Weltganzen durch den menschlichen Geist niemals ergründet werden kann.

Bis zu diesem Punkt stimmen wohl alle bedeutenden Metaphysiker überein, aber hier beginnt auch die bedeutsame Divergenz der verschiedenen Systeme, die besonders mit Rücksicht auf das kantische System scharf ins Auge zu fassen ist. Man kann mit Kant der Überzeugung sein, daß die Prinzipien der Selbsterkenntnis erschöpft werden können oder genauer gesprochen, daß es möglich sei, den ganzen synthetisch-apriorischen Schatz des menschlichen Geistes – wenigstens in seinen leitenden Grundgedanken – völlig zu heben und in einem System der Philosophie (der „reinen Vernunft") zur Darstellung zu bringen. Es muß dies möglich sein, weil dieser Schatz, dieser Hort der Humanität in unserer eigenen Vernunft ruht, und die Vernunft nicht erst aus sich selber herausgehen muß, sondern immer nur bei sich selbst bleiben kann und bleiben muß, um solchermaßen die „reine Vernunft" von der empirischen oder Erfahrungsvernunft systematisch abzusondern, zu isolieren. – Das ist ein wunderbar kühner, aber wie es scheint auch überschwänglicher Gedanke. Man kann darum auch der entgegengesetzten Ansicht sein und sogar die Überzeugung hegen, daß die Selbsterkenntnis ebenso wenig erschöpft werden kann, wie die Welterkenntnis. Man kann die Auffassung mit guten Gründen verfechten, daß man genau so, wie in der Erfahrung (also z. B. in der Naturwissenschaft) zu immer neuen Erfolgen, so auch in der Selbsterkenntnis zu immer neuen prinzipiellen Einsichten gelangen kann. Denn wäre es möglich, seine eigene Seele und seinen eigenen Geist völlig zu durchschauen, gleichsam völlig transparent zu machen, so wäre dadurch auch das Geheimnis des Kosmos ergründet.

Nun ist aber Kant himmelweit davon entfernt, die Selbsterkenntnis des Menschen in diesem Sinne völlig erschöpfen zu wollen. Im Gegenteil geht sein gewaltiges „kritisches" Streben eben darauf aus, alles Blendwerk der spekulativen Selbsterkenntnis ein für allemal zu vernichten und allem betörenden Schein der „rationalen, d. h. spekulativen Psychologie" sowie der dazugehörigen „rationalen Kosmologie" des 18. Jahrhunderts ein wohlverdientes Ende zu bereiten. Dann ist es aber auch klar, daß, was wir schlechthin „Selbsterkenntnis" nennen und das kantische „Apriori" sich nicht ganz decken, während sie beide doch, um gut verständlich zu sein, einander immer decken sollten. Denn woher kann das Apriori anders stammen, als aus dem eigenen Selbst, aus dem eigenen Geist, oder, wie Kant auch sagt, aus dem eigenen „Gemüt"? Und was kann es anderes sein, als Selbsterkenntnis, die berufen ist, aller möglichen Erfahrung zur höheren Richtschnur zu dienen und sie immer von neuem zu befruchten? Hier beginnt das eigentümliche Zwielicht des „Kritizismus". So wie leider auch das unfruchtbare Schulgezänke der philosophischen Parteischattierungen. Wir wollen für einige Augenblicke auch bei diesem Zwielicht des Apriori noch verweilen, nicht etwa um den überreichlichen Schulstreit zu mehren, sondern um befreiten Herzens, still ohne wohlfeile Ruhmredigkeit, die Größe Kants zu genießen und aus seiner strengen, aber freudigen Selbstdisziplin verwandte Kräftigung zu holen.

Während das Selbst- und das Sachbewußtsein und demzufolge auch die Selbst- und die Sacherkenntnis einander wechselseitig bedingen, ist dies für das Apriori und Aposteriori durchaus nicht der Fall. In dieser so einfachen, aber bedeutsamen Formel liegt die Erklärung jenes eigentümlichen Zwielichts, das die tiefer und immer tiefer werdenden Untersuchungen („Kritiken") Kants unablässig umspielt. Das Apriori verhält sich einseitig zum Aposteriori so wie eine unabhängige Himmelskönigin zu der von ihr abhängigen irdischen Magd. Eine Umkehrung dieses Abhängigkeitsverhältnisses ist sozusagen undenkbar. Das Apriori kann schon, wie das Wort selbst anzeigt, niemals in ein Abhängigkeitsverhältnis von der ihr unbedingt untergeordneten Erfahrung geraten. Wohingegen das Selbst- und das Sachbewußtsein offensichtlich in ein umkehrbares Abhängigkeitsverhältnis eingefangen sind, d. h. sie sind wechselseitig voneinander abhängig, sie stehen in dem tief geheimnisvollen Verhältnis der Korrelation. Würde uns jedes Sachbewußtsein mangeln, so wäre es auch um unser Selbstbewußtsein geschehen, und das Gleiche gilt auch von unserer Selbsterkenntnis im Verhältnis zu unserer Sachkenntnis. Wir sehen es ferner bei jedem Kinde, wie die Entwicklung seines Selbstbewußtseins von der fortschreitenden Bereicherung seines Sachbewußtseins abhängig ist. Aber am eindringlichsten erleben wir es an uns und in uns selbst, daß wir durch Erfahrung gewitzigt und durch sie auf die Probe gestellt werden müssen, um den eigenen Willenscharakter, ja auch das eigene Gemüt und sogar die Artung unserer persönlichen Logik, wie der menschlichen Logik überhaupt verstehen lernen zu können. Kurz, wir haben oben die Aufgabe des echten Metaphysikers recht einseitig gekennzeichnet, wenn wir sagten, daß er den dornigen Weg der Selbsterkenntnis beschreiten muß, um nach Kräften die Welterkenntnis fördern zu können. Er muß auch den entgegengesetzten und ebenso dornigen Weg der Welterkenntnis einschlagen, um dadurch angeregt, zu schöpferischer Selbsterkenntnis inspiriert zu werden. Alle Philosophie – so fordern wir heute – muß auf eine Untersuchung des menschlichen Bewußtseins gegründet werden, um die wechselseitige Bedingtheit von Sach- und Selbstbewußtsein und ihre wechselseitige Befruchtung so weit wie möglich zu erforschen.

Daß wir aber heute zu diesen unermeßlichen Problemen der allgemeinen Korrelations- oder Polaritätslehre des menschlichen Bewußtseins vordringen können, haben wir vor allem der vorbereitenden kritischen Lebensarbeit Kants zu danken. Erst von diesem Gesichtspunkte kann seine geschichtliche Sendung klar erfaßt werden.

Wir würden heute noch in der gekennzeichneten einseitigen und vorurteilsvollen Auffassung des Apriori und des Aposteriori befangen sein, wie sie dem Rationalismus des 17. Jahrhunderts entstammt, wenn uns Kant nicht den Weg gezeigt hätte, wie wir uns von ihren Fesseln befreien können. Bei Leibniz bedeutet noch das Apriori und Aposteriori eine Klassifikation oder richtiger eine Rangunterscheidung unserer Erkenntnisse: er unterscheidet zwischen blaublütigen „Vernunftwahrheiten" und plebejischen „Tatsachenwahrheiten" (vérités de raison und vérités de fait). Die ganze Voreingenommenheit des Rationalismus gegenüber der „verworrenen" sinnlichen Erkenntnis steckt noch in dieser Unterscheidung, die nur der apriorischen Vernunftserkenntnis Ewigkeitswert zuschreibt. Kant modelt nun in seiner immer tiefer dringenden Erforschung der menschlichen Vernunft diese rationalistische Begriffsfassung des Apriori und Aposteriori Schritt für Schritt um, denn er betrachtet es als seine Lebensaufgabe, den großen Widerstreit zwischen Sensualismus (bzw. Empirismus) und Rationalismus, von dem das 17. und 18. Jahrhundert entflammt war, endgültig zu schlichten. Zwar vermag er sich niemals ganz aus den Banden des Rationalismus zu befreien und ist insofern ein Kind seiner Zeit und von ihren geistigen Strömungen abhängig, aber er ist zugleich ein Reformator großen Stils, der den kommenden Generationen neue Forschungswege zeigt. Sein starkes Naturgefühl und seine Liebe zur Naturwissenschaft drängen ihn, der „sinnlichen Erkenntnis" (bzw. der Erfahrung) gerecht zu werden, und zugleich die eitle Selbstüberhebung der Verstandeserkenntnis kritisch zu entlarven.

Dieser unerbittliche Gerechtigkeitsdrang kommt dann zu einem überraschenden und höchst originellen Ausdruck, daß er auch der sinnlichen Erkenntnis ein Apriori zuschreibt und sie dadurch der Verstandeserkenntnis sozusagen gleichstellt. Er adelt gleichsam die menschliche Sinnlichkeit. Dies ist der eigentlichste und tiefste Sinn seiner Auffassung von Raum und Zeit, die als apriorische Formen unserer Sinnlichkeit gelten sollen. Diese Auffassung gewann mit der Zeit begeisterte Anhänger in der ganzen gebildeten Welt und ist bis auf den heutigen Tag der höchste Ruhmestitel der kantischen Philosophie geblieben. Eigentlich vermochte sich aber die gebildete Welt keine Rechenschaft davon zu geben, warum sie davon ergriffen war, warum sie davon hingerissen war, daß unsere sinnliche Anschauung mit einem Apriori ausgestattet ward, d. h. Raum und Zeit zu Formen a priori, die unserer sinnlichen Vernunft innewohnen, gestempelt wurden. Man merkt nicht, welche Analogie zwischen dieser metaphysischen Tat Kants und zwischen der großen Französischen Revolution steht. Man erkannte nicht, daß die plebejischen sinnlichen Erkenntnisse durch die Aprioritätslehre von Raum und Zeit den blaublütigen Verstandeserkenntnissen sozusagen gleichgestellt wurden. Dadurch schleicht sich allerdings ein Zwielicht in das Vernunftssystem Kants ein, das wie ein Widerspruch gedeutet werden kann, da Kant die rationalistische Einteilung unserer Erkenntnisse in Vernunfts- und Erfahrungswahrheiten beibehält, und die letzten als durch die ersteren bedingt hinstellt. Aber er ändert gleichzeitig den ursprünglichen Sinn des Apriori und Aposteriori, indem er ihn von den Urteilen auf die Gesamtheit unserer Vorstellungen, bzw. Begriffe, ja, auf die Gesamtheit unserer Fähigkeiten überträgt. Die einzelnen Fähigkeiten gewinnen einen formalen und einen stofflichen Bestandteil und diese neue Auffassung tritt immer entschiedener an die Stelle der ursprünglich rationalistischen Denkweise des 17. und 18. Jahrhunderts.

Da das Formale oder das Reine an jeder Fähigkeit eigentlich ihre schöpferische Gestaltungskraft bedeutet, und von einer „reinen Sinnlichkeit" ebenso gesprochen werden kann, wie von einem „reinen Verstand" und einer „reinen Vernunft", so entfernt sich Kant immer mehr von der Denkweise des 17. und 18. Jahrhunderts. Er nähert sich immer mehr einer solchen Auffassung, die das Sachbewußtsein und das Selbstbewußtsein des Menschen in wechselseitige oder korrelative Abhängigkeit voneinander bringt, ob er sie gleich niemals erreicht. Aber eben aus diesem Grunde geht von ihm eine reformatorische Wirksamkeit aus, die sich über das ganze 19. Jahrhundert erstreckt und selbst in unseren Tagen noch fühlbar bleibt. Alle philosophischen Systeme des 19. Jahrhunderts, die idealistischen sowie die pessimistischen, haben sich rasch überlebt, aber im Kritizismus steckt auch heute noch ein lebendiger Kern, von dem eine verjüngende Anregung ausgeht, die die neuartigen Aufgaben unserer tiefinnerlich gärenden Zeit ahnen läßt.

Und worin besteht dieser lebendige Kern der kritischen Philosophie? Kant läßt uns, wie kaum ein anderer neuzeitlicher Philosoph, die Doppelaufgabe des echten Metaphysikers fühlen: Selbsterkenntnis und Sacherkenntnis sollen einander befruchten, einander fördern, einander ergänzen. Und wenn er diese Grundforderung auch nicht ausspricht, so ist sie doch die heiße innere Sehnsucht, die insgeheim seine ganze Lebensarbeit durchglüht. Man weiß nicht, was ihm mehr am Herzen liegt: ob der mechanische Ursachgedanke (Kausalitätsprinzip) oder der organische Zweckgedanke (Teleologie). Man weiß nicht, was er mehr verehrt: ob das sittliche Gesetz in der menschlichen Brust oder das Naturgesetz in den himmlischen Bewegungen. Man weiß nicht, ob er mehr Geistes- oder mehr Naturphilosoph ist. Darum wirkt er nach beiden Richtungen hin in vorbildlicher Weise. Die Selbstzucht, die er an sich selbst übt, ist ebenso stark, wie diejenige, die er in die kritische Grundlegung der Naturwissenschaft hineinträgt. Jedenfalls zeichnet er sich vor so vielen anderen Metaphysikern durch seine großartige Hinneigung und Hingabe zur Naturerkenntnis aus, die ihn auch heute noch zu einem modernen Denker stempelt und ihm Anhänger in Naturforscherkreisen wirbt. Am deutlichsten tritt sein Sinn für tiefdurchdringende Naturerkenntnis in den „Metaphysischen Anfangsgründen der Naturwissenschaft" und in seinem großen hinterlassenen Manuskript hervor, in dem er sich die Aufgabe stellt, die Brücke von der Metaphysik zur Physik zu schlagen. Beide Schriften enthalten Anregungen, die auch heute noch nicht genügend gewürdigt sind. Obwohl er stark von Newton abhängig ist, verhält er sich eigentümlicher Weise auch ihm gegenüber kritisch und dringt zu einer Aetherlehre – freilich bloß zu einem Wärmeäther – durch. Auch auf das moderne relativistische Denken fallen bei ihm merkwürdige Streiflichter kritischer Vorahnung, die eingehend beachtet werden sollten.

In seinem hohen Alter kehrt er zu seiner Jugendliebe, zur Naturwissenschaft, zurück. Die letzten Jahre seines Lebens widmet er seiner unvollendet gebliebenen Naturphilosophie, die sein Hauptwerk werden sollte, weil er sehr richtig fühlte, daß ohne dasselbe sein System in einem wesentlichen Punkte lückenhaft bleiben würde. Er klagt in einem (1798) an Garve gerichteten Briefe über den „tantalischen Schmerz“, daß er seine Abrechnung mit seiner Lebensaufgabe nicht restlos abschließen kann, wenn er auch noch immer (in seinem 74. Jahr) die Hoffnung nicht aufgeben will, zu einem Abschluß zu kommen. Man sieht ihn sich verzehren und zugrunde gehen an seiner metaphysischen Lebensaufgabe. Sein „kategorischer Imperativ“ war für ihn selbst keine bloße Phrase, und darum verehrt ihn die ganze Welt. Seine beispiellose sittliche Energie ist eine Apotheose des deutschen Wesens und darum wirkt er wie ein Lebender, immer erneuernd und verjüngend, auf das deutsche Volk und das ganze Abendland fort.

Wachen, Schlafen und Traum[1]

Die Aufeinanderfolge von Wachen und Schlafzuständen verleiht unserem ganzen Lebenslauf von der Geburt bis zum Tode einen merkwürdigen Charakter, der die Menschen von jeher ungemein geheimnisvoll und wunderbar anmutete. Trotzdem gelang es niemals, der tiefen Verwunderung über das Wellenspiel von Wachen und Schlafen, aus dem das ganze Leben besteht, zureichenden Ausdruck zu geben. Denn das ganze Geheimnis unseres Daseins und Menschseins drängt sich so sehr in das Pendeln zwischen zweierlei gegensätzlichen Lebens- und Bewußtseinszuständen des Wachens und des Schlafens zusammen, daß die Lösung dieses einen Geheimnisses auch die Lösung aller übrigen in sich zu enthalten scheint. Wenigstens haben die meisten Menschen das Gefühl, daß die vollständige Erklärung des Wachens und des Schlafes auch das Rätsel der Ohnmacht und des Todes, des Dies- und Jenseits zur Lösung bringen müßte. Daß dem so ist, leuchtet besonders daraus hervor, daß der Mensch aller Zeiten und Völker Spiritismus, Okkultismus, Parapsychologie usw. stets an das Geheimnis des Wachens und des Schlafes, besonders aber an das Rätsel des letzteren anknüpfte. Denn indem der Schlaf das Traumleben, also eine zweite und geheimnisvolle Art des Wachseins in sich schließt, erweckt er den Gedanken an die Möglichkeit eines ganz anders gearteten Bewußtseins, als dasjenige, welches uns aus dem nüchternen Wachsein des Alltags bekannt ist. Und neigt man einmal zu der Annahme hin, daß es auch eine andere Art des Wachseins geben könne als das unserer gewöhnlichen Lebensbeschäftigungen, deren herrschendes Gestirn die Sonne ist, dann ist auch dem Glauben Tür und Tor geöffnet, daß im geheimnisvollen Wachsein innerhalb des Schlafes sich höhere Fähigkeiten und Kräfte des Menschen kundgeben könnten, als diejenigen sind, die wir im nüchternen Tageswachsein betätigen.

Alle sogenannten „Geheimlehren", welche moderne Benennung sie sich auch beilegen mögen, sind dadurch gekennzeichnet, daß sie im Namen eines zweiten und geheimnisvollen Wachseins (oder Bewußtseins) dem gewöhnlichen wachen Alltagsbewußtsein – das gleichsam auf das Sonnenlicht eingeschworen ist – Konkurrenz zu machen und es zu übertrumpfen versuchen. Der Philosoph, der dies rechtzeitig merkt, beschließt schon in jungen Jahren bei sich, mit seinem Urteil zurückzuhalten, aber sein ganzes Leben hindurch dem Problem des Wachseins und des Schlafes die ihm gebührende Aufmerksamkeit zuzuwenden, da sich in diesem einen Problem – wenn es richtig erfaßt wird – tatsächlich alle Rätselfragen des menschlichen Lebens und Bewußtseins wie in einem Brennpunkt ansammeln und vereinigen. Das sollten aber auch die fachmännischen Forscher,

[1] Darmstädter Tagblatt vom 8.6.1924.

insbesondere die Physiologen (Biologen) beherzigen. Denn man kann mit bloßer fachmännischer und amtlicher Autorität die großen Fragen des Wachseins und des Schlafes nicht einer fortschreitenden Klärung entgegenführen, sondern man muß den Geheimlehren gegenüber auch wirklich ein neues Licht anzustecken wissen. Nun herrscht aber bezüglich des Wachens und des Schlafens nicht nur in den Fachwissenschaften, sondern auch in der Philosophie ein solcher Grad von Verworrenheit, desgleichen in anderen Problemstellungen kaum zu finden ist. Dann soll man sich aber nicht darüber wundern, daß der Okkultismus in unseren Tagen wieder in mächtigem Anschwellen begriffen ist. Es gibt eine außerordentlich weitschichtige und fast unübersehbare Literatur über das Wachen, Schlafen, Träumen usw., aber wenn ich einen einzigen *Leitsatz* aus ihr herausheben sollte, befünde ich mich in ziemlicher Verlegenheit. Ich gestehe, daß ich bei aller Achtung der großen Verdienste so mancher Forscher auf dem vorliegenden Gebiete doch nur als einzigen Heraklit anzuführen wage. Er sagt: „Im Wachen haben alle Menschen eine gemeinschaftliche Welt, im Schlafen und im Traum hat jeder seine eigene." Eine tiefer reichende, ahnungsvollere Einsicht in das Geheimnis vom Wachen und Schlaf habe ich bei keinem anderen Denker gefunden. Der große Weise des Altertums läßt uns fühlen, daß in dem Gegensatz von Wachen und Schlafen der Urgegensatz von äußerer und innerer Welt, von Sachbewußtsein und Selbstbewußtsein, vom Objekt und Subjekt hineinspielt. Ein einziger solcher Satz, wie der zitierte, enthält mehr Anregendes, als manches große Sammelwerk über das Wachen und den Traum. Man verwundert sich nur, daß der Satz von Heraklit nicht zum Ausgangspunkt der Erforschung des Traumbewußtseins gemacht wurde.

Der nächste Schritt, den wir über Heraklit hinaus machen können, ist etwa der folgende: Wie das Sach- und das Selbstbewußtsein des Menschen stets ineinander übergreifen, so darf man auch erwarten, daß die Zustände des Schlafens und des Wachens ineinander herüber und hinüber spielen. Diese Vermutung bewährt sich denn auch durch die nähere Erforschung der gegensätzlichen zwei Zustände in einem überraschenden Maße und führt zu einer Vertiefung unserer Selbsterkenntnis, also auch zu einer Umgestaltung unserer ganzen Weltbetrachtung. Wir stehen nämlich in der Erfahrung niemals einem „reinen" (absoluten) Wachzustande und genau so auch niemals einem reinen Schlafzustande gegenüber (von pathologischen Schlafzuständen wollen wir zunächst absehen), sondern haben es immer mit einer Mischform von Wachen und Schlafen, mit einer kombinierten Form aus den beiden gegensätzlichen Zuständen zu tun. Der Schlaf spielt immer in die Zustände des Wachseins hinein und verleiht diesen letzteren sehr verschiedenartige irdische Charaktere, die eindringlich erforscht werden müssen, wenn es überhaupt zu einer Erkenntnis der menschlichen Persönlichkeit kommen soll. Umgekehrt spielt in den Schlafzustand der wache Zustand hinein, so daß hierdurch jene Formen der Hypnose, des Somnambulismus, der Hellseherei usw. entstehen können, die in allen okkultistischen und spiritistischen Ansichten eine so bedeutsame Rolle spielen. Man darf es direkt als ein Prinzip der Lebensforschung hinstellen, daß die Lebenszustände sich niemals in ihrer vollkommenen Reinheit und schärfsten Gegensätzlichkeit unserem prüfenden Blick darbieten, sondern gleichsam einander wechselseitig vermummen und verdunkeln.

Wir werden im Sinne dieses Prinzips zwei große Klassen von Tatsachen näher ins Auge fassen müssen: 1. das Eindringen des Schlafes in die Lebenszustände des Wachseins oder, wie ich es nennen will, die Somnifikation des Wachens und 2. das Eindringen des Wachseins in die Zustände des Schlafes oder kürzer die Vigilation des Schlafens. Da das Wachsein naturgemäß zugänglicher für die Erforschung ist als der Schlaf, ist es zweckmäßig, die Aufmerksamkeit zunächst auf die Somnifikation der wachen Zustände hinzulenken. Denn in dem Maße man sich mit diesem Tatsachenkreis vertrauter macht, wird es uns leichter werden, die Geheimnisse der Vigilation des Schlafes aufzuklären. Freilich sind diese letzteren unvergleichlich interessanter als die ersteren, denn sie schließen alle Probleme des Hypnotismus, Somnambulismus und überhaupt des Mediumismus in sich, aber sie bleiben samt und sonders unbegreiflich und werden zu einem Gebiete des bloßen Wunderglaubens, wenn man nicht vorerst den der alltäglichen Erfahrung zugänglichen ersten Tatsachenkreis genauer prüft. Wir stehen also vor der grundlegenden Frage, was unter „Somnifikation des Wachseins“ zu verstehen sei. Gemeint ist damit, was wir oben andeuteten, daß es kein „reines Wachsein“ gibt und daß ein jeder wache Zustand einen gewissen Einschlag von Schlaf oder richtiger von Traumvorgängen in sich enthält. Es ist dies ein Grundgesetz unseres wachen Lebens und Bewußtseins, das zwar mannigfaltig geahnt, aber niemals mit Klarheit und Schärfe ausgesprochen und noch weniger in seiner unermeßlichen Bedeutung für unsere philosophische Weltbetrachtung erfaßt wurde. Es gibt kein traumfreies (also schlaffreies) Wachsein für uns Menschen.

Eigentlich ist es nur dieser eine, aber fundamentale Satz, der in der folgenden Betrachtung etwas näher beleuchtet werden soll, weil er gleichsam den Schlüssel zu den Problemen des Wachseins und Schlafes in sich enthält. Zwar ist es allgemein bekannt, daß wir Zustände haben, die wir als ein *„waches Träumen“* bezeichnen, aber eine genauere Untersuchung desselben wird nirgends geliefert. Gewöhnlich glaubt man nämlich, daß das eigentliche Wachsein ein völlig nüchterner Zustand ist, der jede Spur des wachen Träumens ausschließt, so daß dieser letztere Zustand nur hier und da als luxusartige Einstreuung in das Wachsein auftritt. Eine genauere Untersuchung ergibt jedoch, daß es im allgemeinen keine Minute, ja auch keine Sekunde unseres Wachsein gibt, in welche die flüchtige Fee des wachen Träumens sich nicht unmerklich einzuschleichen wüßte. Das ist durchaus nicht verwunderlich, denn die echten Geheimnisse unseres inneren Lebens spielen sich in kleinen Bruchteilen der Sekunde ab. Die Wissenschaft der Selbsterkenntnis ist ja zum Teil deshalb von so außerordentlicher Schwierigkeit, weil die bedeutsamsten Ereignisse unseres inneren Lebens in Zehntel-, Hundertstel- und Tausendstelsekunden entstehen und vergehen. Wie weit der Schlaf bzw. das Traumbild in die kleinen Intervalle unseres Wachseins hineinreichen kann, davon haben die wenigsten Menschen eine Ahnung. Will man sich davon eine beiläufige Vorstellung machen, so denke man z. B. an eine Person, die in eine spannende Romanlektüre vertieft ist, denn eine solche befindet sich im Zustande eines regelrechten wachen Traumes, der gleichsam in einem vorgezeichneten Bett dahinfließt. Das Auge des Lesers fliegt über die Buchstaben hin, und das bloße Wahrnehmen dieser Buchstaben kann zum wachen Leben gehörig betrachtet werden, während die Bilder, die der Inhalt der Lektüre weckt, als Traumbilder gelten können. Greift man eine Sekunde aus dem inneren Leben dieses Lesers heraus und denkt man sich festgestellt, der wievielte Teil dieser Sekunde von Wahrnehmen der Buchstaben in Anspruch genommen war, so gibt der Restteil der Sekunde (mit einer gewissen Annäherung) die Zeitdauer an, die auf das Traumleben entfällt. Für einen experimentellen Psychologen ist hiermit der Weg angedeutet, wie er zu einer strengen Erforschung der wachen Traumzustände vordringen könnte.

In jedem wachen Träumen pendelt das Bewußtsein zwischen der Wahrnehmung der Bilder der realen Umgebung und zwischen den traumartigen Bildern von irgendetwas Nichtgegenwärtigem hin und her. Denn nur die Wahrnehmung der uns umgebenden Wirklichkeit gehört dem reinen wachen Leben an, wohingegen jedes uns vorschwebende bloße Phantasiebild etwas Traumartiges ist. Bedenkt man dies, so sieht man auch sofort ein, daß all unser Wachsein aus einem Wellenspiel von zweierlei gegensätzlichen Zuständen bestehen muß: Bald weilt unser Bewußtsein bei den Dingen unserer wirklichen Umgebung, bald schweifen wir ab zu Erinnerungsbildern der Vergangenheit, zu Erwartungsbildern der Zukunft und zu erdichteten Phantasien überhaupt. Nur das Weilen bei den Wirklichkeitsbildern der Gegenwart ist das reine Wachsein, alles übrige hingegen ist waches Träumen. Da es nun unmöglich ist, sich so an die Wahrnehmung des Wirklichen hinzugeben, daß keinerlei Bilder des Vergangenen, des erst Kommenden und überhaupt des Nichtgegenwärtigen hineinspielen dürften, so ist eben das reine Wachsein eine Unmöglichkeit. Denn es wäre gleichbedeutend mit der völlig gedächtnislosen und völlig erwartungslosen reinen Gegenwart, also gleichbedeutend der – Bewußtlosigkeit. Um ein Bewußtsein zu haben, muß notwendig das Vergangene und das Zukünftige irgendwie in die Gegenwart hineinspielen können. Dies bedeutet aber, daß das wache Bewußtsein nicht auf bloßen Wirklichkeitsbildern des Gegenwärtigen beruhen kann, sondern sich auch eben so sehr auf die Traumbilder des Nichtgegenwärtigen stützen muß. Kurz, jedes Wachsein ist nur eine Art wachen Träumens.

Dies ist der Fundamentalsatz der Lehre vom Wachen und Schlafen. Er enthält ein sehr wichtiges methodisches Prinzip auch zur Erforschung des Schlafes. Wer in das Geheimnis des Schlafzustandes eindringen will, darf nicht damit *beginnen*, diesen Zustand durch direkte Beobachtung ergründen zu wollen, denn das wäre so viel, wie mit dem Kopf gegen die Wand rennen. Man muß den Umweg über das

Wachsein machen und sich durch Erforschung des wachen Träumens auf die überaus schwierige Aufgabe der Untersuchung der verschiedenen Schlafzustände vorbereiten. Man muß schon eine außerordentliche Schulung in der Prüfung der *verschiedenen Typen* des Wachseins bzw. des wachen Träumens erlangt haben, um sich zu erkühnen, das Problem des Schlafes in Angriff zu nehmen. – Zuweilen bietet sich die Gelegenheit dar, aus einem Einschlummern zu erwachen und sich über den seltsamen Wirrwarr des ersten Schlummers zu verwundern. Was diesen Zustand charakterisiert, ist die ganz außerordentliche Zusammenhangslosigkeit von Gedanken und Bildern. Wer auf die Zustände des ersten Schlummers (in ihrem Übergang vom Wachsein) besonders achtet, kommt zu der Ansicht, daß er aus gesonderten kurzen und immer kürzer werdenden Träumen besteht, die in den vollen, gesunden, bewußtseinsledigen Schlaf einmünden. Daraus ergibt sich die Hypothese, daß die Bewußtseinsledigkeit auch im tiefsten Schlaf nur auf der sehr kurzen Dauer von unentwickelten, gesonderten Traumbildern beruht. Denn hat ein jedes Traumbild etwa nur Zwanzigstel- oder Dreißigstelsekunden für seine Entwicklung zur Verfügung, dann kann keines derselben mehr zum Bewußtsein kommen, und es entsteht ein sanftes, immer sanfteres Schwirren des inneren Lebens, das zu jener großen *Entspannung des Bewußtseins* hinführt, die den gesunden tiefen Schlaf kennzeichnet. Ich neige also zu der Annahme, daß ein jeder gesunde Schlaf aus einem überaus zarten und völlig unmerklich werdenden „Traumschwirren“ (nicht zu verwechseln mit dem eigentlichen „Träumen“) besteht, das natürlich beim Erwachen kein Gedächtnis zurücklassen kann. Durch diese Annahme tritt der gesunde Schlaf auch in einen völligen Gegensatz zu jenen ohnmachtartigen Zuständen, zu deren Wesen es gehört, daß sie auch des „Traumschwirrens“ entbehren. Der Schlaf ist also nichts weiter als Traumleben, das mit einer großen und immer größer werdenden Entspannung des Bewußtseins verbunden ist. Nimmt die Spannung des Bewußtseins wieder zu, dann können allmählich einzelne Akte des Bewußtseins in das Traumleben eindringen und eine Vigilation innerhalb des Schlafes herbeiführen. Es entsteht dann ein Traumbewußtsein und der eigentliche Schlaftraum, von dem wir auch im wachen Zustand ein Gedächtnis bewahren können. Man sieht also, daß die Vigilation des Schlafes gleichsam eine Umkehrung der Somnifikation des Wachens darstellt, und man beginnt zu ahnen, daß die Lehre vom wachen Traum wirklich die geeignetste Einführung in die Lehre vom Schlaftraum ist. Vor allem aber drängt sich die Einsicht auf, daß Wachen und Schlaf Gegensätze sind, die sich genau so zueinander verhalten, wie das Wirklichkeitsbild zum Traumbild.

„Das Leben ein Traum“[1]

Es ist ein seltsames Erlebnis, wenn man im späten Alter zu einem Buch zurückkehrt, von dessen Lektüre man in jungen Tagen im tiefsten Innern ergriffen war, und dessen Grundgedanken man zwar des öfteren durchdachte, in das man jedoch seit vollen siebenundvierzig Jahren keinen Blick mehr warf. Denn wie oft geschieht es, daß Belletristik, die uns in der Zeit der Jugendträume bezauberte und entzückte, in späteren Jahren nur noch die Bedeutung hat, Zeugenschaft von der einstigen Unreife unseres schöngeistigen Urteils abzulegen. Es wäre entsetzlich, wenn es uns auch mit einem solchen Drama, wie Calderons „Leben ein Traum“ so erginge, und wir darin im späten Alter nur noch ein Dokument einer längst überwundenen Geschmacksrichtung erblicken müßten. Trotzdem gestehe ich, daß ich mich bei meinem neuerlichen Befassen mit Calderon von einer gewissen Bangigkeit nicht ganz zu befreien vermochte, denn es schien mir verdächtig, daß die Nebengestalten und die Fabel vom „Leben ein Traum“ nicht mehr im Gedächtnis hafteten. Nur der schreckhafte „Zauberturm“ im wild zerklüfteten Gebirge, der fast in den Himmel zu ragen schien, und der in ihm eingekerkerte edle Prinz Sigismund, sowie sein wunderbarer Monolog von der Traumhaftigkeit des menschlichen Lebens lebten in meiner Erinnerung, aber das übrige war zu eitel Dunst zerflossen. Allerdings verblieb in mir eine Art von Stimmungsniederschlag, gemischt aus Melancholie und einer tiefen Beglückung; auch hegte ich die Überzeugung, daß das fundamentale Problem von Traum und Wirklichkeit niemals von einem „eigentlichen Philosophen“ mit solcher Kraft aufgeworfen worden sei, wie von dem Dichter Calderon. Aber trotzdem war mir so trübselig zumute, wie jemandem, der nach etwa einem halben Jahrhundert in seine Heimat zurückkehrt, und befürchten muß, das Nest, wo er einst gehaust, nicht wiederzufinden und eine lebende Seele nicht wiederzuerkennen. Ja, das Leben ist wirklich ein Traum ...

Und nun nach vollzogener Wiederversenkung in das herrliche Gedicht, darf ich es aussprechen: Keine Enttäuschung, sondern eine eigentümliche große Überraschung hat es mir gebracht. Denn in jenen jungen Tagen hatte weder die Persönlichkeit des Dichters noch auch die Eigenart seines Schaffens ein tieferes Interesse für mich, und ich war rein nur von dem Gegenständlichen an seinem Werke, von dem weltbewegenden philosophischen Problem, was der Unterschied zwischen Träumen und Wachen sei, derartig erfaßt, daß die Wirkung bis auf den heutigen Tag fortdauerte. Nun aber wurde dieses Problem für einen Augenblick völlig zurückgedrängt, und nur die Gestalt selbst des Dichters trat mit stürmischer

[1] Darmstädter Tagblatt vom 8.6.1924.

Lebendigkeit und doch wieder so ehrwürdig still und majestätisch abgemessen, wie lebend aus dem Gedicht hervor. Denn es ist offenbar, daß das Drama mit all seinen Figuren und der ganzen Fabel „frei erfunden“, also der reinste Traum eines Dichterherzens ist, so daß man gleichsam an dem Tonfall der Sprechenden die Stellen zu erkennen glaubt, wo das geheimste und persönlichste Erlebnis des Dichters selbst irgendwie zu sprechen beginnt. Leider ist uns die intime Lebensgeschichte Calderons fast noch weniger bekannt als diejenige Shakespeares, und alle neuere Forschung, die besonders gelegentlich der zweiten Zentenarfeier seines Todes einsetzte (1881), vermochte bislang nur eine Art von hohlem Schematismus seines Lebenslaufes zustande bringen. Trotzdem sind wir überzeugt, daß Calderon die Hauptgestalten seines Dramas: den Erbprinzen Sigismund, seinen Vater, den Polenkönig Basilius, sowie seinen Aufseher und Lehrer, den Reichsgroßen Clotald, aus dem eigensten Selbst, aus der eigensten Jugendgeschichte herausformte, aber es nützt uns blutwenig, dies zu wissen, denn wir können den Parallelismus zwischen einzelnen Momenten des Dramas und zwischen dem privaten Leben Calderons nicht sinn- und abbildlich wiederherstellen. Ganz besonders fühlt man, daß hinter dem Liebesentflammen des Prinzen Sigismund für die in übernatürlicher, amazonenhafter Schönheit strahlende Rosaura, die an die unvergleichlich romantischen Frauengestalten Tassos (im „Befreiten Jerusalem“) gemahnt, die Jugendliebe Calderons verborgen stecken muß. Wer aber diese Rosaura in Wirklichkeit war, und warum Calderon unverheiratet blieb, das werden wir wohl niemals erfahren können. Er trat im 51. Jahr in den Priesterstand ein, und das hat sicherlich viel dazu beigetragen, daß seine Jugendschicksale für immer begraben sind.

„Das Leben ein Traum“ ist zweifellos das abschließende Werk seiner schönsten und reifsten Jugendzeit und in lyrisch-gedanklicher Beziehung gerade sein Hauptwerk, ja in gewissem Betracht eines der philosophischen Hauptwerke des 17. Jahrhunderts. Es erinnert lebhaft an die Philosophie des Descartes, und zwar nicht etwa durch eine Übereinstimmung, sondern weit eher durch einen verborgenen Gegensatz in der Auffassung vom Traumleben und der wachen Wirklichkeit. Der Philosoph und der Dichter sind nämlich von Haus aus geneigt, in diesem Problem gegensätzliche Stellungen einzunehmen, denn die Tatsache der Traumbilder ist dem Dichter durchaus sympathisch, wohingegen sie den Philosophen leicht verärgern und ihn zum Zweifel und zur Negation stimmen kann. Dieser tiefverborgene Antagonismus liegt in der gegensätzlichen Natur der schöpferischen Tätigkeit des Dichters und des Philosophen begründet. Der Dichter hängt mit leidenschaftlicher Liebe an jenen farbigen Bildern des „wachen Träumens“, die die Grundlage seiner Kunst bilden und ihrer innersten vitalen Natur nach identisch sind mit den Traumbildern des Schlafzustandes. Wohingegen der Philosoph vor allem jener blassen und immer blasser werdenden Bilder des „wachen Träumens“ bedarf, die die Illusion erwecken „temperaturlos“ (absolut nullgrädig), also „reine Gedanken“ zu sein, die mit dem Leben und Erleben nichts mehr zu schaffen haben. Diese absolute „Nullgrädigkeit“ des inneren Lebens, die dem Philosophen als die förderlichste für seine Aufgaben erscheinen mag, berührt zuweilen den Dichter als die denkbar unfruchtbarste für jede schöpferische Tätigkeit. Darauf beruht ihr Antagonismus im Problem des Traumlebens und des Wachseins, wie des *Lebens* überhaupt. Und dieser Antagonismus ist es, der geradezu in klassischer Weise zwischen Descartes und Calderon zum Ausdruck gelangt. Es sei jedoch bemerkt, daß wir keinerlei historische Nachricht darüber besitzen, ob Calderon, der um vier Jahre jünger als Descartes war, jemals die Werke des großen Philosophen, namentlich die Abhandlung über die Methode, die Meditationen und die „Prinzipien der Philosophie“ kennenlernte. Urteilt man nach dem Erscheinungsjahr ihrer Werke, so lagen die genannten Schriften des Descartes noch gar nicht vor, als Calderons „Das Leben ein Traum“ im Jahre 1635 zum ersten Male gedruckt wurde. Aber wir besitzen die interessante biographische Angabe über Calderon, daß er von seinem 25. bis zum 35. Lebensjahre (1625-1635) seinem Könige und Mäzen Philipp IV., dem edlen Liebhaber der dramatischen Kunst und der Wissenschaften, in Mailand und später in Holland Kriegsdienste leistete, also jahrelang in Holland weilte, zu einer Zeit, wo Descartes ständig seinen Sitz daselbst aufschlug und im Verborgenen an seinen epochalen Werken arbeitete. Da Calderon auch als Soldat lebhafte dichterische Tätigkeit entfaltete und an der Philosophie tiefes Interesse nahm, so ist es nicht ausgeschlossen, daß er in Holland Kunde von den cartesianischen Grundgedanken erhielt. Uebrigens ist es aber auch denkbar, daß sowohl Descartes als auch Calderon von einander unabhängig durch ihr Befassen mit den Scholastikern zu dem Problem des Traumes und des Wachseins hingeführt wurden. Wie dem auch sei, und wie auch diese interessante Frage von den Historikern gelöst werden möge, bleibt die Gültigkeit unserer Betrachtung von ihrer Lösung so ziemlich unberührt. Denn es wird sich zeigen, daß der Gegensatz Calderons zu Descartes, des Dichters zum rationalistischen Philosophen, am geeignetsten ist, den Grundgedanken vom „Leben als Traum“ aufzuhellen.

Denn Calderon selbst hat den Antagonismus des philosophischen und des dichterischen Naturells zum Rückgrat seines Dramas gemacht. Der Polenkönig Basilius und sein Sohn Sigismund verhalten sich wie das philosophische und das dichterische Temperament zu einander, die durch eine tiefgehende Voreingenommenheit von einander getrennt sind. König Basilius ist der typische Repräsentant des kühlen, zum Zweifel neigenden, scharfsinnigen Philosophen auf dem Throne. Das Volk verehrt ihn wegen seiner allbekannten Weisheit und seines unvergleichlich hohen Wissens. Daß er auch als „großer Sternendeuter“ gilt, ist zwar ein hochwirksamer dichterischer Aufputz und ein unentbehrlicher symbolischer Behelf, darf aber nicht allzu ernst genommen werden. Denn Basilius erweist sich später eben dadurch als philosophisch veranlagter Zweifler, daß ihm im entscheidenden Moment vor seiner eigenen Weisheit und Sterndeuterei so ziemlich bange wird. Indessen kündigt ihm der Himmel die Geburt eines Sohnes durch eine

Sonnenfinsternis von nie erlebter Furchtbarkeit an: Sonne und Mond standen im grimmen Kampfe, Flammen strömten vom Himmel zur Erde nieder, Steine regneten aus der Wolken Schoß, die Erde bebte und die Ströme führten Blut in ihrem aufgewühlten Bette. Die Zeichen täuschten nicht, denn der Neugeborene verursachte schon durch seine Geburt den Tod seiner Mutter, und so erlitt es keinen Zweifel, daß er bestimmt sei, den Vater vom Throne zu stürzen, seine Herrschaft in den Staub zu treten, das Reich zu zerklüften und dem Untergang entgegenzuführen. Um diesem Schicksal vorzubeugen, ließ Basilius das Gerücht der Totgeburt seines Sohnes im Volke verbreiten und sperrte ihn in einen zu diesem Zwecke erbauten und streng bewachten Turm, dessen Gefangener er für immer bleiben und nie etwas von seinen Fürsten- und Menschenrechten erfahren sollte. Zum obersten Wächter des Turmes setzte Basilius den ihm unbedingt getreuen, ehrenfesten Reichsgroßen Clotald ein, der zugleich zum Erzieher und Lehrer Sigismunds bestellt ward. Diese kurze Andeutung der Voraussetzungen der eigentlichen Handlung des dramatischen Gedichts, die mit dem vollen Heranreifen Sigismunds beginnt, dürfte hier vollauf genügen.

Wer die tiefergreifenden Klagen Sigismunds über die ihm geraubte Freiheit vernimmt, hört aus ihnen die jungen Leiden eines jeden Dichtergenius und besonders diejenigen Calderons selbst heraus: Leiden, für die vielleicht sein Vater und seine Lehrer verantwortlich waren, doch da hierüber die Quellen nur äußerst wenig zu berichten wissen, so wollen wir von dieser Seite unserer Betrachtung ganz absehen. Zumal der leidige Turm, in dem der junge Prinz steckt, eigentlich ein Symbol von allgemein menschlicher Bedeutung darstellt. Wie schade, daß Calderon diesem Turm keinen Namen gab, denn er würde sprichwörtlich geworden sein und in aller Welt Munde leben, wie etwa der Turm von Babylon, dem er seiner innerer Bedeutung nach nahe verwandt zu sein scheint. Man könnte ihn den Adamsturm oder den Turm der Erbsünde nennen, weil Sigismund nur wegen der großen Sünde in ihm schmachtet, daß er geboren ward. Mit Rücksicht auf den Philosophen Basilius, der ihn erbauen ließ, ist er der Turm der Vorurteile, die aus der Selbstüberhebung des vorausschauenden Verstandes entspringen. Basilius bekennt dies eigentlich selbst ganz offen vor dem Volke in dem bedeutsamen Momente, da seine nächsten Verwandten (Adolf, der Herzog von Moskau und die Prinzessin Estrella) als Thronprätendenten sich melden. Denn er bereut, daß er sich an den natürlichen Rechten seines eigenen Sprossen vergriff, und befürchtet, den himmlischen Zeichen bei der Geburt seines Sohnes zu viel vertraut zu haben. Da nun ersinnt er ein geistreiches psychologisches Experiment, das den Charakter Sigismunds an den Tag bringen und darüber entscheiden soll, ob er zum Herrscher berufen sei oder nicht. Dieses Experiment, das solchermaßen an die Stelle der nicht zuverlässigen Sterndeutung tritt, gibt dem Gedicht sein einzigartiges philosophisches Gepräge und dient dazu, das große Problem von Traum und Wachsein mit elementarer Wucht aufzurollen. Zugleich aber ist dies seelisch geistige Experiment die Haupttriebfeder in der unablässig sich steigernden

Spannung des ganzen Dramas. Es wäre schwer, ein anderes Beispiel in der dramatischen Literatur zu finden, wo mit einem und demselben virtuosen Griff einerseits der philosophische Tiefsinn, andererseits der sensationelle Effekt einer Handlung so auf die Spitze getrieben wäre. Jedenfalls gibt sich in diesem Punkte die ungeheure Schwungkraft der spezifisch Calderonschen Intelligenz und Phantasie am imposantesten zu erkennen.

Vielleicht genügt es, den Hergang des Experiments nur in seinen Hauptzügen anzudeuten, damit der Sinn desselben desto schärfer hervortreten könne. Sigismund wird eingeschläfert und aus dem Turm nach dem königlichen Palast gebracht, wo dem erstaunten Erwachenden höchste königliche Ehren zuteil werden. Weiß er sich zu fassen, sein stürmisches (dichterisches) Temperament zu beherrschen, bezähmt er insbesondere den unwillkürlichen Hang, alle erlittene Unbill zu vergelten, dann erhebt ihn solche große Selbstüberwindung von selbst auf den Thron. Läßt er jedoch irgendwelchen Maßlosigkeiten die Zügel schießen – wie er dies auch wirklich tut –, nun dann hilft ihm eine rasche zweite Einschläferung, eine Rückkehr und ein Erwachen im alten Leidensturm, wo das kurze Erlebnis im Königspalast wie ein großer Traum erscheinen muß. Diese wohlausgeheckte zweimalige Einschläferung mit dem Schlummertranke hat die Folge, daß Schlaf und Wachen, Traum und Wirklichkeit gleichsam ineinander stürzen und ihre Wellen sich so seltsam miteinander mischen, daß daraus der weltberühmte Monolog Sigismunds entspringen kann:

> ... denn in den Räumen
> Der Wunderwelt, worin wir schweben,
> Ist nur ein Traum das ganze Leben;
> Und jeder Mensch – erfahr ich nun,
> Er träumt sein ganzes Sein und Tun,
> Bis dann zuletzt die Träum entschweben,
> Der König träumt: er sei ein König,
> Und, tief in diesen Traum versenkt,
> Gebietet er, und herrscht und lenkt,
> ...
> Der Reiche träumt und es zeigen
> Ihm Schätze sich, doch ohne Frieden.
> Es träumt der Arme auch hienieden,
> Er sei ganz elend und leibeigen.
> Es träumet, wer beginnt zu steigen:
> Es träumet, wer da sorgt und rennt.
> Wer liebt, und wer von Haß entbrennt;
> Kurz, auf dem weiten Erdenballe,
> Was alle sind, das träumen alle.

Die traumhafte Eitelkeit unseres Daseins, das Motiv des „Vanitatum vanitas" ist wohl niemals in machtvolleren Akkorden erklungen, wie in diesem Monologe auf dem mittleren Höhepunkt des Gedichts. Wer aber glauben würde, der Dichter wolle in seinem Drama das Leben zu einem nichtigen Traume, zu einem leeren Wahne entwerten, der würde ihn von Grund aus mißverstehen. Erst *nach* diesem Monolog steigt die Dichtung zu neuartigen Gipfelpunkten der Handlung, die zugleich eine wundervolle Wendung in der Auffassung von Traum und Wachsein enthüllen. Die Handlung wendet sich dadurch, daß das Volk die bevorstehende Fremdherrschaft des Herzogs Adolf aus Moskau nicht dulden will und in wilder Empörung den rechtmäßigen Erben Sigismund aus seinem Kerker befreit. Er stellt sich an die Spitze des Aufruhrs, besiegt die vereinten Heere seines Vaters und Adolfs und krönt den äußeren Sieg durch den inzwischen errungenen inneren Sieg über sich selbst. Denn er hat sich, ehe er das Reich gewann, auch das Licht einer neuen Weltbetrachtung errungen. Und dieser Doppelleistung war sein Lehrer und Meister: der *Traum*. Calderon macht den Traum zum Mentor des Menschengeschlechts. Der Träumende öffnet dem Wachenden die Augen, damit ihm Licht über die Wirklichkeit aufgehe. Diese scheinbar paradoxe, aber im Grunde richtige Lehre bildet den eigentlichen Inhalt von Calderons Drama „Das Leben ein Traum", ist die schönste symbolische Verherrlichung des Traumes und somit auch des Lebens, die jemals ein Dichter schrieb.

II. Naturphilosophische Grundphänomene: das Schöpferische und die Polarität

Vorrede[1]

Das Wiedererscheinen dieser Vorlesungen, die ich schon vor 16 Jahren hielt, bedeutet für mich eine Art von innerer Nötigung, auf meine ganze Lebensarbeit zurückzublicken. Denn dies Buch hat eine grundlegende Bedeutung für den ganzen philosophischen Gedankenbau, dessen Errichtung mich seit mehr als 40 Jahren in Anspruch nimmt. Ich muß also in dieser Vorrede einige Andeutungen darüber zu geben versuchen, wie der Inhalt dieser Schrift in das Ganze meiner Weltbetrachtung eingefügt werden könnte.

Nach so vielen Richtungen hin sich auch meine Forschungen im Verlaufe der Jahrzehnte verzweigten, hat mich, wenn ich es recht bedenke, im tiefsten Inneren immer nur Eines, die erfinderische und schöpferische Kraft im Menschen, diese aber in fast allen ihren Gestaltungen gleich sehr interessiert. In frühen Jugendjahren war ich vom Erfinderischen in der Mathematik und den Naturwissenschaften so sehr ergriffen, daß ich ziemlich lange glaubte, in diesen Wissenschaften ganz aufgehen zu können. Aber obwohl ich ihnen durch alle inneren Wandlungen hindurch treu blieb, fühlte ich mich doch – wahrscheinlich durch die Kraft der Polarität getrieben – schon frühzeitig zu dem Geheimnis des Dichterischen und Künstlerischen hingezogen, und war nicht wenig davon befremdet, daß die „Ästhetiker“ von allem zu sprechen wußten, nur von dem nicht, was mich allein interessierte: von dem Originellen und Künstlerischen, das den Künstler zum echten Künstler stempelt. Am spätesten ging mir der Sinn für das Schöpferische im praktischen Leben und Zusammenleben der Menschen auf, aber als ich, endlich auch hiervon ergriffen ward, vermochte ich mich nicht genug darüber zu verwundern, welche unermeßliche Bedeutung dem Schöpferischen nicht nur in der Entwickelung der Völker und Staaten, sondern auch im Leben selbst des geringsten Einzelmenschen zukomme. Alle großen Rätselfragen des individuellen Charakters und Temperaments, alle Probleme der persönlichen Lebensführung und gesellschaftlichen Organisation mündeten für mich so ausnahmslos in das Problem des Schöpferischen, daß ich den Satz aufzustellen wagte, es sei uns genau ein so tiefer Einblick in das Wesen des Menschen gestattet, als wir das Geheimnis des Schöpferischen in ihm zu erhellen vermögen. Ich war durchaus überzeugt, daß die herkömmlichen „logischen“, „ästhetischen“ und „ethischen“ Untersuchungen nur deshalb versagten, weil die Philosophen gemeinhin – so wie der Anatom den toten Leib – bloß den Leichnam des Verstandes, Gemütes und Willens analysierten, und ich zweifelte nicht, daß die Aufgabe der Philosophie nur die Schaffung

[1] Aus: Palágyi, M.: Naturphilosophische Vorlesungen über die Grundprobleme des Bewußtseins und des Lebens (Ausgewählte Werke Band 1), Leipzig ^{2}1924, S. III.-VIII.

einer lebendigen Selbsterkenntnis sein könne, weil nur diese unsere Welterkenntnis wahrhaft zu befruchten imstande sei. Die Versuche und Vorarbeiten zur Verwirklichung dieses Gedankens nahmen etwa zwei Jahrzehnte in Anspruch, die sich über die achtziger und neunziger Jahre des vorigen Jahrhunderts erstreckten. Bei passender Gelegenheit gedenke ich über diese erste – und vielleicht fruchtbarste – Entwickelungsperiode Näheres zu berichten; hier jedoch muß ich mir dies versagen, weil die vorliegenden Vorlesungen schon in die zweite Periode (1901 bis 1914) fallen, die eine durchaus neuartige Grundstimmung zeigt, und hier allein das Recht auf nähere Beleuchtung fordern darf.

Während ich in der langdauernden ersten Entwickelungszeit gleichsam in mir selbst eingesponnen blieb, setzte ich mich in den nächsten 14 Jahren mit den geschichtlichen Systemen des Empirismus und Rationalismus sowie mit der zeitgenössischen Philosophie eindringlich auseinander und nahm der letzteren gegenüber entschiedene Stellung. Gleichzeitig fand ich mich aber auch vor das überaus schwierige Problem gestellt, für das eigene Gedankensystem eine ihm angemessene, natürliche Komposition und Gliederung zu finden: eine Aufgabe, die mich durch die ganze zweite Periode hindurch fast wie mein eigener Schatten begleitete. Während man bei einzelnen Spezialproblemen nur die Geschichte der betreffenden Frage zu studieren brauchte, im übrigen aber seinen Eingebungen folgen konnte, galt es bei der Komposition des eigenen Systems seine Stellung der ganzen Geschichte der Philosophie gegenüber zu überdenken und damit im Zusammenhang sich in jene innere Quelle von Eingebungen zu versenken, aus der man schon so oft geschöpft hatte, und aus der man endlich das Wichtigste, das Verständnis der eigenen Forschungsmethode, schöpfen mußte. Es wurde mir klar, daß das ganze Gebäude der Philosophie nur auf Grundlage einer „Bewußtseinslehre" errichtet werden könne, die dem entspräche, was man heutzutage „Erkenntnistheorie" zu nennen pflegt, aber viel tiefer schürfen, und dem entsprechend auch einen weit umfassenderen Charakter haben müßte. Die sogenannte „Erkenntnistheorie" ist viel zu einseitig auf die theoretische Anlage im Menschen eingestellt und demzufolge auch viel zu einseitig rationalistisch. Sie vernachlässigt fast vollständig die eigentliche Gestaltungskraft des Menschen, was zur Folge hat, daß sie dann auch nur den unfruchtbaren, den toten Verstand unter ihrer Lupe zurückbehält. Sie versucht aber auch gar nicht in die letzten Tiefen des menschlichen Bewußtseins einzudringen und die Totalität seiner inneren Regsamkeiten gleichsam an der Wurzel zu fassen. Und eben darum handelte es sich mir.

Ich glaube die Wurzel aller menschlichen Fähigkeiten (Vermögen, Talente) in einer Gegensätzlichkeit oder Polarität gefunden zu haben, die wir alle sehr wohl kennen, und die auch von allen Dichtern besungen, von allen Seelenkennern und Philosophen irgendwie beachtet und doch niemals zum Gegenstand systematischer Erforschung gemacht wurde: ich meine die so überaus bekannte Gegensätzlichkeit oder Polarität von Sach- und Selbstbewußtsein. Wer könnte sich nicht sagen, daß unsere Besinnung entweder auf die raumzeitliche, anschauliche Erscheinungswelt gerichtet ist, die wir auch die Außenwelt nennen, oder aber auf das geheimnisvolle Wesen, das wir selbst sind, d. i. auf das unanschauliche, eigene Ich? Wer erkennt nicht, daß diese zwei Einstellungen unseres Bewußtseins sich wie die sogenannte Außenwelt zur Innenwelt, oder das sogenannte Objekt zum Subjekt, und am besten wie die *Erscheinung zum Wesen* zueinander verhalten? Wer fragt aber danach, was für eine Gegensätzlichkeit hier vorliege, – denn ein geometrischer Gegensatz, wie unten und oben, vorne und hinten, rechts und links ist sie sicherlich nicht, und wenn wir sie auch durch einen scheinbar geometrischen Gegensatz, wie Außen- und Innenwelt, zu kennzeichnen versuchen, so ist ja dies nur eine veranschaulichende Illustration, die das Geheimnis nicht lüftet, sondern vielmehr verschleiert. Tatsächlich drücken sich alle philosophischen Systeme um diesen einen Gegensatz herum und nehmen bald für die eine, bald für die andere Einstellung des Bewußtseins Partei oder gehen gar so weit, die eine der anderen zuliebe zu verleugnen oder beide zu parallelisieren, zu verquicken und verkleistern, woraus dann die verschiedenen objektivistischen, subjektivistischen, sensualistischen, rationalistischen, realistischen, materialistischen, idealistischen usw. Denkweisen entspringen. Das Fazit aber ist, daß wir über die Gegensätzlichkeit oder Polarität in den Richtungen unseres Bewußtseins – da sie eben nicht geometrisch anschaulich sind – völlig im Dunklen bleiben, ja sie überhaupt fallen lassen und ihre unermeßliche Bedeutung für die Totalität unserer Anlagen, für unser ganzes Menschentum uns nicht zu Gemüte führen. Erst wenn wir die eigene menschliche Natur mit der rein tierischen vergleichen, geht uns ein Licht über die fundamentale Bedeutung der unserem Bewußtsein eigenen Zwiespältigkeit auf. Staunend und innerlich erschüttert beobachtet der Mensch die Tierseele, die ihm oft ungeheure Reichtümer an innerer Lebendigkeit (Vitalität) enthüllt, und die doch insoferne als grausig arm bezeichnet werden muß, als in ihr Sach- und Selbstbewußtsein nicht auseinandertreten, so daß sie jener abgrundtiefen Gegensätzlichkeit oder Polarität in der Richtungseinstellung völlig entbehrt, die das unterscheidende Vornehmheitsmerkmal, der einzige Schatz, aber auch der einzig große Fluch alles Menschlichen ist. Im Augenblick, als wir dies merken, gewinnt das *Polaritätsprinzip in der Einstellung unseres Bewußtseins* eine grundlegende Bedeutung für unsere ganze Weltbetrachtung, denn wir ahnen, daß sie die Quelle alles verderblichen Wahns und aller schöpferisch selbstbefreienden Tat für uns Menschen ist.

Es drängt sich uns die Einsicht auf, daß in unserem Wesen zwei polare Mächte vereinigt sind, die miteinander im Verhältnis der wechselseitigen Bedingtheit oder Korrelation stehen, und die einander unterstützen oder fördern, aber auch ebensosehr beeinträchtigen und gefährden können. Diese zur Einheit verbundenen polaren Mächte sind es, die uns als Selbst- und Sachbewußtsein oder auch als Wesens- und Erscheinungsbewußtsein zur Kenntnis gelangen, und man benennt sie am zweckmäßigsten als die das Ich ausmachende Geistigkeit und Lebendigkeit (Geist und Seele = Nus und Psyche). Unserer inneren Lebendigkeit oder Vitalität verdanken wir es in erster Reihe, unserem Geist jedoch nur in zweiter Reihe, daß wir Erlebnisse, Wahrnehmungen von der Außen- oder Erscheinungswelt gewinnen, also unser Sachbewußtsein betätigen. Hingegen spielt bei allem Denken, Werten und Wollen der Geist die erste Rolle, obwohl er trotz aller Führerschaft in diesen Tätigkeiten in zweiter Reihe auf unsere innere Lebendigkeit angewiesen bleibt. Man studiert dies wunderbare, doppelsinnige Polaritätsverhältnis von Seele und Geist anfangs wohl am leichtesten am Kinde. In den ersten Wochen und Monden der frühesten Kindeszeit kann nur von einer allmählichen Dämmerung die Rede sein, die sich sehr langsam zu einem ersten Schimmer von Sachbewußtsein gestaltet. Von einem Selbstbewußtsein jedoch meldet sich lange, lange nicht die geringste Spur; es ist völlig latent und man kann ihm nur ein „potentielles Dasein" zusprechen. Wäre es möglich, jene Augenblicke zu erhaschen, wo in früher Dämmerzeit des Kindes die ersten Lichtblitze eines Selbstbewußtseins sich soeben von seinem Sachbewußtsein abheben, so wäre der Sonnenaufgang der Besinnungspolarität, der Anfang der eigentlichen Menschwerdung, das Erwachen des „animal metaphysicum" im bloßen Menschentier, man möchte fast sagen das zweite und eigentliche Geborenwerden der Person entdeckt. Aber das hofft man natürlich vergebens. Über eine lange Reihe von Monaten lagert sich beim Kinde ein flimmerndes Zwielicht, so daß eine jede Betätigung des Sachbewußtseins gleich auch in die Region des Selbstbewußtseins hinüberzuspielen scheint. Schon im ersten Hinblicken nach einem glänzenden Gegenstand, im ersten Hingreifen nach demselben, im ersten Auffangen eines Anrufs, in der ersten Nachahmung eines Wortgebildes usw. macht sich jene Zweideutigkeit fühlbar, die in jedem Symptom des Sachbewußtseins gleich auch schon ein verborgenes Erwachen des Selbstbewußtseins vermuten läßt, und die gerade den feinsinnigeren Beobachter fast zur Verzweiflung treibt. Freilich genügt es auch gar nicht, aus bloßen äußeren Symptomen das Geheimnis der seelisch-geistigen Polarität erkunden zu wollen. An diesem Punkte tritt die entscheidende Wendung in unserer Forschung ein. Es überkommt uns der Gedanke, daß auch der Erwachsene während des alltäglichen Wachseins von Sekunde zu Sekunde, ja in Bruchteilen der Sekunde, den Übergang von der Sach- zur Selbstbesinnung und wieder zurück usw. vollziehen muß. Kurz, wir entdecken den Puls unseres Bewußtseins – den metaphysischen Puls – der dem Menschen seinen rein menschlichen Charakter verleiht, und die Grundtatsache darstellt, auf der sich die menschliche Kultur aufbaut. Die ganze persönliche Entwickelung des Menschen, die Entfaltung der Gesamtheit seiner Fähigkeiten verläuft also in gegensätzlichen Bewußtseinspulsen, so daß *das Polaritätsprinzip unseres Bewußtseins gleich auch sein Evolutionsprinzip in sich enthält.*

Diesen Gedanken der Polarität unseres Bewußtseins wollte ich hier dem Leser nahelegen, weil er als Leitmotiv meiner ganzen Lebensarbeit gelten darf und demzufolge dieses Buch in das System meiner übrigen Schriften einfügt. Polarität bedeutet für mich nicht nur das, was man gewöhnlich als „Gegensatz" bezeichnet, sondern auch die wechselseitige Bedingtheit und Korrelation der Gegenpole, und was die Hauptsache ist: ihre gegenseitige Ergänzung oder Einheit. Freilich ist die Polarität unseres Wesens immer eine mangelhafte, d. h. Lebendigkeit und Geistigkeit ergänzen sich in unserem Ich nur in unzureichender Weise, woraus Leiden, Irrtum und der notwendige Tod entspringt. Je bedeutender ein Mensch ist, desto tiefer wird er sich der unzulänglichen Einheit der Gegensätze, die sein Wesen ausmachen, bewußt, desto mächtiger erwacht auch sein „metaphysischer Drang" nach vollendeter Einheit oder Polarität von Seele und Geist. Da aber diese in der raumzeitlichen Endlichkeit niemals zu erlangen ist, so entsteht die eiserne metaphysische Grundforderung, daß Lebendigkeit und Geistigkeit im unendlichen Weltganzen zu vollendeter Allebendigkeit und Allgeistigkeit vereint seien und die wahre wirkliche Welt ausmachen. Je klarer und bestimmter diese Grundforderung in einem System der Philosophie dargestellt zu werden vermag, desto befruchtender muß sie auf die Gesamtheit aller Bereiche unseres Lebens und Zusammenlebens einwirken. Man sieht also, daß mein Denken von der mangelhaften Polarität des Menschen ausgeht und in die vollendete kosmische Polarität einmündet. Da ich mir dieses Weges stets bewußt, jedoch in Sachen der Metaphysik stets zurückhaltend war, so fühlte ich mich immer tiefer in der Schuld meiner Leser stecken und schließlich zu einer Aussprache gedrängt, die wenigstens vor der Hand befriedigen könnte. Ich glaube dadurch zum Verständnis dieser Vorlesungen etwas beigetragen zu haben, weil sie fast auf jeder Seite einen Beleg (zu dem im Texte nicht ausgesprochenen) Polaritätsprinzip liefern.

* * *

Zum Schluß noch eine Bemerkung. Obwohl mich 16 Jahre von der Abfassung dieses Buches trennen, finde ich keine Veranlassung, an dem Texte auch nur die geringste wesentliche Änderung vorzunehmen. Einige kleine Richtigstellungen und einige Weglassungen sollen nur dazu dienen, die Treue des Buches zu seinem eigenen Geiste womöglich noch mehr zu erhöhen. So z. B. wurde die 15. Vorlesung geopfert, weil ihr Inhalt mit den übrigen Vorlesungen nur in lockerem Zusammenhange stand und besser in einem Spezialbuche über den Bau des Nervensystems ihren Platz finden würde. Selbstverständlich habe ich meine Wahrnehmungstheorie, die den Hauptinhalt dieser Schrift bildet, im Verlaufe der Jahre wesentlich weiter entwickelt, aber ich mußte von einem Hineinarbeiten meiner neueren Ergebnisse in den vorliegenden Text Abstand nehmen, weil dies die Komposition des ganzen Werkes gefährdet hätte. Es liegt eben in der Natur von Originalarbeiten, daß man sie nicht „ausweiten" kann. Übrigens wird sich mir bald Gelegenheit bieten, die Fortbildung der Wahrnehmungslehre in meinem „System der Weltmechanik" nachzuholen.

Darmstadt, im Januar 1924.
M. Palágyi.

Einleitung[1]

Die Probleme des Vitalismus und Psychologismus stehen im Vordergrunde des modernen naturwissenschaftlichen und philosophischen Interesses. Der im Laufe der letzten Jahrhunderte schon so oft totgesagte Vitalismus lebt nämlich in unseren Tagen als „Neovitalismus" mit einer größeren Energie als jemals wieder auf. Wenn aber der Vitalismus sich zum Worte meldet, so bedeutet dies für den geistigen Barometerstand des naturwissenschaftlichen Denkens so viel wie Gewitterschwüle oder Sturmesnähe. – Scheinbar ohne Zusammenhang mit dieser neovitalistischen Strömung, aber im Grunde genommen durch dieselbe bedingt, macht sich aber auch innerhalb der Psychologie eine bedenkliche sezessionistische Bewegung bemerklich: die Psychologie soll sich nämlich von den philosophischen Disziplinen ganz trennen und sich als selbständige rein naturwissenschaftliche und experimentelle Disziplin konstituieren. Diese Spaltung im psychologischen Lager zeigt, daß man der unklaren Verquickung von experimenteller Naturwissenschaft und metaphysischem Denken, wie sie in der Psychophysik besteht, überdrüssig ist. Der Ruf nach Scheidung von Experiment und Metaphysik deutet zugleich auf eine Krisis im philosophischen Denken überhaupt hin. Tatsächlich macht sich überall die tiefe Sehnsucht nach einer Neubegründung der Erkenntnislehre und Metaphysik geltend. So weit nur der Blick reicht, herrscht in allen wissenschaftlichen Lagern eine geistige Gährung, wie am Vorabende einer Umwälzung der herkömmlichen naturwissenschaftlichen und philosophischen Auffassungen.

Tonangebende Führer der physikalischen Forschung, wie *Maxwell, Hertz,* Lord *Kelvin* etc. sprachen es unverhohlen aus, daß die Eigenart des Lebensprozesses die Auflösung desselben in eine Kombination von rein mechanischen (physikalisch-chemischen) Vorgängen zur Unmöglichkeit macht. Und was noch mehr besagen will, die Biologen selbst, die doch sonst mechanistischer als die Mechanisten zu denken pflegten, geben das aussichtslose Streben auf, das Lebensrätsel in ein mechanisches Problem umzuwandeln. Gerade solche Biologen, wie *Driesch, Wolff, Apáthy* etc., die ganz von dem Geiste exakter naturwissenschaftlicher Forschung erfüllt sind, machen das Prinzip der Unzurückführbarkeit des vitalen Prozesses auf rein mechanische (physikalisch-chemische) Vorgänge zur Grundlage ihres biologischen Denkens. Dringt diese Auffassung durch, so gehen wir einer neuen Epoche in der Geschichte der Naturforschung und

---

[1] Aus: Palágyi, M.: Naturphilosophische Vorlesungen über die Grundprobleme des Bewußtseins und des Lebens, Charlottenburg 1907, S. 4-21. – Mit geringen Änderungen wieder abgedruckt in: Palágyi, M.: Naturphilosophische Vorlesungen über die Grundprobleme des Bewußtseins und des Lebens (Ausgewählte Werke Band 1), Leipzig ^{2}1924, S. 1-18.

der Philosophie entgegen: einer Epoche, in welcher die Biologie nicht mehr der bloße Satellit der mechanistischen Naturwissenschaft sein und ihren Ruhm nicht mehr darin suchen wird, sich selbst überflüssig zu machen und in pure Mechanistik auflösen zu wollen. Noch herrscht aber leider auch in biologischen Kreisen das alte Vorurteil, als ob bloß das mechanistische Denken Anspruch auf strenge Wissenschaftlichkeit erheben dürfe. Diesem Vorurteil entgegenzutreten und den Nachweis der wissenschaftlichen Gleichberechtigung des mechanistischen und vitalistischen Denkens zu erbringen, ist die eine Tendenz der folgenden philosophischen Vorlesungen.

Mechanistische und vitalistische Forschung können meiner Auffassung nach nur im innigsten Einvernehmen mit einander die Grundlagen einer echten Naturerkenntnis herbeischaffen. In alle Wahrnehmungen, Beobachtungen, in alle noch so strenge Messungen des mechanistischen Naturforschers mengt sich notwendig auch das vitale Moment, weil wir mechanische Erscheinungen nur vermittelst der Lebensvorgänge unseres eigenen Organismus wahrzunehmen vermögen. Eine Erscheinung des anorganischen Naturprozesses existiert für uns nur insoferne, als sie unserem Bewußtsein durch einen Vorgang des eigenen vitalen Prozesses präsentiert wird. Wir erblicken den ganzen mechanischen Naturprozeß gleichsam nur durch die Fenster unseres eigenen Lebensprozesses, so daß die Feststellung von mechanischen Tatsachen notwendig eine ergänzende Fixierung der korrespondierenden vitalen Bedingungen erheischt und umgekehrt die Wahrnehmung von vitalen Tatsachen immer durch die Untersuchung der entsprechenden mechanischen Bedingungen ergänzt werden muß. In diesem Prinzipe der Correlation liegt es ausgesprochen, daß die mechanistische und die vitalistische Forschung so wenig ohne einander bestehen können, wie wenig eine rechte Leibeshälfte ohne die ergänzende linke Hälfte einen lebendigen Organismus zu bilden vermag.

Wie kommt es aber, daß dieses sozusagen selbstverständliche Prinzip der Correlation mechanischer und vitaler Vorgänge doch keine allgemeine Anerkennung findet, ja sogar, daß sich die besten philosophischen Kräfte unseres Zeitalters im Kampfe um dasselbe förmlich aufreiben müssen? Die Antwort auf diese Frage führt uns zum psychologistischen Probleme hinüber, welches das Hauptthema dieser Vorlesungen bildet.

Es liegt in der Entwickelungsgeschichte der neuzeitlichen Naturwissenschaft und Philosophie begründet, daß ein gesundes vitalistisches Denken, wie es zur harmonischen Ergänzung der mechanistischen Forschung unbedingt erforderlich wäre, nicht aufzukommen vermochte. Jene Tatsachen nämlich, die wir als die uns vertrautesten vitalistischen Tatsachen bezeichnen müssen, wie z. B. die Sinnesempfindungen, wurden durch die Begründer des neuzeitlichen psychologischen Denkens, durch die Hauptvertreter der englischen Philosophie, *Locke, Berkeley, Hume, James Mill, John Stuart Mill* etc. nicht als Lebensvorgänge, sondern als psychische Tatsachen hingestellt. Man verwechselte den Begriff des Lebens mit dem Begriffe der geistigen (psychischen) Tätigkeit; man formte einen ganz neuartigen, hybriden Begriff, wie er den Alten noch völlig unbekannt war: jenen modernen Begriff „des Psychischen“, der weder das Leben, noch auch das Bewußtsein vom Leben und doch beides zugleich bedeutet. Die uralte Unterscheidung vom „Baume des Lebens“ und dem „Baume des Wissens“, die der ahnungsvolle menschliche Geist sozusagen schon im Paradiese machte, ging in Verlust, und an ihrer Stelle wurde ein neuer Baum gepflanzt, der weder der Lebensbaum noch der Wissensbaum, sondern der Baum der Begriffsverwirrung ist, und der schon seit mehr als zwei Jahrhunderten eine ganz unerwünschte Fülle von blühenden Irrtümern zeitigt, deren Summe der hochverdiente Geschichtsschreiber der neueren Philosophie, Johann Eduard *Erdmann*, als das psychologistische Denken bezeichnet.

Die Verwechslung des Lebens- und des Wissensbaumes kommt bei *Locke* darin zum schier greifbaren Ausdruck, daß er unsere Sinnesempfindungen als die Elemente unserer „Ideen“ oder auch als einfache Ideen hinstellt, aus denen durch Zusammensetzung komplexe Ideen von den Erscheinungen und Dingen der Außenwelt hervorgehen. Diese Locke'schen „ideas“ schwanken noch zwischen „Gedanken“ einerseits und zwischen Sinnesempfindungen oder im Allgemeinen „Erlebnissen“, d. i. vitalen Vorgängen andererseits. Sie haben bei ihm noch einen schwankend zweideutigen Charakter, der der Grundzug eines jeden psychologischen Denkens ist. Erst *Berkeley* fordert energisch die völlige Gleichsetzung von Idee und Sinnesempfindung und wird dadurch zum Begründer des konsequent-zweideutigen oder perversen Idealismus. Er leugnet die Existenz von abstrakten Ideen, macht sich über dieselben lustig und versteht unter Idee durchaus nur etwas Einzelnes, Konkretes, nämlich die einzelne Sinnesanschauung, ja weitergehend die einzelne physikalisch-chemische Erscheinung selbst. Sein berühmter Grundsatz esse = percipi identificirt die wahrgenommene Erscheinung mit der Wahrnehmungstätigkeit unseres Geistes. Anorganischer Naturvorgang, Lebensprozeß und psychische Tätigkeit hören auf, voneinander verschiedene Begriffe zu sein; die ganze sinnliche Erscheinungswelt wandert mit Haut und Haaren in das Bewußtsein hinein und wird zu einem bloßen Bewußtseinsprodukt, so daß die Existenz einer außerhalb des Bewußtseins bestehenden materiellen Welt geleugnet werden kann.

Berkeley ersann diese Theorie, weil er meinte, durch dieselbe zu einem unumstößlichen Beweise von dem Dasein Gottes gelangen zu können. Der edle Bischof von Cloyne war ein geistreicher, hochgesinnter, gottesbegeisterter Denker, aber sein Gottesbeweis macht längst auf keinen Sterblichen mehr Eindruck. Seine gute Absicht ist verschollen, sein Irrtum hingegen hat Schule gemacht, wie kaum ein anderer Irrtum in der neuen Zeit. Er ist zum Ausgangspunkt einer spezifisch neuzeitlichen Sophistik geworden, die bis auf den heutigen Tag die üppigsten und verführerischsten Blüten treibt. Formuliert man nämlich die Identität esse = percipi oder was gleichbedeutend ist: physische Erscheinung = geistige Tätigkeit, so besitzt man in derselben ein sophistisches Mittel, bald die Rolle eines „empirischen Idealisten“, bald diejenige eines „empirischen Realisten“ spielen zu können. Liest man nämlich die Identität von links nach rechts, so löst man die Wirklichkeit in Ideen auf und darf sich zum Idealismus bekennen; liest man sie aber umgekehrt von rechts nach links, dann werden alle Ideen zu bloßen Sinnesempfindungen, ja sogar zu bloßen physikalisch-chemischen Erscheinungen, und man darf sich dann einen Realisten nennen.

Da der Berkeley'sche Grundsatz gleichsam wie ein Magnet zwei entgegengesetzte Pole hat, übte er eine gewaltige Anziehungskraft auf die Geister aus und beeinflußt das moderne Denken in einem ganz beispiellosen Maße. Er gab den Anstoß zu dem transzendentalen oder formalen Idealismus *Kant's*, er wird zum Illusionismus bei *Schopenhauer*, zum Korrelativismus oder positivistischen Idealismus bei *Laas*, zum Empiriokritizismus oder der Philosophie der reinen Erfahrung bei *Avenarius* und *Mach*, zur Immanenzphilosophie bei *Schuppe*, zum Solipsismus oder theoretischem Egoismus bei *Schubert-Soldern*, zum Phänomenalismus, Konscientialismus, erkenntnistheoretischen Idealismus, Panpsychismus, Psychomonismus usw. bei ungezählten anderen Denkern.

Es liegt jedoch durchaus nicht im Charakter des deutschen Geistes begründet, das Vitale mit dem Geistigen zu verwechseln; vielmehr zeigt die Geschichte des deutschen Denkens, daß es sich gegen diese Verwechslung – soweit es derselben inne wird – mit Entschiedenheit sträubt. Die bedeutendsten deutschen Philosophen bekämpfen die englische Psychologistik. *Leibniz* tritt dem Locke'schen Sensualismus entgegen, *Kant* wendet sich um so schärfer gegen den „guten Berkeley“, je mehr er ursprünglich von ihm beeinflußt war, und die großen Vertreter des spezifisch deutschen Idealismus *Fichte* und *Hegel* sind bestrebt, auch die letzte Spur des englischen Sensualismus von sich zu streifen, um die „Idee“ in ihrer absoluten Geistigkeit zur Geltung zu bringen. Leider gerieten sie in einen Überschwang und entwurzelten dadurch ihr eigenes bestes Streben. Der deutsche Idealismus liegt längst in Trümmern, und das gleiche gilt auch vom französischen Rationalismus.

Ursprünglich war die rationalistische Linie die Hauptlinie sowohl der französischen als auch der deutschen Philosophie; die sensualistische Linie hatte besonders in der letzteren nur den zweiten Rang inne. Umgekehrt verhält es sich mit der englischen Philosophie, in welcher der Rationalismus niemals zu einer führenden Rolle zu gelangen vermochte. Das Ideal des englischen Geistes ist jene mächtige Vitalität, von denen die Gestalten des shakespeareschen Dramas strotzen und überquellen. Der englische Geist wäre demnach berufen gewesen, die Grundlagen jenes vitalistischen Denkens herbeizuschaffen, das die notwendige Ergänzung des durch *Galilei* begründeten mechanistischen Forschens bildet. *Locke*, *Berkeley* und *Hume*, die drei Hauptleuchten der englischen Philosophie, waren jedoch keine Naturforscher. Ob zwar sie fasziniert waren von dem, was in uns das Lebendige ist, verwechselten sie es doch mit dem Geistigen und schufen jenen Zwitterbegriff des Psychischen, der schon seit zwei Jahrhunderten der gesunden Entwickelung des vitalistischen Denkens, also der biologischen Naturforschung überhaupt im höchsten Maße hinderlich entgegentritt.

Wie ist es aber möglich, so fragt man, daß ein hybrider Begriff durch so viele Generationen hindurch die Geister gefangen zu halten vermochte? Darauf ist zu antworten, daß die Besten unter den führenden Geistern des Menschengeschlechtes schon seit beinahe zwei Jahrhunderten einen unausgesetzten Kampf gegen jenen zweideutigen Begriff führen, freilich mit einem noch unzulänglichen Erfolg, weil zwitterhafte Begriffe auf die Menge der Gebildeten, ja auch auf die wissenschaftlichen Forscher eine weit größere Anziehungskraft üben als reine und klare Konzeptionen. Ein hybrider Begriff enthält nämlich einen logischen Widerspruch, jedoch in solcher Form, daß er den Schein erweckt, als ob er dem höchsten philosophischen Streben, dem Streben nach Einheit in der Erkenntnis entsprösse, ja als ob er die Verwirklichung des so heiß ersehnten Monismus wäre. Eigentümlicherweise können nur Begriffe, welche gleichsam logische Bastarde sind, d. h. einen logischen Widerspruch enthalten, eine vollendete monistische Erkenntnis vorspiegeln; klare Begriffsfassungen sind jedoch außerstande mehr zu versprechen, als sie wirklich enthalten, und erinnern uns immer an das Nichtwissen, welches in der engsten Nachbarschaft des Wissens lauert, und an die harte geistige Arbeit, die noch zu leisten ist, um mit einem Schritt dem Monismus näher zu rücken, der aber in seiner Vollendung niemals zu erreichen sein wird.

Die monistische Überzeugung, die allem wissenschaftlichen und philosophischen Denken zugrunde liegt, läßt sich etwa in folgender faßlicher Weise formulieren: Alle Mächte, die im Universum wirksam sind, bilden bloß *eine* Macht, dementsprechend bilden auch alle Gesetzlichkeiten, in deren Sinne jene Mächte wirken, bloß *ein* Gesetz; und was die Hauptsache ist: jene eine universelle Macht und dieses eine universelle Gesetz sind mit einander identisch. (Identität des allumfassenden Seins und des allumfassenden Wissens[2]). Die Darlegung dieses monistischen Grundsatzes ist allerdings nicht die Aufgabe der folgenden Untersuchungen, in welchem ich bloß einen Weg, der zu jenem Satze führt, anzubahnen versuche, indem ich den hybriden Charakter des Psychischen, wie er dem englischen philosophischen Geiste entsproß, nachzuweisen, und denselben durch einen reinen Begriff vom Lebendigen, sowie einen reinen Begriff vom Geistigen zu ersetzen bemüht bin. Durch die scharfe *abstrakte* Unterscheidung des Lebendigen und des Geistigen wird nämlich ihre *konkrete* Einheit nicht beeinträchtigt; im Gegenteil kann die konkrete Einheit unseres Lebensprozesses und unserer geistigen Tätigkeiten nur in dem Maße erkannt werden, als es uns gelingt,

---

[2] Ein beschränktes Sein und ein beschränktes Wissen können jedoch niemals identisch sein; nur zwischen dem schrankenlosen Sein und dem schrankenlosen Wissen hört jeder Unterschied auf.

eine strenge abstrakte Differenzierung des Lebens- und des Bewußtseinsbegriffes zu erringen.

Das psychologistische Denken hingegen läßt in seinen herkömmlichen Gestaltungen weder einen reinen Begriff des Lebens, noch auch einen reinen Begriff der geistigen Tätigkeit aufkommen, und ist demnach einerseits der gefährlichste Feind einer wissenschaftlichen Biologie, andererseits ist es seine Schuld, daß sich eine moderne Wissenschaft von der geistigen Tätigkeit des Menschen nicht zu entwickeln vermochte. Betreffs des ausführlichen Nachweises dieses Sachverhaltes sei auf die übrigen Vorlesungen hingewiesen; hier möchte ich deren Inhalt durch folgende zusammenfassende Betrachtungen beleuchten.

* * *

a) Was zunächst die Biologie betrifft, so ist sie eine Wissenschaft vom Leben und muß demnach, um eine Existenzberechtigung zu haben, auf vitale Tatsachen hinweisen können, die den Gegenstand ihrer Untersuchung bilden. Von vitalen Tatsachen kann aber nur deshalb die Rede sein, weil wir das Leben in uns selbst finden. Könnten wir es nicht in uns selbst finden, so wäre es auch unmöglich, es irgend anderswo zu suchen. Wir finden aber das Leben in uns selbst, indem wir merken, daß wir fühlen und empfinden, so daß die Gewißheit des Lebendigseins uns durch die vitalen Tatsachen des Gefühls und der Empfindung verbürgt ist. Also kann eine erkenntnistheoretisch begründete Biologie gar keinen anderen Ausgangspunkt haben als die Tatsachen des eigenen Gefühls und der eigenen Empfindung. So wie die Gewißheit des eigenen Denkens, das Cogito (des großen *Descartes*) den Ausgangspunkt der Wissenschaft vom Geiste bildet, so ist die Gewißheit des Lebens, das Vivo, das für jedermann durch die Vorgänge seines Fühlens und Empfindens festgestellt ist, die unumstößliche Grundlage eines jeden biologischen Denkens; freilich, wie gleich hinzugefügt werden soll, nicht die einzige Grundlage desselben.

Es gibt nämlich außer jenen inneren Lebensvorgängen, die wir als Gefühl und Empfindung bezeichnen, und die dadurch charakterisiert sind, daß sie nur einen einzigen unmittelbaren Zeugen haben können, (nämlich diejenige Person, durch welche sie erlebt werden), auch noch eine andere Klasse von Lebensvorgängen, die unmittelbar überhaupt durch gar keine Zeugen belauscht werden können, d. h. gar keine unmittelbare Verbindung mit unserem Bewußtsein haben: es sind dies die Vorgänge des Eigenlebens der Baubestandteile unseres Körpers. Die histologischen und anatomischen Bestandteile unseres Leibes, namentlich äußerst kleine punktartige Gebilde, wie z. B. die Mikrochromosomen, ferner die höchst feinen fadenförmigen Gebilde, wie z. B. die Nerven- und Muskelfibrillen, wie nicht minder die ersten Werkstätten des Lebens überhaupt, die Zellen selbst, und die aus ihrer Propagation und Differenzierung hervorgehenden Gewebe und Organe führen nämlich alle ein geheimnisvolles Eigenleben, das in seiner Unmittelbarkeit für unser Bewußtsein absolut unerreichbar ist, und das ich als „vegetatives Leben“ bezeichne. Die Änderungen aber, die in diesem an sich zeugenlosen vegetativen Lebensprozeß stattfinden, können durch vitale Boten, nämlich durch Gefühle, bezw. Emotionen zur Kenntnis des Bewußtseins gelangen. Solche Lebensvorgänge, wie z. B. die Gefühle, die einen unmittelbaren Kontakt mit unserer Bewußtseinstätigkeit haben, also durch einen und nur durch einen Zeugen unmittelbar erfaßt werden können, nenne ich animale Lebensvorgänge und unterscheide außer den Gefühlen noch zwei Arten derselben: nämlich Empfindungen und Phantasmen. Empfindungen sind animale Lebensvorgänge, durch welche wir mit dem Ozean des anorganischen Naturprozesses, der unseren Lebensprozeß allseitig umfaßt, in Verbindung gesetzt sind. Auch Phantasmen sind animale Lebensvorgänge, die in ihrer Eigenart bislang noch so gut wie gar nicht erkannt sind, und auf deren Erforschung ich in den folgenden Untersuchungen das größte Gewicht lege, weil ohne ihre Hilfe nirgends eine (menschliche) geistige Tätigkeit stattfinden kann. Durch Phantasmen versetzen wir uns in die Empfindungen und Gefühle, also in den Lebensprozeß fremder Personen; durch Phantasmen leben wir uns in unser vergangenes Leben zurück, oder vorwärts in die erhoffte oder befürchtete Zukunft hinein; durch Phantasmen entrücken wir uns überhaupt der Wirklichkeit und schaffen uns eine eigene imaginäre Welt. Und was das Eigentümlichste ist, auch die Wirklichkeit, auch die gegenwärtige Erscheinungswelt kann nur vermittelst Phantasmen erfaßt werden. Ich glaube in den folgenden Untersuchungen den Beweis dafür erbracht zu haben, daß Sinnesempfindungen zwar unentbehrliche, aber durchaus ungenügende Bedingungen unserer Sinneswahrnehmung sind, und daß sie erst jene eigentümliche Art von Lebensvorgängen anregen müssen, die wir „Phantasmen“ nennen, damit die nötige vitale Unterlage einer geistigen Wahrnehmungstätigkeit herbeigeschafft werde. Kurz, unser Bewußtsein bedarf ebenso der Phantasmen oder Bilder, um sich in die gegenwärtige Wirklichkeit, wie um sich in eine Vergangenheit, in eine Zukunft oder in eine beliebige erdichtete Welt hineinzuversetzen. Freilich erwächst hierdurch für unsere Untersuchung die wichtige und schwierige Aufgabe, den Antagonismus der Wirklichkeits- und der Imaginationsphantasmen darzulegen und bei dieser Gelegenheit die scholastische Inhaltslosigkeit der sogenannten Assoziationstheorien zu demonstrieren.

Was aber unserem Lebensprozeß den Charakter schier überschwenglicher Rätselhaftigkeit verleiht, das ist der vegetative Untergrund desselben, den wir alle ahnen, und in den wir zuweilen mit einem gelinden Grauen, wie in eine Untiefe, hinabzublicken wähnen. Die zeugenlose Finsternis dieses vegetativen Lebensuntergrundes verleitet viele Biologen zu einem Mißbrauch der Begriffe des „Unbewußten“ und „Unterbewußten“. Man kann mit solchen Ausdrücken viel tiefsinnigen Schein erwecken, aber keine Erkenntnisse produzieren. Eine rationelle Biologie wird sich ein für allemal darein finden müssen, daß vegetative Lebensvorgänge in ihrer Unmittelbarkeit für das Bewußtsein unerreichbar sind, daß wir aber das vegetative Rätsel in mittelbarer Weise von zwei Seiten wissenschaftlich belagern können. Einerseits geben sich ja – wie gesagt – die Änderungen innerhalb des vegetativen Prozesses durch die animalen Lebensvorgänge der Gefühle und Affekte kund; andererseits äußert sich unser vegetativer Lebensprozeß in einem System von physikalisch-chemischen Prozessen, die eben den Gegenstand der mechanistischen Physiologie bilden, und am anschaulichsten in der Atmung und in dem Puls hervortreten.

So geht es denn schon aus diesen schematisch zusammenfassenden Betrachtungen hervor, daß die Biologie sich im gleichen Maße auf eine vitalistische und auf eine mechanistische Forschung stützen muß. Einerseits muß nämlich der vegetative Lebensuntergrund bei seinen animalisch-vitalen Kundgebungen erfaßt werden, die bloß einen Beobachter haben können; andererseits faßt man ihn bei jenen Äußerungen, die beliebig vielen Beobachtern zugänglich sind, und die wir aus diesen Grunde als mechanistische (physikalisch-chemische) Vorgänge bezeichnen dürfen.

Zugleich tritt es in dieser Beleuchtung mit schier handgreiflicher Klarheit hervor, in welch kritischer Lage sich die Biologie im Verlaufe ihrer ganzen neuzeitlichen Entwickelung befand und noch befindet. Einerseits gibt es nämlich nichts Leichteres in der Welt, als die Existenz von zeugenlosen vegetativ-vitalen Vorgängen einfach in Abrede zu stellen, wodurch ihre physikalisch-chemischen Äußerungen zu rein mechanischen Prozessen werden, die nichts mit einem angeblichen Leben zu schaffen haben; und die Physiologen neigen tatsächlich zum nicht geringen Teile zu dieser gefährlichen Auffassung hin, durch welche die Biologie entwurzelt wird und im Lichte einer angewandten Physik und Chemie erscheint, die zufällig an sogenannten Lebewesen herumlaboriert. Andererseits gibt es nichts Leichteres in der Welt, als jene vitalen Tatsachen, die uns allen durchaus vertraut sind, nämlich Empfindungen, Gefühle und Phantasmen, und die einen unantastbar sicheren Ausgangspunkt der biologischen Forschung bilden könnten, so hinzustellen, als ob sie gar nicht Lebensvorgänge, sondern geistige Tätigkeiten wären: wie dies die englischen Psychologen und unter ihrem Einfluß auch die meisten französischen und deutschen Kollegen getan haben. So gerät der ganze Inhalt der Biologie zwischen die beiden Mühlsteine des mechanistischen und des psychologistischen Denkens, um bald zu rein physikalisch-chemischen Vorgängen zerrieben zu werden, bald in sogenannte Bewußtseinsphänomene zu verduften. Von vitalen Tatsachen darf unter solchen Umständen nicht mehr die Rede sein: denn jene vitalen Vorgänge, welche keinen unmittelbaren Zusammenhang mit dem Bewußtsein haben, werden einfach geleugnet, jene vitalen Tatsachen hingegen, die unmittelbar mit dem Bewußtsein zusammenhängen, werden zu psychischen Tatsachen umgestempelt. So kommt eine tragikomische Biologie zu stande, die nichts von einem Leben weiß; ihr Pendant ist freilich jene tragikomische Psychologie, die keine geistige Tätigkeit kennt.

Soll die erkenntnistheoretische Stellung der Biologie im Umkreise der übrigen Wissenschaften wahrhaft geklärt werden, so muß man vor allem der psychologistischen Verwechslung des Lebens- und des Wissensbaumes ein Ende zu machen suchen. Dies ist aber sicherlich keine leichte Aufgabe. Die animalischen Lebensvorgänge nämlich, die wir als Gefühl, Empfindung und Phantasma bezeichnen, stimmen mit unserer geistigen Tätigkeit darin völlig überein, daß sie alle einen und nur einen unmittelbaren Zeugen haben können. Dies verleitet uns dazu, die animalisch-vitalen Vorgänge, die uns zum Bewußtsein kommen, mit den geistigen Akten der Wahrnehmung, durch welche sie erfaßt werden, zu verwechseln: Es liegt in der Natur der Sache, daß der vitale Vorgang des Empfindens mit dem geistigen Akt des Wahrnehmens in eine konkrete Einheit zusammenfließen muß. Denn sobald wir uns einer Empfindung bewußt werden, muß schon die Vereinigung des vitalen Empfindungsvorganges mit der Bewußtseinstätigkeit stattgefunden haben: d. h. der nächsten Vergangenheit angehören. Wir können niemals sagen: jetzt nähert sich die Empfindung unserem Bewußtsein, jetzt ist sie ihm schon ganz nahe, jetzt klopft sie an den Toren des Bewußtseins, jetzt in diesem mathematischen Augenblick hat sie Einlaß gefunden. Denn ein Empfindungsvorgang, der sich noch nicht mit unserer Bewußtseinstätigkeit vereinigt hat, existiert für uns noch nicht; und eine Empfindung, die für uns schon existiert, hat ihre Vereinigung mit der Bewußtseinstätigkeit schon in unvermerkter Weise vollzogen. Fürwahr, es gibt keine natürlichere und verzeihlichere Illusion in der Welt als die psychologische Illusion, die den vitalen Vorgang, der zur Kenntnis gelangt, mit dem Akt der Kenntnisnahme verwechselt. Aber eben die natürlichsten und eben die verzeihlichsten Illusionen sind es, die unser logisches Denken völlig dekomponieren, indem sie es in einen Wirbel endloser Widersprüche reißen.

Unsere animalisch-vitalen Vorgänge, namentlich unsere Phantasmen, sind anschaulicher Natur; verwechselt man aber die geistige Tätigkeit mit denselben, so muß man auch die geistige Tätigkeit für anschaulich erklären. Tatsächlich halten Locke, Berkeley, Hume usw. psychische Tätigkeit für anschaulich. Locke lehrt, es gebe einen „inneren Sinn“ (internal sense), mit dem wir unsere eigene geistige Tätigkeit wahrnehmen. Aus diesem „inneren Sinn“ ging die „innere Wahrnehmung“, „innere Beobachtung“ hervor und sie gab auch den Anstoß zur Bildung des mystischen Apperzeptionsbegriffes bei *Leibniz*, *Kant*, *Herbart*, *Steinthal*, *Wundt* etc. Wir wären also im Besitze einer Fähigkeit, unser eigenes geistiges Tun zu beschauen, und auf dieses innere Beschauen wäre die Psychologie als „empirische“ Wissenschaft zu gründen.

Wäre es möglich, die eigene geistige Tätigkeit zu beschauen, so würden wir nicht nur Bilder sehen, sondern auch dieses Sehen selbst besichtigen, und wir würden nicht nur Töne hören, sondern auch unser eigenes Hören behorchen können. So sicher das eigene Sehen nicht besichtigt, das eigene Hören nicht behorcht werden kann, so gewiß ist die Meinung, daß unsere psychische Tätigkeit von innen anschaulich sei, und daß auf diese innere Anschaulichkeit eine „empirische“ Wissenschaft vom menschlichen Geiste gegründet werden könnte, eine Absurdität.

Unsere animalischen Lebensvorgänge: Gefühle, Empfindungen, Phantasmen sind allerdings etwas unmittelbar Wahrnehmbares, Anschauliches – (und zwar für denjenigen, der sie erlebt) – aber die geistigen Akte, die an denselben haften, sind etwas Unanschauliches. Was an unseren Erlebnissen anschaulich ist, gehört der Biologie an, und unterliegt einer naturwissenschaftlichen Erforschung im vitalistischen Sinne; was aber an unseren Erlebnissen in unanschaulicher Weise haftet, nämlich unsere eigene geistige Tätigkeit, gehört der Psychologie und Logik an, und muß auf psychologischem und logischem Wege erforscht werden.

Die alten Philosophen, insbesondere Sokrates, Plato und Aristoteles, wußten es, daß die geistige Tätigkeit des Menschen unanschaulich sei, und sie bildeten sich nicht ein, das eigene Denken durch irgendeine Art von Anschauung verstehen zu lernen. Sie waren sich dessen bewußt, daß wer sein eigenes Denken kennen lernen will, darüber eben – nachdenken muß. Erst die moderne Psychologistik glaubt einen Weg gefunden zu haben, der es möglich macht, ohne Nachdenken, auf dem Wege einer eigentümlichen „inneren Wahrnehmung“ das eigene Denken „empirisch“ erforschen zu können, wobei sie freilich nicht merkte, daß der Weg, den sie fand, der vitalistische Weg zur Wahrnehmung der eigenen animalischen Lebensvorgänge ist. Es wäre also nicht ratsam, eine vergleichende Parallele zwischen der Selbsterkenntnis der alten Philosophen und der neuzeitlichen Psychologisten zu ziehen, denn ein solcher Vergleich könnte gar wenig schmeichelhaft für die letzteren ausfallen.

Zwei Gedankenrichtungen sind es vornehmlich, durch welche der moderne Geist sich von dem antiken unterscheidet: durch die Mechanistik und durch die Psychologistik. Was das mechanistische Denken betrifft, das von Kopernicus, Galilei etc. ausging, so lebt in ihm ein unvergleichlich fruchtbarer und strenger Wahrheitssinn, dem wir unsere Überlegenheit über die Alten verdanken, und um welches sie uns beneiden könnten. Das gleiche läßt sich von der Psychologistik und ihrer extremen Ausgestaltung, dem Berkeley'schen Idealismus, auch mit dem besten Willen nicht sagen. Denn die Verwechslung des Lebens- und Wissensbaumes ist keine bloße Illusion unter den übrigen Schwesterillusionen; sie muß geradezu als die Mutter aller menschlichen Verirrungen bezeichnet werden, weil sie den Menschen an seinem Menschentum irre macht. Jene Tiergattung nämlich, die wir als „Homo sapiens“ bezeichnen, ist eben dadurch charakterisiert, daß sie das bloß Lebendige und das Geistige in der eigenen Zwitternatur trotz unermeßlicher gegenteiliger Verlockung doch immer wieder unterscheiden möchte. Eine Lehre aber wie die Psychologistik, die geradezu auf die Verwechslung des Lebendigen und des Geistigen ausgeht, bezeichnet notwendig eine Decadenz des menschlichen Geistes sowohl in der Wissenschaft, als auch in den schönen Künsten und in den sozialen Gesinnungen.

Trotzdem bin ich weit davon entfernt, die außerordentliche historische Bedeutung der modernen Psychologistik zu verkennen. Gerade weil sie die Quelle aller Irrungen des menschlichen Denkens mit einer stupenden Ausdauer und Energie zu einem System der Philosophie ausgestalten will, muß ihr schließliches notwendiges Scheitern zu neuen geistigen Evolutionen führen, die ohne sie nicht hätten zustande kommen können. Denn je mehr man sich in das heiße Streben verrennt, einen hybriden Begriff des Lebendigen und Geistigen zu schaffen, desto reichere Anregung erhält das echt vitalistische und das echt psychologische Denken. Es gibt eben große Irrtümer, denen gegenüber man sich mit der Hoffnung tröstet, daß sie zu großen Wahrheiten führen müssen.

* * *

b) Soll der hybride Begriff des Psychischen, wie er aus der englischen Philosophie stammt, endgültig überwunden werden, so muß man denselben in seine natürlichen zwei Komponenten, in die vitale und in die geistige Komponente zerlegen. Hierzu genügt es aber nicht, die Bewußtseinstätigkeiten als etwas Unanschauliches zu betrachten, wie dies auch schon die großen Denker des Altertums taten, weil sich auf der Basis eines bloß negativen Kennzeichens – nämlich der Unanschaulichkeit – eine Wissenschaft vom Bewußtsein nicht aufbauen läßt. Eine Psychologie als Wissenschaft ist nur möglich, wenn sich auch ein positives Kennzeichen unserer Bewußtseinstätigkeiten finden läßt: freilich nicht in dem Sinne, als dies Locke meinte, als er der psychischen Tätigkeit den positiven Charakter der Anschaulichkeit, der ihr niemals zukommen kann, zusprach. Ich glaube nun dieses positive Merkmal aller psychischen Tätigkeiten in ihrem eigentümlich intermittierenden Charakter gefunden zu haben.

Die Intermittenz unseres geistigen Tuns wird am leichtesten an unseren Willensakten merklich. Unser Wollen ist nämlich kein unablässig fließendes Wollen, denn hätte es einen ununterbrochen kontinuierlichen Fluß, so kämen wir vor lauter Wollen niemals zur Ausführung irgend eines bestimmten einzelnen Willens. Mit anderen Worten: wir können in irgend einem Zeitintervalle, sagen wir z. B. in einer Sekunde, nicht beliebig viele, nicht Millionen und Billionen Bewegungsimpulse abgeben, d. h. es muß eine Zeit – und wenn auch nur eine ganz geringe Zeit – verstreichen, bis wir von dem einen Bewegungsimpuls zu dem anderen kommen. Die Tatsache nun, daß wir innerhalb einer bestimmten Zeitdauer nicht beliebig viele unmittelbare Willensimpulse (Bewegungsimpulse) produzieren, d. h., daß unsere unmittelbaren Willensimpulse nur in gewissen zeitlichen Abständen auf einander folgen können, nenne ich ihre Intermittenz. Dieser Intermittenz entsprechend, haben unsere echt willkürlichen Bewegungen einen auffallend periodisch artikulierten Charakter. Man betrachte den Gang eines Menschen; er hat nicht jenen Charakter, den die rein mechanischen Bewegungen des Rollens einer Kugel, des Fallens eines Steines, des Fließens und Strömens von Flüssigkeiten und Gasen zeigen. Da nämlich die menschliche Bewegung durch intermittierende Willensimpulse geregelt sein soll, so muß sie einen periodisch artikulierten Charakter haben.

Man betrachte ferner nicht nur den physischen, sondern auch den geistigen Gang eines Menschen, so wie derselbe sich in seinem Sprechen äußert, und man wird zugeben müssen, daß auch alle Gedankengänge des menschlichen Geistes denselben Charakter haben wie seine Willensimpulse. Wäre die Denktätigkeit des Menschen keine intermittierende, sondern eine kontinuierlich fließende, so würde sich der Sinn eines Wortes von dem Sinn des anderen, der Inhalt eines Satzes von dem Inhalte eines anderen Satzes nicht abheben können, d. h. unsere Sprache dürfte auch keine artikulierte Sprache sein.

Endlich sind auch die Akte unserer Sinneswahrnehmung durchaus nicht fließender Natur, obzwar dieselben am leichtesten die Illusion der Kontinuität erwecken. Wir können nämlich nicht beliebig viele, auch nicht tausend, auch nicht hundert, auch nicht zehn Wahrnehmungsakte in einer Sekunde vollziehen. Es dauert eine gewisse kleine Zeit, den Bruchteil einer Sekunde, bis wir von einem Wahrnehmungsakt zu dem anderen gelangen. Davon überzeugt man sich sehr leicht auf den mannigfachsten experimentellen Wegen, so z. B. durch die bekannten Versuche mit dem Farbenkreisel. Dreht sich nämlich die Scheibe desselben langsam, so können die einzelnen farbigen Sectoren noch unterschieden werden; überschreitet jedoch die Drehungsgeschwindigkeit eine gewisse Größe, dann verschmelzen die Sectorenfarben zu einer Mischfarbe, weil, ehe noch der Wahrnehmungsakt, durch welchen wir die eine Sectorfarbe erfassen könnten, vollzogen ist, schon auch die übrigen Sectorenfarben vor unserem Blicke vorbeigeflogen sind. – Animalische Lebensvorgänge, wie es z. B. die Farbenempfindungen sind, haben einen fließenden Charakter und können unter Umständen mit einander zusammenfließen, aber geistige Akte können, weil sie intermittierend sind, nicht zum Zusammenfließen gebracht werden. Denn wem schon die Wahrnehmungsakte seines Geistes zusammenzufließen scheinen, der geht der Bewußtlosigkeit entgegen, und wer die höheren geistigen Akte mit einander vermischt oder richtiger verwechselt, von dem sagen wir, daß er sich in einem logischen Irrtum befindet oder aber von einer bewußt-sophistischen Absicht geleitet ist.

Unsere animalen Lebensvorgänge, wie z. B. die Empfindungsvorgänge, haben einen fließenden (kontinuierlichen) Charakter, aber unsere Wahrnehmungsakte fließen nicht mit, wie es der sogenannte „psychophysische Parallelismus“ meint. Es gibt keine den physischen Vorgängen parallel laufende psychische Vorgänge. Die Theorie des „psychophysischen Parallelismus“ ist nur ein moderner Ausdruck für die aus England stammende psychologistische Begriffsverwirrung, die keinen Unterschied zwischen vitalem Vorgang und geistiger Tätigkeit zu machen vermag, indem sie beide für fließend hält. Die animalen Lebensvorgänge haben einen anschaulichen Fluß, die geistigen Akte hingegen sind unanschaulich, weil sie gar keinen Fluß haben, sondern durch einen völlig instantanen Charakter ausgezeichnet und eben deshalb intermittierend sind. Geistige Akte nehmen keine Zeitdauer in Anspruch, sie sind bloß die zeitlichen Endpunkte irgend eines Lebensvorganges oder auch die zeitlichen Anfangspunkte desselben. Animale Lebensvorgänge ergießen sich gleichsam in den geistigen Akt, wie z. B. bei der Wahrnehmung, oder sie strömen gleichsam aus dem geistigen Akt hervor, wie z. B. bei dem Willensimpuls. Kurz, geistige Akte grenzen die Lebensvorgänge ab und geben denselben Gliederung und Gestalt. Wären auch die geistigen Akte fließend, so wäre unsere Welt ein absolut gestaltloser Strom, d. h. etwas Undenkbares. Zwei zeitlich auf einander folgende geistige Akte, die durch einen Lebensvorgang miteinander verbunden sind, nenne ich einen geistigen Pulsschlag. Wird dieser metaphorische Ausdruck zugelassen, dann kann die Psychologie als die Wissenschaft von den geistigen oder den Bewußtseinspulsen aufgefaßt werden, und dann tritt auch ihre vermittelnde Stellung zwischen Biologie und Logik anschaulich hervor.

Wäre unsere Wahrnehmungsfähigkeit keine intermittierende, sondern eine fließende, könnten wir also unendlich viele Wahrnehmungsakte in der Sekunde vollziehen, so würden die Naturvorgänge ihr letztes Geheimnis unserem anschauenden Blicke verraten; denn wir könnten in die kleinsten zeitlichen Abschnitte eines jeden Geschehens eindringen, wir könnten erfahren, was in den millionten und billionten Teilen einer Sekunde stattfindet, ja es könnte uns auch schließlich das Unendlich-Kleine nicht verborgen bleiben. Übrigens würde es für einen Geist, der in beliebig kurzer Zeit beliebig viele Akte vollziehen könnte, eine Zeit überhaupt nicht mehr geben; er würde in einem zeitlosen Augenblick unendlich viele geistige Akte vollzogen haben; eine Erscheinungswelt in dem Sinne, wie für uns, könnte es für ihn nicht geben, es wäre ein allumfassender, ein weltenschöpfender Geist. Unsere menschliche Beschränktheit beruht eben darauf, daß wir nicht fähig sind, in einer Sekunde so viel Wahrnehmungsakte, so viel Willensimpulse und so viel geistige Akte überhaupt zu produzieren, als es uns gefällt, d. h. daß unsere psychischen Tätigkeiten einen intermittierenden Charakter haben. Wir müssen, mit einer bloß intermittierenden geistigen Agilität ausgerüstet, einer kontinuierlich fließenden Welt gerecht zu werden suchen, oder genauer formuliert: es folgt aus dem intermittierenden Charakter unseres Geistes, daß die Welt, in die wir gebannt sind, eine kontinuierlich fließende Erscheinungswelt sein muß, welcher Sachverhalt sich umgekehrt auch so ausdrücken läßt: es liegt in der Natur einer kontinuierlich fließenden Erscheinungswelt begründet, daß sie notwendig durch eine intermittierende geistige Tätigkeit ergänzt und erfaßt sein muß. Fließende Erscheinungen und intermittierendes Bewußtsein von denselben bedingen einander gegenseitig.

Es braucht nun wohl kaum noch besonders betont zu werden, daß ein fließender oder kontinuierlicher Vorgang durch einen in intermittierender Weise tätigen Geist niemals völlig erforscht und ergründet zu werden vermag. Von der Unergründlichkeit des Kontinuierlichen wissen ganz besonders die Mathematiker ein Lied zu singen, denn auch die schärfsten und sinnreichsten Mittel der höheren Analyse werden an dem Kontinuierlichen zu Schanden, weil schließlich auch das schärfste und sinnreichste mathematische Denken einen intermittierenden Charakter hat und demzufolge mit dem Begriff der Kontinuität in aller Zukunft niemals fertig werden kann.

Unsere Untersuchung führt uns also direkt an die Grenzen der menschlichen Erkenntnis, indem sie zeigt, woran es eigentlich liegt, daß unsere Erkenntnis jetzt, wie auch in aller Zukunft, eine beschränkte sein muß. Meiner Ansicht nach ist die durch *Locke* und *Hume* gewünschte und durch *Kant* versuchsweise ausgeführte „Erkenntniskritik“, als die Wissenschaft von den Schranken des menschlichen Wissens, eigentlich noch immer ein pium desiderium. Der großartige Versuch Kants, eine Erkenntniskritik zu begründen, mußte daran scheitern, daß er sich trotz seines energischen Widerstrebens von der englischen Psychologistik gefangen nehmen ließ. Denn indem Kant die „Dinge an sich“ als das Unerkennbare hinstellte, erweckte er den Schein, als ob die Erscheinungen bezw. unsere Empfindungen etwas durchaus Erkennbares wären. Das ist aber das Wesen der psychologistischen Verirrung, daß sie, Anstoß nehmend an der Unanschaulichkeit der Dinge an sich, bzw. der Substanzen, Materien und Kräfte, die Erscheinungen bzw. die Empfindungen als etwas völlig Bekanntes, durchaus Offenbares betrachtete. Freilich ist uns nichts vertrauter als unser eigenes Empfinden, aber diese Vertrautheit ändert nichts an dem höchst eigentümlichen Sachverhalt, daß eine jede Empfindung zeitlich aus grenzenlos vielen Abschnitten zusammenfließt, und daß wir diese grenzenlos kleinen Abschnitte in ihrer Gesondertheit nicht zu erfassen vermögen. So besteht denn ein jeder fließende Vorgang aus grenzenlos vielen, lauter unbekannten Elementen oder Differentialen, die uns nur durch ihre Summe, nur durch ihr Integral, bekannt sind. Durch den Sinnenschein ist also gleichsam das Wunder vollbracht, daß ein unergründliches Geheimnis sich in solcher Weise vor uns ausbreitet, als ob es sich völlig enthüllt hätte. Nur wer keine echte Erkenntniskritik treibt, läßt sich durch diesen Schein täuschen. Es gibt in der ganzen Welt für uns Menschen nichts Rätselhafteres als die ununterbrochen fließende, ewig flüchtige, niemals völlig festzuhaltende und den listigsten Experimenten entschlüpfende Erscheinung. Darin unterscheidet sich der echt neuzeitliche von dem antiken Geist, daß er die Substanz Substanz sein läßt, dafür aber sich in das Rätsel des Unendlich-Flüchtigen mit einer Leidenschaft vertieft, die den Alten unbekannt war. Wir jagen mit einer unvergleichlich erregenden wilden Jagd (der Beobachtung, des Experimentes und des Kalküls) der flüchtigen Erscheinung nach, um ihre Gesetzlichkeit zu erlauschen und auf Formeln zu bringen, und sind uns dabei völlig bewußt, die letzten Geheimnisse der ewigen Flüchtigkeit niemals erkapern zu können. Ich zeige nun, woran dies liegt. Ein intermittierend regsamer Geist wird der ununterbrochen fließend-flüchtigen Erscheinung immer nur nachtappen und nachhinken können, so flink er sich dabei auch anstellen mag. Klagt uns aber jemand darüber, daß die „Dinge an sich" uns doch für alle Zeit verborgen bleiben müssen, so werden wir ihn in der folgenden Weise zu trösten versuchen: Ein sogenanntes „Ding an sich" hat das gute und unantastbare Recht, ein Geheimnis zu sein, denn es ist von Haus aus etwas Unanschauliches und soll vermöge unserer Begriffsbestimmung auch ewig ein Unanschauliches bleiben. Ganz anders verhält es sich aber mit den Erscheinungen, denn diese sind von Haus aus anschaulich und geben sich so, als ob sie völlig durchschaut werden könnten, während doch die Überlegung zeigt, daß sie ein unergründliches Geheimnis in ihrem stetig-rastlosen Fluß verbergen. Bevor man also an der Unerkennbarkeit der „Dinge an sich" irgend einen Anstoß nehmen will, mache man zunächst ernstlich Halt vor der Unergründlichkeit der „Erscheinungen an sich". Das Unerkennbare beginnt also durchaus nicht dort, wohin es die Psychologistik und auch der Kantianismus verlegen (nämlich in den Substanzen bezw. den Dingen an sich): denn das „Unerkennbare"[3] wohnt überall schon in der Erscheinung selbst, nämlich in dem kontinuierlichen Fluß derselben.

Obzwar aber der Grundton der folgenden Untersuchungen ein erkenntniskritischer ist, so daß in denselben ein System der Erkenntniskritik sozusagen in latenter Weise enthalten ist, so war es doch nicht meine Absicht, dieses System gleich auch zum Vorschein zu bringen. Ich beschränke mich bloß darauf, die inneren Widersprüche der Psychologistik nachzuweisen und ihre hybriden Begriffsfassungen durch reine Konzeptionen zu ersetzen. Hierdurch soll einerseits ein exakter Vitalismus begründet, andererseits der Weg zu einer strengen Wissenschaft vom Geiste angebahnt werden. In welchem Sinne ich dies meine, darüber sei es mir gestattet, noch hier am Schlusse dieser Einleitung einige Bemerkungen zu machen.

Wir nennen eine Wissenschaft exakt, die sich mit der bloßen Wahrnehmung und Beobachtung von Tatsachen nicht begnügt, sondern zu einer messenden und rechnenden Untersuchung ihrer Gesetzlichkeit fortschreitet. Meßbar, unmittelbar meßbar sind aber nur materielle Dinge, bezw. die mechanischen (physikalisch-chemischen) Vorgänge der materiellen Welt. Es liegt nämlich im Begriffe einer Messungsoperation, daß sie durch beliebig viele Beobachter soll wiederholt und kontrolliert werden können. Nun gibt es aber außer den mechanischen (physikalisch-chemischen) Vorgängen keinerlei Vorgänge, die beliebig vielen Beobachtern zugänglich wären, also können durchaus nur mechanische Vorgänge einer direkten Messung unterliegen. Vitale Vorgänge hingegen – namentlich die Gefühle, Empfindungen und Phantasmen – können immer nur einen Zeugen haben, sind also einer direkten Messung immer unzugänglich und unterliegen im Allgemeinen bloß einer sogenannten Größenschätzung durch den einzigen Zeugen, der sie wahrnimmt. Der bedeutsame Unterschied zwischen mechanischen und vitalen Vorgängen kommt also in dem Unterschiede von Größenmessung und

[3] Richtiger: das Unanschauliche.

Größenschätzung zum Vorschein, denn das Mechanische ist, weil es beliebig viele Zeugen haben kann, etwas Meßbares, hingegen das Vitale, weil es auch im besten Falle nur einen Zeugen haben kann, bloß etwas Schätzbares. Da nun aber der Unterschied des Mechanischen und des Vitalen durch die Psychologistik überall unterdrückt wurde, so kam es niemals zu einer philosophischen Untersuchung des Unterschiedes von Größenmessung und Größenschätzung. Es verbirgt sich nämlich in dem Unterschiede von Messung und Schätzung das ganze Rätsel des Nichtlebendigen und des Lebendigen.

Wie nun das Lebendige und Nichtlebendige in einem Verhältnis der Correlation oder der wechselseitigen Bedingtheit zu einander stehen, so sind auch Messungen und Schätzungen in die gleiche Correlation mit einander verflochten. In jede Messungsoperation drängen sich nämlich in höchst unliebsamer Weise Momente ein, wo es sich nicht mehr um ein eigentliches Messen, sondern um ein genaues Wahrnehmen, um ein bloßes Fixieren und dergl. handelt, wo also der vitale Prozeß der die Messung ausführenden Person die ganze Messungsoperation in unerwünschter Weise zu beeinflussen beginnt. Andererseits findet eine jede bloße Größenschätzung immer unter gewissen äußeren Bedingungen statt, welche abgeändert und einer Messung unterworfen werden können, so daß den Änderungen in den Schätzungsresultaten die durch Messung gefundenen Änderungen in den äußeren Bedingungen gegenüber gestellt werden können. Aus diesem höchst komplizierten Sachverhalt folgt einerseits, daß sich in alle unsere Messungen ein vitales Moment mischt, das zur Quelle von sogenannten Messungsfehlern wird, andererseits aber auch, daß diese Fehler einer vergleichenden und überprüfenden Messung unterworfen werden können. So kann der animalisch-vitale Prozeß, eben weil er sich in unsere Messungen notwendig eindrängt, durch vergleichende und überprüfende Methoden zum Gegenstande einer indirekten Messung gemacht werden. Der bedeutsamste Anstoß zu solchen indirekten oder vitalistischen Messungen ging vornehmlich von zwei großen Forschern der neuen Zeit, dem Astronomen *Bessel* und dem Physiologen *Donders*, aus.

Während die mechanischen Vorgänge direkt, die animalisch-vitalen Vorgänge hingegen nur indirekt meßbar sind, können psychische Tätigkeiten überhaupt niemals einer messenden Untersuchung (weder in direkter, noch in indirekter Weise) unterliegen. Die psychologistische Begriffsverwirrung hat sich allerdings so weit verstiegen, auch das Psychische messen zu wollen, aber in dieser Verstiegenheit kommt eben die Unfähigkeit der Psychologistik, zwischen mechanischen und vitalen Vorgängen sowie zwischen geistigen Tätigkeiten eine Unterscheidung zu machen, zum charakteristischen Ausdruck. Psychische Akte sind unanschaulich und haben, wie wir hinzufügten, einen intermittierenden Charakter, sie sind also etwas bloß Zählbares, können aber niemals gemessen werden. In dem Maße, als wir die vitalen Vorgänge, durch welche die geistigen Akte mit einander verbunden sind, kennen und in vitalistischer Weise messen lernen werden, wird auch zur Zählung der geistigen Akte, die während einer bestimmten geistigen Leistung vollzogen wurden, geschritten werden können. Die Ausbildung der vitalistischen Messungsmethoden, bezw. die experimentelle Untersuchung der Pulse unseres Bewußtseins kann mit der Zeit zu psychischen Zählungen führen und dadurch auch eine Anwendung der Mathematik auf die Wissenschaft von den geistigen Tätigkeiten möglich machen.

Hiervon sind wir aber noch gar weit entfernt. Es muß zunächst ein eigener Zweig der Erkenntniskritik geschaffen werden, der die Größenmessung und Größenschätzung in ihrem Verhältnisse zu einander untersucht und die Grundbegriffe des direkten oder mechanistischen und des indirekten oder vitalistischen Messens zu klären unternimmt. Ich behalte die Behandlung dieser schwierigen Aufgabe einer besonderen Arbeit vor, in der ich auch meine vitalistischen Messungen zu veröffentlichen gedenke.

Vor der Hand mußte ich mich damit bescheiden, das messende Wahrnehmen von dem bloß schätzenden Wahrnehmen begrifflich zu trennen, wodurch ich zu einer neuen Theorie der Sinneswahrnehmung geführt wurde. Bei der messenden Wahrnehmung werden notwendig gewisse Bewegungen des Leibes vollzogen, bei der bloß schätzenden Wahrnehmung bleibt zwar ein Teil dieser Bewegungen – wie die Einstellung der Sinnesorgane – erhalten, ein anderer Teil derselben wird jedoch durch bloß „in der Einbildung vollzogene Bewegungen“ ersetzt. In allen unseren Wahrnehmungen, ja in allen geistigen Tätigkeiten überhaupt spielen wirkliche oder auch bloß in der Einbildung vollzogene Bewegungen eine entscheidende Rolle. Ich glaube, in den folgenden Vorlesungen (8.-14. Vorlesung) den Nachweis geliefert zu haben, daß ohne wirkliche bezw. imaginierte Bewegungen Wahrnehmungsakte und geistige Tätigkeiten überhaupt niemals durchgeführt werden könnten. Die Psychologistik glaubt, aus Empfindungselementen eine Welt der Wahrnehmungen aufbauen zu können; diesem Irrtum gegenüber mußte gezeigt werden, daß Bewegung niemals auf Empfindung reduziert werden kann, und daß ohne wirkliche oder eingebildete Bewegung nirgends und niemals eine Sinneswahrnehmung zustande kommen könnte. [...]

III. Erkenntnistheoretische Grundprinzipien: Empfindungs- und Bewusstseinslehre, Theorie der Phantasie

Empfindung und Wirklichkeit[1]

1. Wenn wir die Entwicklungsgeschichte der Erkenntnislehre gleichsam aus der Vogelperspcktive überblicken, finden wir, daß die Untersuchung des menschlichen Verstandes nach zwei antagonistischen Richtungen auseinandergeht. Man kann nämlich den Verstand dort fassen, wo er noch nicht in Tätigkeit ist, sondern erst zu solcher angeregt wird: nämlich bei den Sinneseindrücken oder Sinnesempfindungen (Impressionen, Sensationen); man kann ihm aber auch dort entgegentreten, wo er sein Meinen oder Wissen in sinnlich faßbaren Zeichen, namentlich in sprachlichen oder auch mimischen Symbolen darstellt. Es ist nun interessant zu sehen, daß die antike hellenische Erkenntnislehre, so wie sie wenigstens durch ihre unsterblichen Hauptvertreter Sokrates, Plato und Aristoteles entwickelt wurde, einen vorwiegend symbolistischen Charakter zeigt, d. h. die Untersuchung unseres Empfindungslebens mehr in den Hintergrund drängt, dafür mit um so größerem Eifer den geistigen Gehalt unserer sprachlichen Symbole ins Auge faßt, und eine Begriffs- oder Ideenlehre zu schaffen bestrebt ist; wohingegen die neue Zeit die Begriffslogik der Alten zwar zu übernehmen und weiter zu bilden sucht, ihr jedoch auch abwehrend, ja feindlich gegenübersteht, und die Untersuchung unseres Verstandes vornehmlich auf die Erforschung unseres Empfindungslebens basieren möchte. Während also die Alten eine *symbolische Logik* aufbauten, gehen die Neueren mehr auf eine *impressionistische Erkenntnislehre* aus.

Es liegt im Plane dieser Arbeit, das System der eigenen Erkenntnislehre auf dem historischen Hintergrunde der bisherigen Entwicklung dieser Zentralwissenschaft zur Darstellung zu bringen, nicht bloß, um durch die geschichtlich kritische Beleuchtung die eigenen Gedankengänge möglichst scharf und plastisch herausarbeiten zu können, sondern auch umgekehrt, um durch das Licht der eigenen erkenntnistheoretischen Forschung womöglich die ganze Geschichte der Erkenntnislehre, wenigstens ihren Hauptlinien nach, in eine neue Beleuchtung zu rücken. Aus rein theoretischem Gesichtspunkte wäre es am zweckmäßigsten, gleich mit einer genaueren Betrachtung der symbolischen Logik der Alten zu beginnen, aber die Rücksicht auf die Geistesstimmung des modernen Lesers gebietet, die Betrachtung der neuzeitlichen impressionistischen Erkenntnislehre in den Vordergrund zu stellen. Der Geist des modernen Lesers ist nämlich in solchem Maße mit Impressions-, Sensations- oder Empfindungstheorien imprägniert, daß es beinahe unmöglich ist, sich anders mit ihm zu verständigen, als indem man die

[1] Aus: Palágyi, M.: Wahrnehmungslehre, Leipzig 1925 (Ausgewählte Werke Band 2), S. 1-13.

Untersuchung unseres Empfindungslebens zum Ausgangspunkt aller erkenntnistheoretischen Betrachtung macht.

Woher diese heiße Sehnsucht nach einer Empfindungstheorie? Sie hängt in innigster Weise mit dem Grundcharakterzug unserer neuzeitlichen Kultur zusammen. Diese neuzeitliche Kultur ist von allen ihren Vorgängern hauptsächlich dadurch unterschieden, daß sie sich von einer unbegrenzten Gier nach Herrschaft über die Naturkräfte erfüllt zeigt. Die ganze Erde soll womöglich so umgeknetet werden, daß sie zu einem einzigen, wohlausgerüsteten, höchstfashionablen Herrensitz des Menschengeschlechtes werde, und daß sämtliche irdischen Naturkräfte eine wohlgedrillte Leib- und Kammerdienerschaft eben desselben Menschengeschlechtes repräsentieren mögen. Dieses überschwengliche intellektuelle Machtgelüste ist es in erster Linie, was als „modern" bezeichnet werden muß, und wodurch sich die Kultur der letzten fünf Jahrhunderte von allen vorausgehenden Kulturen in eindringlichster Weise unterscheidet.

Allerdings bestand jede menschliche Kultur zu allen Zeiten zunächst in einer gewissen Überlegenheit über die Naturumgebung, aber noch keine Kultur war so ganz und gar von diesem Drange nach Naturüberlegenheit so sehr erfüllt wie die unsrige, und keine hatte sich erdreistet, die höchsten Naturgewalten, die alldurchflutenden Kräfte des Lichtes, der Wärme und der Elektrizität gleichsam wie Haustiere ihren Zwecken untertan zu machen. Von dem großen Mechaniker des Altertums, von *Archimedes*, wird uns berichtet, daß er sich seiner großartigen Maschinen, mit denen er Syrakus verteidigte, geschämt hätte, weil er jede praktische Verwertung der Wissenschaft für eine Herabwürdigung derselben hielt. Wie anders dachte über diese Sache der Apostel der modernen Erfahrungsphilosophie, Francis *Bacon*! Er war allerdings kein Archimedes, auch war das Erbauen von Maschinen – schon von wegen der mathematischen Einsichten, die hierzu erforderlich sind – nicht seine starke Seite, dafür fühlte er sich aber von der falschen Scham des großen Archimedes (wie der theoretischen griechischen Philosophie überhaupt) völlig frei. Dem klassischen griechischen Geiste war das Wissen reiner Selbstzweck, höchstes geistiges Gut, Seligkeit der Seligkeiten. Einem Kinde der neuen Zeit, einem Baco hingegen „ist das Wissen Macht". Nämlich ein Mittel zur Macht über die Natur. Baco blieb eben auch dem menschlichen Wissensdrange gegenüber der Politiker, der er seinem ganzen Wesen nach war. Mit durchdringender politischer Klugheit erkannte er, daß der moderne Menschengeist von einem neuartigen Machtgelüste zur Unterjochung der Naturkräfte ergriffen sei und daß nicht nur sein Zeitalter, sondern auch die kommenden Jahrhunderte das Wissen wie ein Mittel zu Verwirklichung jener Machtgelüste behandeln würden.

So personifiziert Baco gleichsam das höchste Machtgelüste der modernen Menschheit: das Gelüste, sich die Kräfte der Natur durch Erkenntnis derselben untertan zu machen. Wir sind von diesem Gelüste nunmehr schon dermaßen erfüllt, daß wir in baconischer Weise für die Überwindung der Naturgewalten schwärmen, selbst wenn wir uns nicht die Mühe genommen, den baconischen Geist aus den eigenen Werken kennenzulernen. Kurz, Baco steckt uns im Blute, und wir sind eben deshalb von Haus aus geneigt, Wissen mit Erfahrung (Beobachtung und Experiment) gleichzusetzen. Da aber Erfahrung nur vermittels der *Sinnesempfindungen* erworben werden kann, so finden wir nichts für begreiflicher, als daß die Wissenschaft von der menschlichen Erkenntnis (oder der Erfahrung) mit einer Theorie der Sinnesempfindungen einsetzen muß. Die baconische Denkweise drängt unwiderstehlich zu einer impressionistischen Erkenntnislehre hin, und die Geschichte zeigt tatsächlich, daß die englische Philosophie unter dem Einflusse Bacos in erster Reihe eine impressionistische Erkenntnislehre zu entwickeln bestrebt war.

Diese impressionistische (sensualistische, psychologistische) Erkenntnislehre stellt sich geschichtlich in den drei Hauptwerken von *Locke*, *Berkeley* und *Hume* dar, welche alle den menschlichen Verstand zum Gegenstand ihrer Untersuchungen machen, und so innig miteinander zusammenhängen, daß sie bloß einen Gedanken auszuspinnen scheinen; den Grundgedanken nämlich, daß wir die Sinnesempfindungen als die wesentlichen elementaren Bestandteile unserer Erkenntnis betrachten müssen. Obwohl diese drei modernen Untersuchungen über den menschlichen Verstand ein sehr verschiedenartiges individuelles Gepräge zeigen und auch zu sehr verschiedenartigen Endergebnissen gelangen, stimmen sie doch in der leitenden Haupttendenz, alles Wissen womöglich in sinnliche Elemente aufzulösen, dermaßen überein, daß sie als Variationen zu demselben Leitmotiv betrachtet werden können. Der Leser tut gut daran, diese drei Hauptarbeiten der modernen sensualistischen Erkenntnislehre im Zusammenhange zu studieren, denn er verschafft sich hierdurch den Genuß, Gedanken, die der eine Philosoph aufwirft, durch seine Nachfolger zu Ende gedacht zu sehen. Was der liebenswürdige und biedere Locke noch zu verhüllen und mit dem gemeinen menschlichen Verstand in Einklang zu setzen weiß, das tritt bei Berkeley und Hume mit unerbittlicher Klarheit, ja in schrillen Dissonanzen hervor, und man lernt die ganze Tragweite jenes revolutionären modernen Strebens erkennen, welches mit aller Gewalt auf die Zerstörung jedes Unterschiedes zwischen Erkenntnistat und Sinnesfunktion hindrängt.

2. Die impressionistische Revolution, die in *Lockes* Essays verborgen ist, kommt ganz unverhohlen darin zum Ausdruck, daß er unsere Sinnesempfindungen mit dem Namen „Ideen" bezeichnet und solchermaßen Empfindungsvorgänge im Lichte von geistigen Akten, seelischen Tätigkeiten erscheinen läßt. Wir sind an diese Vermischung von Sinnesfunktion und geistiger Tat schon dermaßen gewöhnt, daß die revolutionäre Neuerung, die in Lockes Umtaufe der Empfindungen in Ideen enthalten war, uns gar nicht mehr auffällt, ja schon wie etwas Selbstverständliches berührt. Es hängt dies damit zusammen, daß wir Lockes „Ideen" mit „Vorstellungen" übersetzten, also mit einem Ausdruck, der nicht so

entschieden auf eine geistige Tat hinweist wie die *ideas* Lockes. Eine „Vorstellung“ kann noch immerhin für ein Produkt der Sinnesfunktionen gelten, kann aber andererseits auch gleichbedeutend mit dem Ausdruck „Begriff“ gemacht werden, indem man etwa „Begriffe“ als „abstrakte Vorstellungen“ gelten läßt. So ist das Wort „Vorstellung“ ganz besonders dazu geeignet, jene impressionistische Revolution zu verhüllen, welche den Unterschied zwischen Empfindungen und geistigen Handlungen (Verstandestaten) aus der Welt schaffen möchte. Die moderne Philosophie hat keinen zweiten dermaßen charakteristischen Terminus geschaffen wie den Ausdruck „Vorstellung“, unter dessen weiten Mantel sich Begriffe und Sinnesempfindungen gleich gut zu verstecken vermögen und der geradezu die unvergleichliche Eignung besitzt, uns über den Unterschied von Sinnesfunktion und Erkenntnistätigkeit hinwegzutäuschen. Eben weil der Terminus „Vorstellung“ solch ausgezeichnete Dienste zu leisten vermag, sehen wir, daß der Impressionismus überall von Empfindungen alsbald zu „Vorstellungen“ übergeht, um sich wenigstens dem Anscheine nach einen mehr geistigen Charakter zu geben. Dabei hält aber der Impressionismus hinterrücks an der Auffassung fest, daß Vorstellungen nichts weiter als eine Zusammensetzung von Empfindungen seien, und so löst sich die moderne „Vorstellungsphilosophie“ sachte in eine reine „Empfindungsphilosophie“ auf. Nötigenfalls kann aber eine Vorstellungsphilosophie ganz sachte das Aussehen einer „Begriffsphilosophie“ annehmen, weil, wie gesagt, der Terminus „Vorstellung“ genau dasselbe zu bedeuten vermag, was wir sonst mit dem Ausdruck „Begriff“ zu bezeichnen pflegen. So nimmt der Ausdruck „Vorstellung“ eine glückliche mittlere Position zwischen „Empfindung“ und „Begriff“ ein und läßt sich demzufolge ebenso leicht in die Empfindung wie in den Begriff hinüberspielen. Wer den Terminus „Vorstellung“ geschickt zu handhaben weiß, kann in dem einen Augenblick wie ein Empfindungsphilosoph (Impressionist, Sensualist), in dem anderen aber wie ein Begriffsphilosoph (Rationalist, Symbolist) erscheinen und sich wie ein Vermittler zwischen zwei entgegengesetzten Lagern der Philosophie hinstellen. Man tut also gut daran, jedem ausgesprochenen „Vermittler“ zwischen zwei entgegengesetzten philosophischen Richtungen mit einigem Verdacht entgegenzukommen, denn es fragt sich, ob seine Vermittlungskunst nicht in jenem Kniff bestehe, vermöge dessen er einen mittleren Ausdruck wie z. B. „Vorstellung“ bald in dem einen extremen Sinn (wie Empfindung), bald in dem anderen extremen Sinn (wie Begriff) hin- und herspielen läßt. Wir werden uns später mit dem berühmten Terminus Vorstellung noch eindringlicher beschäftigen müssen; jetzt aber kehren wir zu dem Umsturze zurück, den Locke in der neueren Philosophie vorbereitete, indem er Empfindungen als Ideen und was die Hauptsache ist, als *einfache Ideen* hinzustellen bestrebt war. Locke will hiermit nichts Geringeres behaupten, als daß unsere Empfindungen unsere einfachsten Gedanken seien, und daß aus diesen einfachen Fundamentalgedanken durch bloße Zusammensetzung jene höheren oder komplizierteren Gedanken überhaupt hervorgehen, welche wir als zusammengesetzte Ideen von der Außenwelt besitzen. Was Locke zu dieser Auffassung verleitet haben mag, läßt sich leicht begreifen: Empfindungen dünken uns das Bekannteste von allem Bekannten in dieser Welt zu sein, und so halten wir nichts für überflüssiger, als den Sinn solcher Ausdrücke, wie Hart, Weich, Warm, Kalt, Rot, Grün usw. mit Worten noch klarer zu machen (vgl. Essay Buch II, Kap. 4, § 6). Also wären unsere Empfindungen unsere einfachsten, weil einer weiteren Zerlegung unfähigen Gedanken, so daß alle unsere übrigen Gedanken von der Außenwelt als Zusammensetzung aus diesen Elementargedanken oder Empfindungen aufgefaßt werden müßten. Diese Auffassung von dem *elementaren ideellen Charakter unserer Empfindungen* wurde zu einem fundamentalen Dogma der modernen Psychologie, was darin zum Ausdruck kommt, daß Empfindungen in modernen psychologischen Werken wie „elementare psychische Funktionen" behandelt werden. Als den Vater dieser Auffassung dürfen wir Locke betrachten, der übrigens von allen Historikern der Philosophie mit Recht als der Vater der modernen Psychologie überhaupt hingestellt wird. (Vgl. Windelband, Gesch. d. neueren Philos., Band I, S. 241-245.)

Der Lockeschen Auffassung gegenüber wird es unsere Aufgabe sein, zu zeigen, daß unsere Sinnesempfindungen durchaus keinen ideellen, gedanklichen Charakter haben. Um aber dies beweisen zu können, müssen wir zunächst den Nachweis führen, daß Empfindungen durchaus nicht einfacher Natur sind, sondern als das Zusammengesetzteste in dieser zusammengesetzten Welt betrachtet werden müssen.

Eine jede Empfindung ist ein Geschehen, das als solches in der Zeit verfließt und eine gewisse Dauer in Anspruch nimmt. Bedenken wir dies, so leuchtet es sofort ein, daß eine jede Empfindung aus zeitlichen Abschnitten oder Phasen bestehend gedacht werden muß, deren Anzahl ins Unbegrenzte geht. Freilich vermögen wir in Wirklichkeit die kleinsten zeitlichen Abschnitte, aus denen sich eine jede Empfindung zusammensetzt, nicht auseinanderzuhalten, aber es ist eben deshalb von größter Wichtigkeit, sich dieser Unfähigkeit unserer Wahrnehmungskraft klar bewußt zu werden. Zu diesem Zwecke ist es erwünscht, zunächst an Empfindungsreihen zu denken, welche durch bewegte Lebewesen, etwa durch einen flatternden Schmetterling, durch ein laufendes Pferd oder einen springenden Menschen veranlaßt werden. Wir vermögen mit den Augen nie alle Phasen irgendeiner Bewegung zu verfolgen, so daß z. B. photographische Momentbilder eines springenden Menschen für uns etwas Fremdartiges und Unbekanntes enthalten, was am besten darin zum Ausdruck gelangt, daß kein Maler es wagen dürfte, uns den springenden Menschen in solchen Haltungen darzustellen, wie wir dies an Momentphotographien sehen. Für unser natürliches Sehen fließen die einzelnen Phasen einer Bewegung derartig zusammen, daß die einzelnen sehr kleinen zeitlichen Abschnitte derselben notwendig völlig verborgen bleiben müssen.

Es ist eine der prinzipiell bedeutsamsten Tatsachen unseres Empfindungslebens, daß uns *das Geschehen innerhalb sehr kleiner Zeitabschnitte verborgen bleibt.* Ich möchte hier beiläufig auf die bekannten Versuche mit dem Farbenkreisel hinweisen. Vermöchte unsere Wahrnehmungskraft in die Vorgänge der Tausendstelsekunde einzudringen, so würden die verschiedenen farbigen Sektoren des Kreisels auch bei sehr raschem Drehen nicht miteinander verschmelzen können. Wäre es uns gar gegeben, das Naturgeschehen bis in beliebig kleine zeitliche Abschnitte zu verfolgen, so könnten für uns solche Empfindungsverschmelzungen, wie sie durch den rotierenden Farbenkreisel hervorgerufen werden, gar nicht existieren.

Es ist also notwendig, sich einmal in gründlichster Weise zu Gemüte zu führen, daß alles, was vor unseren Augen geschieht, möge sich unsere Aufmerksamkeit noch so sehr damit beschäftigen, innerhalb kleiner und kleinster zeitlicher Abschnitte für unsere Wahrnehmung völlig verborgen bleibt. Nicht nur bewegte, sondern auch sogenannte ruhende Erscheinungen verbergen vor uns die kleinsten zeitlichen Phasen ihrer Bewegung oder Ruhe. Blicken wir z. B. eine Sekunde lang auf einen ruhenden roten Farbenfleck an der Wand hin, so kommt es uns gemeinhin gar nicht zum Bewußtsein, daß diese Sekunde ein unermeßliches Geschehen, nämlich ein fortwährendes Erzeugtwerden der roten Farbenempfindung, in sich faßt, und man muß zu künstlichen Mitteln greifen, um sich vom Vorhandensein eines stetigen Geschehens während der besagten Sekunde zu überzeugen. Man muß sich sagen, daß man ja während einer Sekunde einigemal die Augen schließen und wieder öffnen könnte und so von dem ruhenden roten Farbenfleck nicht bloß eine einmalige, sondern auch eine zweimalige oder dreimalige Empfindung erhalten könnte. Es ist also keine ganze Sekunde dazu erforderlich, um eine Empfindung von dem Farbenfleck zu bekommen, man hat eine solche Empfindung schon während der halben oder drittel Sekunde. Trotzdem merkt man von der zweimaligen oder dreimaligen Wiederholung der Empfindung während der Sekunde nichts, und es scheint uns, daß am Ende der Sekunde noch immer dieselbe Empfindung von Rot gegenwärtig wäre, welche am Beginne der Sekunde gegenwärtig war. Die Empfindung ist sozusagen eingefroren, und wir erhalten die eigentümliche Illusion von dem Dasein einer *stehenden Empfindung*. Nun ist es aber von höchster Wichtigkeit für unsere Weltauffassung, diese Illusion zu überwinden, und sich zu sagen, daß ein jeder Empfindungsvorgang ein stetiges fließendes Geschehen ist, daß also auch die Wahrnehmung eines ruhenden roten Farbenfleckes nur möglich ist, weil die Empfindung des roten Farbenfleckes im Verlaufe der Sekunde fortwährend von neuem erzeugt wird. Eigentümlicherweise merken wir aber von diesem stetigen Neuerzeugtwerden der Empfindung nichts, weil wir überhaupt in die kleineren und kleinsten zeitlichen Abschnitte unserer Empfindung vermittels unserer natürlichen Wahrnehmungskraft nicht einzudringen vermögen. Wenn es also erlaubt ist, von mehreren Empfindungswellen zu sprechen, die im Verlaufe einer Sekunde von einem ruhenden roten Farbenfleck ausgehen, so müssen wir uns sagen, daß das Aufeinanderfolgen dieser Wellen für uns so gut wie verloren ist. Ich habe auf diese fundamentale Tatsache unseres Empfindungslebens schon in meiner „Neuen Theorie des Raumes und der Zeit" (S. 26 [hier: § 13 Das psychische Phänomen des Verdeckens]) hingewiesen und mich dort des metaphorischen Ausdrucks bedient, daß die eine Phase der Empfindung die andere „verdecke". In meiner „Logik auf dem Scheidewege" (S. 391-395) drücke ich den Sachverhalt so aus, daß die Empfindung des ruhenden Farbenfleckes des zeitlichen Pulses mangelt, oder auch daß wir unfähig sind, die einzelnen Empfindungswellen des Rot zeitlich auseinanderzuhalten, sie zu temporisieren. „Zehn Empfindungswellen eines roten Farbenfleckes geben uns ebenso nur eine Empfindung von einem ruhenden Farbenfleck wie hundert Empfindungswellen, die auf einander folgen. Alle Mühe der Empfindungswellen, ihr zeitliches Aufeinanderfolgen offenbar zu machen, ist völlig verloren; wir bleiben dieser zeitlichen Aufeinanderfolge gegenüber blind."

Ich will mit all diesem nur gesagt haben, *daß es stille stehende Empfindungen nicht gibt, weil alles Empfinden ein stetig fließendes Geschehen ist.* Wenn ich den berühmten Satz des dunkeln *Heraklit* prüfe: „Nicht zweimal können wir in denselben Fluß hinabsteigen; denn neue und immer neue Wässer strömen ihm zu", so vermag ich als den eigentlichen Wahrheitsgehalt desselben nichts anderes als den rastlos unaufhaltsamen Fluß unserer Empfindungen zu erfassen. Und fassen wir einmal die Empfindung als ein stetig fließendes Geschehen in der Zeit auf, dann ist es auch mit dem Lockeschen Grunddogma der modernen Psychologie vorbei, als ob Empfindung etwas Einfaches sein könnte. So sicher eine Sekunde in beliebig viele zeitliche Teile zerlegbar gedacht werden muß, so sicher müssen wir auch jedes Empfinden, das irgendeine Sekunde oder eine beliebige andere Zeitdauer in Anspruch nimmt, aus beliebig vielen zeitlichen Abschnitten zusammengesetzt denken.

3. In der modernen Psychologie spielt seit *Herbart* der Begriff der *Verschmelzung* von Empfindungen eine bedeutsame Rolle: allerdings immer noch keine solche, die diesem Begriffe wirklich gebührt. Denn die Empfindungen selbst, welche in der heutigen Psychologie als etwas Einfaches gelten, sind nichts weiter als Verschmelzungen. Es scheint, daß eine ganze Reihe moderner Forscher sich dieser Auffassung annähert, ganz besonders finde ich bei einem der originellsten Psychologen unserer Tage, *H. Cornelius*, bedeutsame Ansätze zur Überwindung des Lockeschen Einfachheitsdogmas (H. Cornelius, Psych. als Erf.-Wiss. S. 117-141); aber man zaudert noch immer, den letzten entscheidenden Schritt nach dieser Richtung hin zu machen, weil eben dieser Schritt zum Umsturz der impressionistischen Erkenntnislehre und zum Ausbau einer neuen philosophischen Weltauffassung führen müßte. Man pflegt noch immer daran festzuhalten, daß man bei Empfindungen, um sie in aller Reinheit zu denken, von ihrer Zeitdauer absehen müsse, was dann freilich zur Folge hat, daß solche ihrer Zeitdauer

beraubte Empfindungen wie etwas Einfaches erscheinen. So wenig es aber einen Sinn hat, von einem ausdehnungslosen Würfel zu sprechen, so wenig kann auch von dauerlosen Empfindungen die Rede sein. Eine konkrete Empfindung hat notwendig eine zeitliche Dauer, mag diese Dauer auch noch so kurz sein, und es kann nie irgendwo eine Empfindung stattfinden, deren zeitliche Dauer gleich Null, die also auf einen mathematischen Zeitpunkt eingeschränkt wäre. Es gehört zum Wesen der Empfindung, zeitlich zu fließen, und man vernichtet den Begriff der Empfindung, wenn man von diesem zeitlichen Flusse absieht, ebensosehr, wie wenn man bei einer Bewegung davon absehen wollte, daß sie in der Zeit fließt.

Steht dies nun fest, so ist es offenbar, daß eine jede Empfindung aus beliebig vielen zeitlichen Abschnitten zusammengesetzt gedacht werden muß, und daß zufolge dieser Zusammengesetztheit jede Empfindung ein grenzenloses Geheimnis in sich bergen muß. Eigentümlicherweise sagt sich jedermann, daß kleine und kleinste Flächenräume unserer Empfindung immer etwas Unerreichbares für unseren bewaffneten Blick enthalten: daß aber nicht nur kleine und kleinste Flächenräume, sondern auch kleine und kleinste Zeitintervalle unseres Empfindens unermeßliche Rätsel in sich bergen, scheint ein sehr wenig geläufiger Gedanke zu sein. Um sich nun mit diesem bedeutsamen Gedanken zu befreunden, ist es zweckmäßig, die kleinen Zeitintervalle des Empfindens nach Analogie der kleinen Flächenräume desselben aufzufassen. Je winziger eine Fläche ist, die wir mit dem Blicke bestreichen, desto schwerer wird es uns fallen, irgendwelche qualitative Unterschiede in derselben wahrzunehmen, während doch das Mikroskop eine Welt der ungeheuersten Mannigfaltigkeit hinzaubert, wo unser unbewaffneter Blick nur Einförmigkeit zu entdecken vermochte. Gleichwie nun das im Raume äußerst eng aneinander Grenzende für unser Auge verschwimmt, so werden auch die überaus kleinen aufeinanderfolgenden zeitlichen Abschnitte eines Geschehens für unsere Wahrnehmung zusammenfließen. Während wir aber im Mikroskop ein erstaunliches Werkzeug besitzen, um in die benachbarten kleinen Flächenräume, die für das unbewaffnete Auge verschwimmen, einzudringen; gibt es nirgends ein derartiges optisches Instrument, das uns gestatten würde, das geheimnisvolle Geschehen, welches in den millionsten Teilen der Sekunde zusammenfließt, künstlich auseinanderzuhalten und zu unterscheiden.

Ja, wir dürfen uns eingestehen, daß wir an die äußerst kleinen zeitlichen Abschnitte, aus denen eine jede noch so kurzdauernde Empfindung zusammengesetzt ist, gewöhnlich gar nicht zu denken pflegen. Es hängt dies damit zusammen, daß unser Zeitbegriff überhaupt weit weniger entwickelt ist als unser Raumbegriff. Während z. B. jeder irgendwie gebildete und der Geometrie kundige Mensch einen empirischen Raumpunkt, wie wir ihn etwa mit der Spitze einer Bleifeder auf das Papier zeichnen, nicht mit dem sogenannten mathematischen Raumpunkt verwechselt, dem wir überhaupt keine Ausdehnung zuschreiben; werden sich wohl selbst unter geschulten und geistreichen Menschen solche finden, denen es überhaupt noch nicht eingefallen ist, an den Unterschied des empirischen und des mathematischen Jetzt zu denken. Wir verstehen unter dem empirischen Jetzt immer ein kleines Zeitintervall, also etwa eine Sekunde, eine halbe Sekunde, die als Brücke zwischen Vergangenheit und Zukunft dienen mag; mit dem mathematischen Jetzt hingegen ist die absolut scharfe, völlig dauerlose Grenze zwischen Vergangenheit und Zukunft gemeint. Bildet jemand den Begriff des mathematischen Zeitpunktes nicht aus, so bleibt sein Denken (wenigstens in bezug auf die Zeit und das zeitliche Geschehen) auf einer ebenso primitiven Stufe stehen wie die räumliche Anschauung eines Menschen, der keine Ahnung von der Euklidischen Geometrie hätte.

Es gibt Denker, die sich selbst mit dem Begriffe eines ausdehnungslosen Raumpunktes nicht abzufinden vermögen, denn sie behaupten, daß ein solcher Raumpunkt zufolge seiner Unanschaulichkeit gar nicht gedacht werden könne. Dieser widerhaarigen Denkweise gegenüber will ich nur so viel bemerken, daß wir an eine ganz bestimmte räumliche Distanz gar nicht anders zu denken vermögen, als daß wir sie vermittels mathematischer Punkte abgrenzen, weil wir sonst die Grenze als verwischt denken müßten, und demzufolge von einer ganz bestimmten räumlichen Entfernung in der Geometrie nie sprechen dürften. Genau so verhält es sich aber mit zeitlichen Distanzen, und soll von einer völlig festgelegten mit keiner anderen Distanz verwechselbaren zeitlichen Entfernung die Rede sein können, so müssen wir eine jede feste Zeitdauer durch mathematische Anfangs- und Endpunkte eingefriedet denken.

Unsere Empfindungen sind nie auf das mathematische (dauerlose) Jetzt eingeschränkt, sondern haben immer eine gewisse, wenn auch nur kurze Zeitdauer, d. h. sie füllen irgendein Zeitintervall aus, welches wir im Gedanken in beliebig viele kleinere und immer kleinere Intervalle zerlegt denken können. Was nun in solchen äußerst kleinen Intervallen vor sich geht, bleibt uns ebensosehr unbekannt, wie wir uns ohne Hilfe des Mikroskops nichts davon träumen lassen, was in äußerst kleinen Flächenräumen gegenwärtig sein mag. Wie uns die Welt innerhalb des tausendstel Millimeters, des Mikrons, unbekannt ist, so ist uns auch das Geschehen innerhalb der tausendstel Sekunde, der Mikrosekunde, ein Geheimnis. Und wie die Biologie bemüht ist, den Bau der Organismen innerhalb des Mikrons zu erforschen, so geht die Physik überhaupt darauf aus, einen Einblick in die Tausendstel- und Millionstelsekunde des Naturgeschehens zu gewinnen. Eine Naturwissenschaft, die nicht von dieser Tendenz erfüllt wäre, wäre keine Naturwissenschaft, denn sie hätte uns nichts wahrhaft Neues zu sagen.

Die ganze moderne Naturwissenschaft mit allen ihren staunenswerten Entdeckungen bleibt für denjenigen unverständlich, der sich nicht klarmacht, daß wir zwar durch unsere Empfindungen immer mit irgendeinem Geschehen vertraut werden, daß sich aber dieses Geschehen in seinen kleinsten zeitlichen Abschnitten unserer unmittelbaren Kenntnisnahme entzieht. So z. B. mußten über den freien Fall von schweren Körpern schon deshalb lange Zeit falsche Begriffe herrschen, weil es uns Menschen nicht gegeben ist, in so kleine Zeitabschnitte, welche das

Fallen eines Körpers in Anspruch nimmt, mit unserer natürlichen Wahrnehmungsfähigkeit einzudringen. Angenommen aber, daß es eine Stunde lang dauern würde, bis ein fallengelassenes Goldstück den Erdboden erreicht: hätte es auch da noch eines Galilei bedurft, um die Gesetze der Fallbewegung zu entdecken? Hätte da nicht jedermann finden können, daß das fallende Goldstück bis zum Ende der zweiten Viertelstunde einen viermal so großen Weg zurückgelegt habe, als bis zum Ende der ersten Viertelstunde, und daß überhaupt Wege im Verhältnis der Quadrate der Zeiten wachsen? Da aber unsere Wahrnehmungsfähigkeit ihren Dienst in bezug auf kleine Zeiten (ebenso wie in bezug auf kleine Räume) versagt, mußte das Menschengeschlecht das Erscheinen eines solchen Genies, wie es Galilei war, abwarten, bis es zu einem irgendwie zulänglichen Begriff von der Fallbewegung gelangen konnte. Um also den Fortschritt, den wir in der Naturerkenntnis machen können, zu begreifen, müssen wir uns sagen, daß ein *jedes* Geschehen für uns schon deshalb geheimnisvoll sein muß, weil es aus kleinsten zeitlichen Abschnitten besteht, welche wir nicht wahrzunehmen vermögen.

Empfindungen sind also durchaus nicht derartig völlig *Bekanntes* oder *Gegebenes*, für welche sie seit *Locke* und *Kant* gehalten werden. Freilich sind wir mit unseren eigenen Empfindungen durchaus vertraut, auch kann man wohl von ihnen sagen, daß sie uns gegeben seien, aber es hat mit diesem Gegebensein eine ganz eigentümliche Bewandtnis. Empfindungen sind uns gegeben, wie uns nur irgendein Rätsel gegeben sein kann. Die kleinsten zeitlichen Abschnitte, aus welchen sie sich zusammensetzen, sind uns unbekannt, so daß wir – um mit einem arithmetischen Gleichnis zu sprechen – in jeder Empfindung eine Summation vor uns haben, deren Resultat uns zwar bekannt ist, deren einzelne Summanden aber verborgen bleiben. Alle Empfindung ist nur summarische Empfindung (Gesamtempfindung). Erst diese Auffassung macht es uns begreiflich, wieso es eine Naturwissenschaft geben kann, welche die Geschehnisse genauer erforscht, als dieselben uns durch unsere natürliche Sinneswahrnehmung bekannt werden. Würde es sich so verhalten, wie es der Impressionismus meint, daß uns nämlich unsere Empfindungen völlig bekannt sind, so wäre ein jedes Streben, die Naturgeschehnisse genauer zu erforschen, als es uns durch die bloße Wahrnehmung möglich ist, widersinnig. Wären uns z. B. die Empfindungen eines Tones oder einer Farbe in allen ihren kleinsten zeitlichen Abschnitten bekannt, was um Himmelswillen hätten wir an ihnen noch zu ergründen. Der Impressionismus führt also zu einer Weltauffassung, wo alles, was durch die Sinne gegeben ist, durchaus nichts Unbekanntes enthalten kann. Gibt es aber nichts Unbekanntes in dem, was wir empfinden, dann ist es um jede Naturwissenschaft geschehen, denn diese will uns eben über dasjenige Aufschluß geben, was in allen unseren Empfindungen trotz des Empfundenseins unbekannt bleibt.

Die impressionistische Erkenntnislehre will ursprünglich den Naturwissenschaften möglichst große Liebesdienste leisten. Sie drängt alle Erkenntnis zur Erfahrung, alle Erfahrung zur Empfindung hin, und meint hierdurch den Naturforscher weiß Gott wie sehr verpflichtet zu haben. Indem sie aber die Empfindung als das Einfache oder das Element unseres Weltbildes hinstellt, läßt sie das jedesmalige Weltbild aus den uns völlig bekannten Elementen, den Empfindungen, bestehen, und leugnet hierdurch das Unbekannte, das in dem jedesmaligen Weltbild – trotz des Empfundenseins desselben – enthalten ist. Sie leugnet eben jenes Unbekannte, das zu erforschen die heißeste Sehnsucht des Naturforschers ist. Sie macht das jedesmalige Weltbild, wie es durch unsere Sinne gegeben ist, zu einem problemlosen Weltbilde, und bekundet hierdurch den gefährlichen Übereifer, von dem sie der Naturwissenschaft gegenüber erfüllt ist. Wie eine überzärtliche Mutter, die ihrem Herzenssöhnchen aus lauter Fürsorglichkeit Licht und Luft entzieht, so bringt der Impressionismus die Naturwissenschaft um ihr Lebenselement, um das Unbekannte, um das große X, ohne welches sie an Problemlosigkeit zugrunde gehen muß.

Enthält das jedesmalige sinnliche Weltbild nichts Unbekanntes, so heißt dies, daß wir uns mit dem jedesmaligen Weltbilde völlig zufrieden geben müssen. Wir haben über dasselbe nichts weiter zu fragen, wir sind mundtot gemacht. Man sieht, der Impressionismus macht uns weit glücklicher, als wir es zu sein wünschen. Die Seligkeit der Problemlosigkeit treibt uns zur Verzweiflung. Wir wünschen ein Unbekanntes, um nach etwas forschen zu können, und raubt man uns das Unbekannte, so erweckt man in uns den Gedanken, daß wir überhaupt nichts zu erforschen, nichts zu erkennen vermögen. Der Impressionismus will uns selig machen durch die völlige Bekanntheit dessen, was wir sehen und mit den Händen greifen, also was wir empfinden; drängt uns aber unterdes zu dem verzweifelten Gedanken hin, daß es für uns in dieser so wohlbekannten Empfindungswelt nichts zu suchen, zu forschen und zu erkennen gibt. So treibt der Impressionismus zu zwei entgegengesetzten Extremen hin: zur seligen Problemlosigkeit alles Empfundenen und zur völligen Verzweiflung an unserer Erkenntnisfähigkeit überhaupt. Die beiden Extreme kommen geschichtlich durch die impressionistischen Lehren *Berkeleys* und *Humes* zum Ausdrucke. Der erstere macht den Impressionismus zu einer Seligkeitslehre „der wirklichen und vollkommenen Erkenntnis"; der letztere hingegen lehrt uns mehr als irgendein anderer moderner Denker an unserer Erkenntnisfähigkeit überhaupt zweifeln.

Soll eine Naturwissenschaft möglich sein, so müssen wir die Lehre von der Einfachheit der Empfindung aufgeben. Denn ist die Empfindung etwas Einfaches, so läßt sich nichts weiter über sie fragen. Betrachten wir aber jede Empfindung als etwas grenzenlos Zusammengesetztes, so wird uns jede Empfindung trotz ihrer Bekanntheit zu einem grenzenlosen Problem. Wir lernen es begreifen, daß ein Naturforscher in die millionsten und billionsten Teilchen einer Sekunde einzudringen sucht; er gibt sich nämlich durchaus nicht damit zufrieden, was er mit seiner natürlichen Wahrnehmungsfähigkeit erfaßt, sondern sucht in immer kleinere Zeitabschnitte unseres Empfindens einzudringen, um uns möglichst weit über die Unzulänglichkeiten unserer Wahrnehmungsfähigkeit zu erheben. Kurz, es ist nicht das Dogma von der Einfachheit der Empfindung, sondern die Lehre von der grenzenlosen Zusammengesetztheit derselben, welche dem Geist der Naturwissenschaften und der Philosophie überhaupt entspricht.

Wenn wir in immer kleinere Zeitabschnitte unserer Empfindung einzudringen suchen, sind wir eigentlich von der Frage ergriffen, was denn schließlich im dauerlosen mathematischen Zeitpunkt stattfinden mag. Dies ist *das Problem der Wirklichkeit oder Realität.* Wirklich oder reell nennen wir im gewöhnlichen Leben das, was soeben stattfindet, wobei wir aber das empirische Jetzt von dem mathematischen Jetzt nicht zu unterscheiden pflegen. Hieraus entspringt jene allbekannte Verirrung, zufolge welcher der naive Mensch das Wirkliche leicht mit seiner Empfindung verwechselt. Wirklich ist immer nur das, was im mathematischen Jetzt stattfindet, dieses Wirkliche kann jedoch durch den Menschen nie unmittelbar erfaßt werden, weil unsere Wahrnehmungsfähigkeit nie in das dauerlose Jetzt einzudringen vermag. Statt des dauerlosen Jetzt erfassen wir durch unsere Sinneswahrnehmung immer nur ein empirisches Jetzt, das heißt irgendeinen Bruchteil einer Sekunde, in welchem unsere Empfindung verläuft. Durch zeitlich fließende Empfindungen erfassen wir das, was in dauerlosen mathematischen Augenblicken wirklich stattfindet. Die instantane Wirklichkeit oder Realität zerfließt uns zu zeitlichen Empfindungen. *Wir beziehen unsere zeitlichen Empfindungen auf eine nichtzeitliche Wirklichkeit, das sinnliche Weltbild auf eine nichtsinnliche Realität.* In diesem Satze kommt der metaphysische Grundcharakter des menschlichen Geistes zum Ausdruck.

Empfindung und Bewußtsein[1]

1. Wir sind in den vorhergehenden Betrachtungen zu einer neuen Auffassung unserer Empfindungen gelangt, wonach dieselben durchaus nicht als etwas Einfaches, sondern als ein grenzenlos Zusammengesetztes betrachtet werden müssen. Aus dieser Einsicht wird sich uns auch eine neue Auffassung von dem menschlichen Bewußtsein überhaupt und insbesondere von unserem wahrnehmenden Bewußtsein mit unausweichlicher Notwendigkeit ergeben. Wenn es sich nämlich wirklich so verhält – und ein Zweifel hieran ist wohl ausgeschlossen –, daß uns die kleinsten zeitlichen Abschnitte einer Empfindung, die in den millionsten und billionsten usw. Teilen einer Sekunde verfließen, unbekannt bleiben, so folgt hieraus, daß unser wahrnehmendes Bewußtsein nicht Schritt hält mit dem Flusse der Empfindung, oder mit anderen Worten: daß unsere Wahrnehmung mit der Empfindung nicht mitfließt. Denn würde unsere Wahrnehmung mit unserer Empfindung vollkommen gleichen Schritt halten, d. h. mit ihr wie ein unzertrennlicher paralleler Strom mitfließen, dann könnte uns auch der kleinste zeitliche Abschnitt einer Empfindung nicht verborgen bleiben, und wir müßten die genaueste Kenntnis davon haben, was in den millionsten, billionsten usw. Teilchen des Empfindungsvorganges stattfindet. Mit einer solchen fließenden Wahrnehmungskraft ausgerüstet, könnten wir lächelnd auf alle Leistungen der Momentphotographie hinabblicken, denn wir würden jede Bewegungsphase, die sie darstellt, in Milliarden von kleineren Phasen zerlegt wahrnehmen, kraft jener uns angeborenen natürlichen Wahrnehmungsfähigkeit, die sich rastlos an die Fersen der Empfindung zu heften vermöchte. Kein Geschehen, das wir einmal ins Auge gefaßt hätten, könnte noch etwas vor unserem unendlich scharfen wahrnehmenden Blick verbergen, denn wir würden ohne jede Schwierigkeit in die aberbillionsten Teilchen einer Sekunde einzudringen vermögen, ja auch jenes mathematische Jetzt, welches die absolut scharfe Grenze zwischen Vergangenheit und Gegenwart bildet, würde uns sein letztes Geheimnis enthüllen müssen: d. h. wir müßten die nackte Wirklichkeit selbst, ohne jede Vermittlung durch irgendeine Empfindung wahrnehmen können. Daß wir solches in Wirklichkeit nicht zu leisten vermögen, ja daß selbst unsere Phantasie unfähig ist, eine solche unendlich feine Wahrnehmungskraft irgendwie auszumalen, braucht wohl nicht erörtert zu werden. Aber es ist keine überflüssige Anstrengung, wenn jemand seine Phantasie mit aller Kraft anzufeuern sucht, um irgendeine noch so blasse Ahnung davon zu gewinnen, was im zeitlosen Jetzt stattfinden mag; denn das völlige Zerschellen

---

[1] Aus: Palágyi, M.: Wahrnehmungslehre, Leipzig 1925 (Ausgewählte Werke Band 2), S. 14-24.

eines solchen Phantasieversuches belehrt ihn am besten darüber, daß unser menschliches Bewußtsein und insbesondere unser wahrnehmendes Bewußtsein von eingeschränkter Natur ist. Wir drücken diese Eingeschränktheit unserer Wahrnehmungsfähigkeit vielleicht am besten so aus, daß wir von ihr sagen: sie vermöge die Empfindung in ihrem stetigen Flusse nicht stetig mitzubegleiten.

Man kann diesem Gedanken noch eine andere Fassung geben. Die Beschränktheit unseres wahrnehmenden Bewußtseins besteht nämlich darin, daß wir unfähig sind, uns im Verlaufe einer Sekunde so oft auf unseren Empfindungsvorgang zu besinnen, als es uns beliebt. Könnten wir uns nämlich im Verlauf einer Sekunde millionenmal auf das Empfundene besinnen, so wäre eben hierdurch die Empfindung in millionenzeitliche Abschnitte zerlegt, und es wäre eben das geleistet, was wir zufolge der Eingeschränktheit unseres Bewußtseins nicht zu leisten vermögen. Uns Menschen scheint eine Sekunde eine kurze Zeit zu sein. Aber kein besonnener Denker gibt sich der Täuschung hin, daß eine Sekunde schon an sich etwas Kurzdauerndes wäre. Sie ist uns kurz, weil wir während ihres Verlaufes gar wenig Besinnungsakte, insbesondere Wahrnehmungsakte, vollziehen können. Könnte sich ein Mensch während einer Sekunde tausendmal auf seine Empfindung besinnen, so würde sein Zeitmaß ein anderes sein als das unsrige, denn er würde dann mit Tausendstelsekunden operieren, wo wir uns begnügen, Sekunden in Rechnung zu ziehen. Das, was wir eine Sekunde nennen, wäre für ein solches Wesen eine beträchtliche Zeit, weil es im Verlaufe einer Sekunde einige hundert Mal mehr Angelegenheiten zu verrichten vermöchte als wir. Länge und Kürze der Zeit hängt also von der Natur unseres Bewußtseins ab, denn ein Intervall, das uns jetzt sehr kurz zu sein dünkt, würde gleich eine millionenfache Bedeutung oder Ausdehnung erlangen, wenn wir während derselben millionenmal mehr Besinnungsakte vollziehen könnten als bei der jetzigen Verfassung unseres Bewußtseins. Nun liegt es aber in keines Menschen Macht, jenen Schein zu überwinden, daß z. B. eine Sekunde oder gar eine Zehntelsekunde eine sehr kurze Zeit sei, und es kommt hierin bloß die Tatsache zum Ausdruck, daß ein Mensch sich während einer Sekunde oder Zehntelsekunde nur gar wenige Male zu besinnen vermag.

Wir sprechen diesen Tatbestand vielleicht noch deutlicher aus, wenn wir sagen, daß die menschliche Besinnung und insbesondere die wahrnehmende Besinnung einen *intermittierenden* Charakter habe. Während nämlich die Empfindung ohne Unterlaß fortfließt, rafft sich der menschliche Geist nur stoßweise, von Intervall zu Intervall, zu einem neuen Wahrnehmungsakte auf. Freilich sind wir in der Illusion befangen, daß unsere Wahrnehmung eine völlig ununterbrochene oder stetige sei, aber wäre dem wirklich so, dann bedürften wir keiner Naturforschung mehr, weil ein jedes Naturgeschehen sein letztes Geheimnis vor unserem wahrnehmenden Blicke ausschütten müßte. Wir erkennen solchermaßen *die fundamentalste Illusion, in welcher der menschliche Geist betreffs seiner eigenen Natur eingefangen ist*: wir alle meinen nämlich, daß unser wahrnehmendes Bewußtsein ein stetig fließendes, in einem unausgesetzten Aktus befindliches sei – wenigstens so lange, als wir uns im wachen Zustande befinden; dies ist aber bloßer Schein, denn *wir vermögen nur ruckweise je einen Wahrnehmungsakt auszuführen*, ganz so, wie wir uns nur schrittweise fortzubewegen, nicht aber in ununterbrochener Stetigkeit selbsttätig fortzurollen vermögen.

Wie wir nicht imstande sind, tausend Laufschritte in einer Sekunde auszuführen, so ist es uns auch nicht gegeben, tausend Wahrnehmungsakte in der Sekunde zu vollbringen. Mit dieser Auffassung machen wir den ersten positiven Schritt auf dem dornigen Pfade der Selbsterkenntnis. Wir sprechen viel von den Schranken der menschlichen Erkenntnis, aber es bleibt immer so ziemlich nebelhaft, was mit solchen Schranken gemeint sei. Ich glaube, daß die Eingeschränktheit der menschlichen Natur für den ersten Anfang durch nichts besser gekennzeichnet werden kann als durch die beschränkte Geschwindigkeit unserer leiblichen Fortbewegung und durch die analoge beschränkte Geschwindigkeit unserer Besinnung, insbesondere unserer wahrnehmenden Besinnung. Daß auch der entwickeltste Laufsport es nicht über ein bestimmtes Maß von Geschwindigkeit zu bringen vermag, braucht hier nicht auseinandergesetzt zu werden; wir müssen aber desto eindringlicher auf die analoge Beschränkung unserer wahrnehmenden Besinnung hinweisen. Es gibt eine Grenze für die Geschwindigkeit unseres Wahrnehmens sowohl nach oben als auch nach unten hin, die kein menschliches Wesen zu überschreiten vermag. Es ist allerdings bloß ein metaphorischer Ausdruck, wenn wir von der „Geschwindigkeit unserer wahrnehmenden Besinnung“ sprechen, aber er läßt sich leicht in eine unverblümte Rede übersetzen, denn wir meinen mit dieser Metapher nichts anderes, als daß es *für die Anzahl unserer Wahrnehmungsakte im Verlaufe einer endlichen Zeit, also z. B. einer Minute oder einer Sekunde, sowohl eine untere als auch eine obere Grenze gibt.* So gleichgültig wir uns auch während des wachen Zustandes verhalten mögen, muß es doch in der Minute oder Sekunde zu einer gewissen Anzahl von Wahrnehmungsakten kommen, weil wir sonst einschlafen oder irgendeiner Katastrophe unseres Bewußtseins entgegengehen müßten.

Andererseits vermögen wir aber auch mit der größten Anstrengung unserer Aufmerksamkeit nicht eine gewisse Anzahl von Wahrnehmungsakten während der Sekunde zu überschreiten. Hierdurch fällt gleich auch ein neues Streiflicht auf die schwierige Theorie der Aufmerksamkeit. Unsere Aufmerksamkeit ist nämlich desto konzentrierter, je häufiger unsere Wahrnehmungsakte aufeinanderfolgen, sie wird jedoch um so loser, je dünner diese Akte gesät sind. Wir haben bis zu einem gewissen Grade Macht über unsere Aufmerksamkeit, d. h. wir vermögen die Dichtheit unserer Wahrnehmungsakte vermittels unseres Willens bis zu einem gewissen Grade zu regulieren, aber wir erreichen gar bald jene äußerste Dichte unserer Wahrnehmungsakte, die wir nicht zu überschreiten vermögen.

Sollen wir es recht sinnfällig ausdrücken, daß unser Bewußtsein während der Sekunde nur eine bestimmte Anzahl von Akten zu vollbringen vermag, so sprechen wir am besten von einem *Bewußtseinspulse* und insbesondere von einem Wahrnehmungspulse. So wie die Pulsschläge einer Arterie in bestimmten Zeitintervallen und in einem bestimmten Rhythmus erfolgen, so kommt auch den Akten unseres Bewußtseins überhaupt und insbesondere den Akten unseres wahrnehmenden Bewußtseins jeweilig eine bestimmte Frequenz und demzufolge ein bestimmter Rhythmus zu, der experimentell untersucht werden muß. Wir werden, wenn dieser Forschungsweg einmal betreten wird, zur Ausbildung eines neuen Wissenszweiges, der experimentellen *Bewußtseins- oder Besinnungslehre*, gelangen, zu deren ersten Aufgaben es gehören wird, den intermittierenden Charakter des menschlichen wahrnehmenden Bewußtseins einer systematischen Prüfung zu unterwerfen: namentlich die untersten und obersten Grenzen des Wahrnehmungspulses zu ermitteln, den Einfluß verschiedener äußerer Umstände auf das Steigen und Fallen dieses Pulses gesetzmäßig festzustellen, die Unterschiede des Wahrnehmungspulses bei dem männlichen und weiblichen Geschlechte, sowie in den verschiedenen Lebensaltern usw. usw. zu erforschen. Soll eine solche neue physiologische Disziplin möglich werden, so muß die Erkenntnislehre, die ja im Grunde genommen nichts weiter als eine Lehre vom menschlichen Bewußtsein sein müßte, vor allem den intermittierenden Charakter unserer Wahrnehmungsakte zu einem klaren Begriff zu erheben suchen.

Wir sagten, daß unsere Wahrnehmung mit dem Empfindungsvorgange nicht stetig mitfließe, daß also unmerklich kleine Empfindungsintervalle verfließen müssen, bis wir uns zu einem Wahrnehmungsakt aufzuraffen vermögen. Es fragt sich nun, welche Zeitdauer wir einem solchen Wahrnehmungsakt zuschreiben dürfen? Um unserer Phantasie eine konkrete Haltung zu sichern, wollen wir für den Augenblick annehmen, daß ein Empfindungsvorgang etwa $^1/_{10}$ Sekunde dauern muß, bis er durch einen Bewußtseinsakt zur Kenntnis genommen werden kann. Es fragt sich dann eben, ob auch dieser Bewußtseinakt irgendeine Zeitdauer für sich in Anspruch nimmt? Eine sehr einfache Überlegung zeigt uns, daß ein Bewußtseinsakt überhaupt keine meßbare Zeit beanspruchen kann, weil sonst unser Bewußtsein einen fließenden Charakter haben müßte. Gesetzt nämlich, daß auch der Bewußtseinsakt $^1/_{10}$ Sekunde andauern würde, so hätte dies die Bedeutung, daß unser Bewußtsein während der Zehntelsekunde in ununterbrochener Aktion ist, d. h. daß es auch in den hundertstel, tausendstel, millionstel, billionstel usw. Sekundenteilchen tätig zu sein vermag, kurz, daß es in beliebig kleine Zeitteilchen einzudringen vermag. Wäre unser Bewußtsein von solch fließender Natur, dann hätte es ja mit dem Empfindungsvorgange selbst mitfließen und uns jede noch so kleine zeitliche Phase des Empfindungsvorganges enthüllen können. Eben weil unser Bewußtsein dies nicht zu leisten vermag, mußten wir schließen, daß unser Bewußtsein nicht mit dem Empfindungsvorgang mitfließt, also weder $^1/_{10}$ noch $^1/_{100}$ Sekunde, noch überhaupt während irgendeines Zeitintervalles fortzufließen, d. h. in stetiger Aktion zu sein vermag. Indem wir also feststellten, daß unser wahrnehmendes Bewußtsein keinen fließenden, sondern einen intermittierenden Charakter habe, lag es schon in dem Sinne dieser Feststellung eingeschlossen, *daß ein Wahrnehmungsakt für sich betrachtet völlig dauerlos sein muß, d. h. nur im mathematischen Zeitpunkt stattfinden kann.*

2. Ich habe den Satz von der begrenzten Anzahl unserer Besinnungsakte während der Sekunde, sowie auch den Satz von der mathematischen Punktualität dieser Akte schon in meinem Versuch einer monistischen Erkenntnislehre: „Die Logik auf dem Scheidewege“ als einen Fundamentalartikel der Bewußtseinslehre hingestellt. Dieser Arbeit wurde die Ehre zuteil, daß sie von Professor *Uphues* in Halle in einer eigenen Schrift „Zur Krisis in der Logik“ eingehend kritisiert und gewürdigt wurde. Uphues schließt sich – soweit ich sehe – meiner Auffassung an, daß es uns nicht gegeben ist, uns in der Sekunde so oft auf das Erlebte zu besinnen, als es uns beliebt; er meint jedoch, ich wäre den Beweis dafür schuldig geblieben, daß unsere Besinnungsakte zeitlosen, d. i. mathematisch punktuellen Charakter haben müßten. Ich glaube jedoch in der vorausgehenden Betrachtung gezeigt zu haben, daß der intermittierende Charakter unseres Bewußtseins gleich auch seine Punktualität involviere. Wir haben nur zwischen zwei Annahmen zu wählen: entweder fließt unser wahrnehmendes Bewußtsein in gleichem Tempo mit dem Empfindungsvorgang mit oder es fließt nicht mit. Im ersten Falle müßte unser sinnliches Wahrnehmungsvermögen ein unendlich feines sein, was allen Tatsachen unserer Wahrnehmung widerspricht; es bleibt uns also nichts übrig, als unserem wahrnehmenden Bewußtsein den fließenden Charakter abzusprechen. Fließt aber die Wahrnehmung nicht stetig in der Zeit fort, dann kann sie ebensowenig $^{1}/_{10}$ wie $^{1}/_{100}$ wie $^{1}/_{1000}$ usw. Sekunde lang fortfließen, d. h. sie muß einen intermittierenden, punktuellen Charakter haben.

Erst indem wir einsehen, daß unsere geistigen Akte in mathematischen Zeitpunkten stattfinden, also nicht sinnlicher Natur sind, haben wir auch das Recht erworben, von geistigen Akten im Unterschiede von Lebensvorgängen (vitalen, biologischen, physiologischen Prozessen) – wie es die Empfindungsvorgänge sind – zu sprechen, und erst hierdurch glaube ich die fundamentale Verirrung der modernen Empfindungsphilosophie aufgedeckt zu haben. Für den modernen Impressionisten oder Psychologisten ist die Empfindung in ihrem ganzen Verlauf ein sogenannter „Bewußtseinsvorgang“, ein „psychisches Geschehen“, ein „psychisches Phänomen“. Würde sich dies wirklich so verhalten, d. h. wäre die Empfindung in ihrem ganzen Verlaufe ein Vorgang innerhalb unseres Bewußtseins, dann müßten uns die allerkleinsten zeitlichen Phasen einer Empfindung ebensogut bekannt sein wie die größeren, d. h. wir besäßen eine unendlich feine Wahrnehmungskraft, was einer jeden menschlichen Erfahrung widerspricht. Wenn uns jedoch die kleinsten Phasen eines Empfindungsvorganges unbekannt bleiben müssen – woran sich mit guten Mitteln nicht zweifeln läßt –, dann kann der Empfindungsprozeß in seinem zeitlichen Verlaufe gar nicht als Bewußtseinsvorgang betrachtet werden, und es darf bloß den punktuellen Besinnungsakten, zwischen welchen der Empfindungsvorgang zeitlich eingeschlossen ist, ein geistiger Charakter zugeschrieben werden. So führt denn meine Untersuchung zu Ergebnissen, die mit dem sogenannten gemeinen Verstand, dem *common sense*, gut in Einklang zu bringen sind. Jeder Denkende, der von der modernen Empfindungsphilosophie nicht beeinflußt ist, wird sofort zugeben, daß er Empfindungsvorgänge als leibliche Lebensprozesse auffaßt, und daß er unter geistigen Akten solche versteht, die keinen leiblichen, sondern einen nichtsinnlichen Charakter haben. Freilich weiß er nicht anzugeben, worauf er diese Unterscheidung gründet, und er läßt sich deshalb leicht überreden, schon die Empfindungsvorgänge an sich für etwas Geistiges oder „Psychisches" zu halten. Eben deshalb mußte ich in meiner obigen Untersuchung den Unterschied zwischen einem fließenden Geschehen und zwischen einem punktuellen Akt darlegen, indem ich zeigte, daß in unserem Bewußtsein kein fließender Prozeß stattfinden kann, weil wir sonst eine unendlich feine Wahrnehmungsfähigkeit hätten. *Die Akte unseres Bewußtseins sind notwendig punktuell und nur weil sie punktuell (also nicht sinnlich) sind, haben wir das Recht und die logische Pflicht, sie von den fließenden, zeitlichen (also leiblichen) Prozessen des Empfindens zu unterscheiden.*

Der Satz von dem intermittierenden Charakter des menschlichen Bewußtseins ist also kein zufälliges Aperçu über die Natur unseres Geistes, sondern meiner Überzeugung nach die einzig feste Grundlage für eine Wissenschaft vom Geiste. Solange wir geistige Akte von Lebensvorgängen nicht klar zu unterscheiden vermögen, haben wir auch keine feste wissenschaftliche Basis für eine Lehre vom Geiste im Unterschiede von der Physiologie, als der Lehre von den Lebensvorgängen. Das unterscheidende Merkmal zwischen dem Geistigen und dem Physiologischen läßt sich aber nur finden, wenn wir den menschlichen Geist nicht mit den Blicken eines verzückten Idealisten betrachten, sondern ihn zu erkennen suchen, so wie er wirklich beschaffen ist, also in seiner Schwäche und Unzulänglichkeit. Wir sind eben nur dadurch stark, daß wir unserer Schwäche eingedenk bleiben. Da wir nun unseren Blick von vornherein auf die Beschränktheit unseres Bewußtseins richteten, fanden wir diese Beschränktheit eben in jener Diskontinuität oder Punktualität, welche uns zum wertvollsten Unterscheidungszeichen zwischen geistigem Akt und zwischen fließendem Lebensvorgang wurde. Hätten wir unseren Geist von vornherein als etwas Vollendetes betrachtet, so wäre uns hierdurch sein unterscheidendes Kennzeichen entgangen.

Die Frage, ob unsere Bewußtseinstätigkeit und insbesondere unsere Wahrnehmung eine kontinuierliche oder diskontinuierliche (sprunghafte) sei, wurde eigentümlicherweise von den großen Bahnbrechern der modernen Philosophie nicht offen diskutiert; wer aber die labyrinthischen Gänge des neuzeitlichen Denkens mit einiger Aufmerksamkeit verfolgt, wird bald gewahr, daß dieses bedeutsame Problem fortwährend gleichsam mit den Fingern berührt, aber immer wieder beiseite geschoben wurde. Schon *Descartes* steht mit seiner Lehre von den zwei Substanzen, der materiellen und der geistigen Substanz, auf dem Boden des genannten Problems, und er entscheidet sich für das Prinzip der Kontinuität unseres geistigen Tuns oder Denkens. Es sei das Wesen der materiellen Substanz ausgedehnt zu sein, und ebenso gehöre es zum Wesen der geistigen Substanz, zu denken und immer zu denken. Einen Geist, der nicht denkt und nicht immer denkt, kann es ebensowenig geben wie einen Körper, der nicht ausgedehnt wäre. So ist denn der Vater des neuzeitlichen Rationalismus zugleich der erste Vertreter des geistigen Kontinuitätsprinzips. Es ist gewiß ein Satz von allergrößter Kühnheit, daß ein Geist immer denke, und der Autor eines solchen Satzes war sicherlich selbst ein großzügiger, erhabener Geist: aber es scheint mir, daß jener Satz mehr dem Streben nach Verherrlichung unseres Geistes als aus der sachlichen Betrachtung unserer menschlichen Natur entsprang. Zweifellos wäre ein Geist, den weder leibliche Qualen noch Ermattung nach der Arbeit, ja auch der Schlaf und die Ohnmacht am Denken nicht zu hindern vermögen, ein ganz außerordentliches Wesen, aber sicherlich halten wir Menschen uns nicht für derartige Wesen. Ein Geist, der immer denkt und im Denken durch nichts behindert werden kann, ist ein von allen sinnlichen Erlebnissen völlig unabhängiger Geist, so daß es unbegreiflich wird, wie er überhaupt mit einem Leib verbunden sein kann und welchen Anteil er an den Lebensschicksalen dieses Leibes nehmen könnte. So ist schon in dem kartesianischen Prinzip von der Kontinuität der Geistestätigkeit eine dualistische Weltauffassung enthalten. Man braucht der Seele nur ein kontinuierliches Denken zuzuschreiben, um sie dem Leibe völlig zu entfremden, ja beide zu unverträglichen Gegensätzen zu machen; als welche Gegensätze sie bei Descartes wirklich erscheinen.

Der kartesianischen Lehre, daß die Seele immer denke, trat bekanntlich Locke in seinen Untersuchungen über den menschlichen Verstand entgegen. „Ich für meine Person“ – sagt dieser liebenswürdige Denker – „gestehe, daß ich eine von jenen dummen Seelen habe, die sich nicht immer in der Betrachtung von Ideen ergeht, und die das unablässige Denken für die Seele ebensowenig nötig hält, wie die unablässige Bewegung für einen Körper; da das Erfassen von Ideen (nach meinem Verstande) für die Seele dasselbe ist, wie die Bewegung für den Körper: nicht ihr Wesen, sondern eine ihrer Verrichtungen. Mag daher das Denken noch so sehr als die eigentliche Tätigkeit der Seele angesehen werden, so braucht die Seele doch nicht als immer denkend und in Tätigkeit angenommen zu werden. Es mag dies das Vorrecht des unendlichen Urhebers und Erhalters der Dinge sein, der niemals schlummert und schläft; aber es paßt nicht zu einem endlichen Wesen, wenigstens nicht für die menschliche Seele.“ – Es spricht sich in diesen Worten jener gesunde und nüchterne Sinn aus, der uns bei englischen Denkern und bei Empiristen überhaupt so wohltuend berührt. Locke durchschaut die idealisierende Übertreibung, die in dem Satze enthalten ist, daß die Seele immer denke, und er fühlt es sehr wohl, daß diese Übertreibung auf der Vermischung eines menschlichen mit einem übermenschlichen Bewußtsein beruht; leider stützt er aber seine ganze Argumentation auf die Tatsache des Schlafes als einer Unterbrechung unseres Bewußtseins, was deshalb nicht als glücklich bezeichnet werden kann, weil der Schlaf ein äußerst wenig erforschter Zustand unseres Lebensprozesses und unseres Bewußtseins ist. Descartes hatte das Prinzip der Denkkontinuität aufgestellt, und so war der historische Moment gegeben, diesem Prinzip gegenüber auf den intermittierenden oder sprunghaften Charakter unseres Bewußtseins mit allem Nachdruck der Erfahrung hinzuweisen. Wenn es also Locke daran lag, das kartesianische Prinzip ernstlich zu bestreiten, dann hätte er nicht dürfen bloß auf den schlafenden Menschen hinweisen – denn so ein Rätsel, wie es der Schlaf ist, vermag nichts zu beweisen –, sondern er hätte uns zeigen müssen, daß sogar der wache Mensch nicht ohne Unterlaß Bewußtseinsakte vollziehen könne. Nun meint aber Locke, daß ein wacher Mensch kontinuierlich zu denken vermöge, ja, er hält die Unablässigkeit des Denkens für das Wesen oder die Grundbedingung des Wachseins: „Ich gebe es zu, daß bei einem wachenden Menschen die Seele niemals ohne Denken ist, weil dies die Bedingung des Wachseins ist ..." (Vers. ü. d. menschl. Verst., Buch 11, Kap. 1, § 11). Mit diesem einen Satze hatte Locke das Spiel gegenüber dem Rationalismus verloren, denn er selbst nimmt an, daß es ein kontinuierliches menschliches Denken gebe, und beschränkt bloß die Kontinuität auf die 16 Stunden unseres täglichen Wachseins. Also nimmt er keine prinzipielle Stellung der kartesianischen Auffassung gegenüber ein, sondern macht sie sich, nachdem er sie durchlöchert, zu eigen. Wachsein und Schlaf werden hierdurch zu völligen Unbegreiflichkeiten, denn denkt die Seele während des Wachens ohne Unterlaß, dann ist das Wachen ein vollkommenes Bewußtsein, während der Schlaf ihm als der absolute Mangel des Bewußtseins gegenübersteht. Das Einschlafen wäre eine absolute Vernichtung des Bewußtseins, so daß von einem allmählichen Einschlummern, von einem immer tieferen Einschlafen, von einem Träumen und allmählichen Wiedererwachen nicht die Rede sein könnte.

Wachen und Schlaf stehen sich durchaus nicht wie absolute Bewußtheit und absolute Bewußtlosigkeit gegenüber. Ihr Verhältnis zueinander ist trotz der mächtigen Fortschritte der Physiologie im 19. Jahrhundert noch in tiefstes Dunkel gehüllt. Die Lehre von den intermittierenden Bewußtseinsakten scheint mir aber auch auf dieses rätselhafte Verhältnis ein Licht zu verbreiten. Im Sinne dieser Lehre müssen wir *eine gewisse zwischen ziemlich engen Grenzen schwankende Anzahl von Besinnungsakten per Stunde vollbringen, um uns im bewußten Zustand erhalten zu können.* Unser Bewußtsein muß eine gewisse Raschheit des Pulses zeigen, wenn wir nicht um unsere menschliche Bewußtheit kommen sollen. Sinkt unser Wahrnehmungspuls unter eine gewisse Anzahl von Akten in der Sekunde, dann ist unser Wachsein bedroht, und wir dürfen uns *den Schlaf wie einen Zustand vorstellen, wo unser Wahrnehmungspuls sehr herabgesetzt ist,* d. h. einzelne auf die Empfindungen bezügliche Besinnungsakte in so langen Pausen aufeinanderfolgen, daß zufolge dieser Vereinzelung keine Wahrnehmung mehr wie im Wachsein zustande kommen kann. Während des Schlafes ist bekanntlich das Atmen verlangsamt, die einzelnen Atemzüge tiefer und sie setzen zuweilen periodisch aus; der Stoffwechsel ist dementsprechend geringer und die Kohlensäureabgabe im Verhältnis zu derjenigen im wachen Zustande etwa um $^1/_4$ derselben vermindert; auch der Puls ist retardiert, die Verdauung weniger intensiv, die peristaltischen Bewegungen der Därme, insbesondere des Dickdarmes geschwächt usw. Diesen physiologischen Merkmalen des Schlafes hätten wir nun ein erkenntnistheoretisches hinzuzufügen: die Abnahme des Wahrnehmungspulses. Freilich sind wir auch mit dieser Hinzufügung noch gar weit davon entfernt, eine Theorie des Unterschiedes zwischen Wachen und Schlafen zu besitzen, aber der Satz von der Sprunghaftigkeit unseres Bewußtseins macht es uns wenigstens begreiflich, daß es sehr wohl Übergänge aus dem Wachen in den Schlaf und umgekehrt aus dem Schlaf in den wachenden Zustand geben kann. Man hat die Tiefe des Schlafes dadurch festzustellen gesucht, daß man die Stärke der Gehörreize bestimmte, die in den verschiedenen Perioden des Schlafes nötig sind, um den Schläfer zu erwecken. Nach *Mönningshof* und *Piesbergen* nimmt die Tiefe des Schlafes in den ersten fünf Viertelstunden nur ganz allmählich zu, um dann jählings abfallend im Verlaufe einer weiteren halben Stunde die größtmöglichste Tiefe zu erreichen. Von da an nimmt die Festigkeit des Schlafes eine halbe Stunde lang jählings ab, um sich fortan ganz allmählich zu verflachen. Um die Mitte der vierten und fünften Schlafstunde erreicht der Schlaf seine größte Flachheit, d. h. eine größte Annäherung zum Erwachen, vertieft sich jedoch wiederum, wenn auch nur im geringen Maße etwa eine Stunde lang, um sich von hier an dem Erwachen anzunähern. Wir können dieses Versinken in die Arme des Morpheus und diese allmähliche Rückkehr zum Wachsein mit dem Satze vom intermittierenden Bewußtsein sehr gut in Verbindung bringen, indem wir annehmen, daß während des tiefen Schlafes irgendeine Empfindungstaste nur in langen zeitlichen Intervallen im Bewußtsein anklingt, während ein solches Anklingen desto häufiger wird, je mehr der Schlafende sich dem Wiedererwachen nähert. Man kann sich diese Auffassung auch durch das folgende Gleichnis versinnlichen: Schlägt man die Tasten eines Klaviers nur in sehr langen Zwischenpausen an, so kann sich aus solchen vereinzelten Tönen kein Musikstück gestalten, und es bedarf einer gewissen Raschheit in dem Aufeinanderfolgen der Töne, damit sie unsere Tonphantasie als Bestandteile eines einheitlichen musikalischen Ganzen erfasse. Ähnlich verhält es sich mit unseren Besinnungsakten, die, wenn sie in allzu langen Zwischenpausen erfolgen, jener Kohärenz ermangeln, die zum Wahrnehmen nötig ist; bei einem gewissen rascheren Tempo aber eben das liefern, was wir wache Wahrnehmung nennen.

Die Bewußtheit[1]

Der Begriff, den wir bislang vom menschlichen Bewußtsein und von seinem ersten Hauptkennzeichen, der Diskontinuität, zu liefern vermochten, mußte notwendig ein unzulänglicher sein, weil wir immer nur darauf abzielten, den Bewußtseinsakt vom Lebensvorgang unterscheiden zu lernen, also unser Bewußtsein stets nur im Verhältnis zu den Lebensvorgängen, nicht aber auch im Verhältnis zu sich selbst betrachteten. Nun liegt es aber in der Natur des menschlichen Bewußtseins, nicht nur ein Verhältnis zu den Lebensvorgängen zu besitzen, sondern auch in einem Verhältnis zu sich selbst zu stehen. Wenigstens fordern wir von einem reifen, d. i. urteilsfähigen menschlichen Bewußtsein, daß es nicht nur ein Bewußtsein von irgendwelchen physischen Vorgängen, sondern auch ein Bewußtsein seiner selbst sei. Was man aber von einem *Bewußtsein des Bewußtseins* zu halten habe, war zu allen Zeiten eine der gefürchtetsten Fragen der Philosophie, weil keine andere Frage einen so ausgesprochen sinnverwirrenden Charakter hat wie diese. Gibt es nämlich ein Denken vom Denken, so gibt es auch weiterhin ein Denken von diesem zweiten Denken usw. Da es nun höchst lästig ist, ein und dasselbe Wort zweimal, dreimal, viermal nebeneinander hinzuschreiben (wie z. B. Denken des Denkens des Denkens usw.), so sei es mir der Kürze halber gestattet, von der zweiten, dritten, vierten ... und überhaupt *n*ten Potenz oder Stufe des Bewußtseins oder des Denkens zu sprechen. Die Zahl *n* kann eine beliebig große sein, und es hindert uns nichts, sie ins Grenzenlose wachsen zu lassen, so daß füglich auch von einer unendlichen Potenz des Bewußtseins die Rede sein kann. Was nun aber von den höheren Potenzen oder gar von der unendlich hohen Potenz des Denkens oder des Bewußtseins zu halten sei, ist ein Geheimnis, das für die wenigsten Menschen einen Reiz hat. Denn, daß man über das Denken des Menschen nachdenken könne, und daß man ein Wissen von seinem Wissen habe, das geben noch die meisten intelligenten Menschen zu, d. h. man kann mit ihnen auch noch über die zweite Potenz des Bewußtseins verhandeln; wollte man ihnen aber zumuten, auch an höhere Potenzen heranzutreten, so würden sie dies für ein „höchst überflüssiges“, „ganz unfruchtbares“ und jedenfalls sinnverwirrendes Unternehmen erklären. Selbst das Wissen vom Wissen scheint vielen eine leere Redeweise zu sein, da es doch genüge, irgend etwas einfach zu wissen, und es ganz überflüssig sei, auch nur von einer zweiten Potenz des Bewußtseins zu sprechen. Aus dieser Sachlage geht aber nur so viel hervor, daß wir Menschen tatsächlich eine sehr geringe Kenntnis von der Natur unseres

[1] Aus: Palágyi, M.: Wahrnehmungslehre, Leipzig 1925 (Ausgewählte Werke Band 2), S. 25-35.

Bewußtseins haben, und was noch schlimmer ist, daß es uns nicht reizt, die Natur unseres Bewußtseins zu erforschen.

Der Satz von der Diskontinuität des menschlichen Bewußtseins scheint mir aber dazu geeignet zu sein, das alte Problem von den Potenzen oder Stufen des Bewußtseins seines sinnverwirrenden und deshalb überaus lästigen Charakters zu entkleiden. Im Sinne des Diskontinuitätssatzes hat ein menschliches Bewußtsein über nichts zu verfügen als über punktuelle Akte. Betrachten wir also einen Bewußtseinsakt a_1, der mit einem Empfindungsvorgang verbunden ist, oder richtiger: der den Empfindungsvorgang abgrenzt, so entsteht die Frage, ob dieser Akt a_1 von sich selbst ein Bewußtsein habe? Da im Sinne unserer Auffassung ein Bewußtsein über nichts verfügt als über Akte, so kann man die obige Frage auch so formulieren: ist es möglich, daß in einem und demselben Augenblicke zwei Bewußtseinsakte a_1 und a_2 stattfinden, von denen a_2 so beschaffen ist, daß er uns Kunde gibt von dem Akte a_1. Denn falls es möglich ist, daß zwei Bewußtseinsakte mit völliger Gleichzeitigkeit, d. i. in demselben mathematischen Jetzt stattfinden, dann können wir allerdings sagen, es sei möglich, daß der Akt a_1 ein Bewußtsein von sich selbst habe, denn dieses Bewußtsein von sich selbst wäre ihm durch den völlig gleichzeitig stattfindenden Akt a_2 zugesichert. Nun folgt es aber aus dem Satze der Diskonuität des menschlichen Bewußtseins, daß ein solcher siamesischer Zwillingsakt des Bewußtseins, wie er soeben kontempliert wurde, eine Unmöglichkeit ist. Denn im Sinne der Diskontinuitätslehre muß zwischen zwei Akten des Bewußtseins stets eine gewisse Zeit verfließen (und sei es auch nur ein geringer Bruchteil einer Sekunde), der durch irgendeinen Lebensvorgang ausgefüllt ist.

Wir dürfen es also als unmittelbare Folge der Diskontinuitätslehre hinstellen, *daß ein Bewußtseinsakt niemals ein Bewußtsein von sich selbst haben könne, sondern daß erst ein zweiter und später erfolgender Bewußtseinsakt a_2 dem vorangehenden a_1, irgendwelche Bewußtheit leihen kann, aber ohne daß dieser zweite Bewußtseinsakt von sich selbst ein Bewußtsein haben könnte, da es eines dritten Bewußtseinsaktes a_3 bedarf, damit auch der zweite Akt a_2 zu einem bewußten werden könne.* Dies ist das Prinzip von der *Relativität der menschlichen Bewußtheit.* Im Sinne dieses Prinzipes vermag kein einzelner Bewußtseinsakt für sich selbst *Bewußtheit* zu erzeugen, sondern es ist immer die *Beziehung* des einen Aktes auf den anderen, die irgendeine Bewußtheit hervorbringt. Es folgt ferner aus dem Prinzipe der Relativität, daß es verschiedene *Stufen* der Bewußtheit gibt, auf deren Ausbildung eben die Entwicklung des menschlichen Bewußtseins beruht. Es kann freilich Besorgnis erregen, daß immer nur ein Akt dem anderen Bewußtheit leihen kann, er selbst aber gleichsam in Dunkelheit bleibt, wenn nicht ein neuer Akt auf ihn Licht wirft, denn es entsteht der Anschein, als ob der Mensch solchermaßen niemals zu einer eigentlichen Bewußtheit gelangen könnte: aber man darf sich durch solche Befürchtungen nicht beirren lassen, denn man muß zuerst etliche Stufen des Bewußtseins erforscht haben, um die Bedeutung einer jeden derselben zu erfassen und sich Rechenschaft darüber abzulegen, welche Bedeutung das Erklimmen von weiteren Bewußtheitstufen haben könnte. Gibt es nämlich eine solche Bewußtheitsstufe, auf welcher man z. B. das Gelten einer Wahrheit w_1 einsehen kann, so daß das Aufschwingen zu höheren Bewußtheitsstufen nichts an der Einsicht in die Wahrheit w_1 ändern kann, sondern bloß den Zusammenhang dieser einen Wahrheit mit anderen Wahrheiten $w_2, w_3, \ldots w_n$ erkennen läßt, dann kann ein Mensch, dem es zunächst an der Wahrheit w_1 gelegen ist, füglich die höheren Stufen der Bewußtheit, die ihm einen tieferen Blick in den Zusammenhang der Wahrheiten gewähren würden, vernachlässigen.

Nun verhält es sich tatsächlich so, daß der Mensch im Verlaufe seiner Entwicklung bloß *etliche* Stufen der Bewußtheit erklimmen muß, um Wahrheiten feststellen zu können, an welchen keine höhere Stufe der Bewußtheit mehr mit Erfolg zu rütteln vermag, so daß die höheren Stufen der Bewußtheit bloß dazu geeignet sind, neue Wahrheiten zu entdecken, d. h. einen tieferen Blick in die Wahrheitszusammenhänge der menschlichen Wissenschaft zu werfen. Wir können dies auch so ausdrücken: *Es gibt für den Menschen nur eine endliche Anzahl von Bewußtheitsstufen, welche qualitativ verschieden sind*, und es sind dies eben jene Stufen, die nötig sind, damit ein Menschenkind zu irgendeiner unverbrüchlichen Wahrheitsbewußtheit durchzudringen vermöge: alle übrigen Bewußtheitsstufen hingegen sind von den unteren Bewußtheitsstufen nicht mehr qualitativ verschieden und können bloß der Entdeckung neuer Wahrheiten und dadurch der *Vertiefung* unserer Erkenntnis dienstbar sein; freilich dienen sie oft auch dazu, Scheinwahrheiten, d. h. Irrtümer aufzudecken, gegen welche sich übrigens schon die niedrigere Bewußtheit gesträubt hatte, ohne jedoch die nötige geistige Kraft aufbringen zu können, die zur Entlarvung von weit verbreiteten Irrtümern erforderlich ist. Also ist das Prinzip der Relativität der menschlichen Bewußtheit durchaus kein „skeptisches" Prinzip, sondern im Gegenteil das Entwicklungs- und Fortschrittsprinzip des menschlichen Geistes, so wie es in der geistigen Entfaltung der Individuen sich überall manifestiert. Ferner folgt aus dem Prinzip der Relativität der menschlichen Bewußtheit – so wie ich es hier formuliere –, *daß der typische Fundamentalcharakter des menschlichen Intellektes ein in aller Zukunft unveränderlicher ist*, weil die Anzahl der qualitativ verschiedenen Bewußtheitsstufen, die nötig sind, um etwas als wahr hinzustellen – ein wahres Urteil mit dem Bewußtsein seiner Wahrheit zu fällen – zu allen Zeiten die nämliche bleiben wird. *Gleichzeitig liegt es im Sinn des Relativitätsprinzipes, daß der menschliche Intellekt trotzdem eines grenzenlosen Fortschrittes fähig ist*: einesteils durch die unbegrenzte *Ausweitung* der Erfahrung, anderenteils aber auch durch eine unbegrenzte *Vertiefung* des Wahrheitsbewußtseins vermittels des Sichemporschwingens zu unbegrenzt hohen Stufen der Bewußtheit, welche Stufen jedoch von den unteren nicht mehr qualitativ verschieden sind und auch nie wirklich eine unendliche Anzahl erreichen können.

Dies sind allerdings bloß Antizipationen einer ausführlich zu entwickelnden Bewußtseinslehre, in der die qualitativ verschiedenen Bewußtheitstufen mit möglichster Klarheit zu charakterisieren sind, und in welcher auch zum Vorschein kommt, daß es über diese Stufen hinaus keine qualitativ neuen mehr geben kann. Hier genügt es zunächst, vor der Vermengung der zwei Begriffe: Bewußtseinsakt und Bewußtheit (bzw. Bewußtheitsstufe) gewarnt zu haben. Kein Bewußtseinsakt hat ein Bewußtsein um sich selbst, und jede Bewußtheitsstufe besteht in der Bezogenheit eines Aktes a_2 auf einen Akt a_1. Der Satz von der Punktualität der Bewußtseinsakte genügt also durchaus nicht, um das Prinzip von der Diskontinuität des menschlichen Bewußtseins in ein zureichend helles Licht zu rücken; es bedarf noch weiterhin des zweiten Fundamentalsatzes, nämlich des Prinzipes von der Bezogenheit zweier Bewußtseinsakte, um es recht faßlich zu machen, daß eine geistige Tat des Menschen niemals mit bloß einem Akte vollbracht ist, weil schon die erste und unterste Stufe der menschlichen Bewußtheit nur durch die Beziehung zweier Akte erreicht werden kann. Die Sprunghaftigkeit des menschlichen Bewußtseins tritt erst hierdurch in die richtige Beleuchtung: denn obwohl die einzelnen *Akte* des Bewußtseins punktuell, d. h. einfach sind (und das menschliche Bewußtsein hierdurch eine Verwandtschaft mit der unendlichen Intelligenz der Gottheit zeigt), ist doch die menschliche *Bewußtheit* nichts Einfaches mehr, aber auch nicht ein derartig grenzenlos Zusammengesetztes wie der Empfindungsvorgang, denn sie fließt ja nicht wie dieser. Sie ist ein endlich Zusammengesetztes in dem Sinne, daß sie aus einer endlichen Vielheit von punktuellen Akten durch Beziehung derselben aufeinander aufgebaut ist.

Es braucht wohl kaum gesagt zu werden, daß ein Bewußtseinsakt a_2 sich nur vermöge eines Lebensvorganges, mit dem er vereint ist, auf einen Bewußtseinsakt a_1 beziehen kann. Bewußtseinsakte sind ja nichts Derartiges, das unverbunden mit Lebensvorgängen auftreten könnte, und ist es ja immer erst dem abstrahierenden Denken vorbehalten, einen punktuellen Akt von dem mit ihm verbundenen Lebensvorgang in Gedanken zu scheiden. Indem nun Bewußtheit nur durch die Beziehung von Akt auf Akt zustande kommt, stützt sie sich notwendig auch auf die Beziehung von Lebensvorgang auf Lebensvorgang. Wir vermögen also niemals einen Lebensvorgang für sich, in seiner Abgetrenntheit von anderen Lebensvorgängen wahrzunehmen, sondern ein Lebensvorgang wird immer nur durch die Hilfe eines anderen Lebensvorganges wahrnehmbar. Dies ist das überaus wichtige *Prinzip der Doppelerlebnisse, wonach wir es in unserer Wahrnehmung niemals mit einem einzelnen Vorgang, sondern mit einem Doppelvorgang zu tun haben*, von denen der eine gleichsam die Betonung des anderen ist, so daß wir weder den Lebensvorgang l_1 noch den ihn betonenden (auf ihn bezogenen) Lebensvorgang l_2 für sich, sondern bloß die Betontheit des einen Vorganges durch den anderen – was sich durch die Bruchformel l_1/l_2 symbolisieren läßt – wahrnehmen. Man kann das Prinzip der Doppelerlebnisse auch als das Prinzip von der Relativität der menschlichen Wahrnehmung bezeichnen. Erst durch dieses Prinzip ist die impressionistische Denkweise, die von Locke, Berkeley und Hume ausgegangen ist und einen wesentlichen Bestandteil des Kritizismus bildet, völlig widerlegt. Denn der Impressionismus behandelt eine Empfindung wie einen einfachen Vorgang, und merkt nicht, daß die Empfindung schon, abgesehen von ihrer grenzenlosen zeitlichen Zusammengesetztheit, aus der Relation von zwei Vorgängen entstehen muß, da wir Menschen immer nur die Relationen von Vorgängen wahrzunehmen vermögen. Der eine Vorgang wird – wie gesagt – durch den anderen betont, was man auch so ausdrücken kann, daß der eine Vorgang durch den anderen beschränkt, beengt, behindert wird, oder daß ein Vorgang mit dem anderen streitet, einer den anderen bekämpft, und es erst dieser Gegensatz der beiden Vorgänge ist, was für uns bemerkbar wird. Dieser Gegensatz läßt sich durch den Gegensatz eines Wellenberges und Wellentales anschaulich machen, so daß es immer schon eine *ganze* Welle ist, die wir wahrnehmen können, während die Halbwellen, aus denen sie zusammengesetzt ist, erst durch die theoretische Untersuchung der menschlichen Bewußtheit erschlossen werden können, wie ich dies noch in diesem Kapitel an einem fundamentalen Beispiel zeigen werde. Dadurch wird es klar werden, was ich unter einem Lebensrhythmus oder Lebenspuls und den mit ihm vereinten Bewußtseinsrhythmus oder Bewußtseinspuls verstehe. Indem nämlich ein Akt a_1 auf einen Akt a_2 bezogen ist, entsteht der Bewußtseinspuls a_1/a_2 und mit ihm im Vereine der Lebenspuls l_1/l_2. Nächste Aufgabe der Bewußtseinslehre ist, den Aufbau der menschlichen Bewußtheit aus ihren Pulsen darzulegen. Lösbar wird diese Aufgabe nur im Vereine mit der biologischen Forschung, welche die entsprechenden Lebenspulse und ihre Zusammenhänge experimentell und mathematisch ergründen muß und sich erst hierdurch der Lösung des großen Lebensrätsels nähern kann.

Weiterhin ist es klar, daß die obigen zwei Bewußtseinsakte a_2 und a_1, von denen der eine sich auf den anderen bezieht, nicht von der gleichen Art sein können. Denn der Akt a_1 bezieht sich nur auf einen Lebensvorgang, der Akt a_2 hingegen bezieht sich vermittels eines Lebensvorganges auf den Akt a_1, und die Bezogenheit auf einen Lebensvorgang ist wohl zu unterscheiden von der Bezogenheit auf einen Akt. Der Akt a_1 ist ein unmittelbarer, denn seine einzige Bestimmung ist, einen Kontakt des Bewußtseins mit dem Lebensvorgange herzustellen; der Akt a_2 hingegen ist schon von mittelbarem Charakter, weil er im Dienste der Kohärenz des Bewußtseins selbst steht, indem er jenes Beziehen von Akt auf Akt leistet, ohne welchen eine Bewußtheit nicht bestehen kann. Wir dürfen also den Satz aufstellen, daß *das menschliche Bewußtsein über verschiedenartige Bewußtseinsakte verfügt*, was ebenfalls eine Folge seines diskontinuierlichen Charakters ist.

In seinem Buche „Vom Bewußtsein“ nimmt *Uphues* in diesen Fragen einen entgegengesetzten Standpunkt ein. Er spricht im Sinne der Lehre vom Bewußtseinsflusse nicht von Akten, sondern von Vorgängen des Bewußtseins und wirft die Frage auf, was man denn eigentlich unter der Bewußtheit eines Bewußtseinsvorganges verstehen soll? Hier seine Antwort: „Sie ist ein Wissen jedes Bewußtseinsvorganges um sich selbst. Der Bewußtseinsvorgang wendet sich sozusagen auf sich selbst zurück (reflektiert super se ipsum), er umfaßt sich selbst, hält sich zusammen, widersetzt sich der Teilung – wenn es erlaubt ist, in diesen ganz unpassenden, aus dem sinnlichen Gebiet entnommenen Bildern von ihm zu reden." (Vom Bewußtsein, S. 24.) – So geistvoll auch diese Betrachtungen sein mögen, so klingen sie doch wie die reinste Mystik; sie wenden das Problem hin und her, ohne es von der Stelle zu bringen. *Uphues* meint die Natur der „Bewußtheit" auch dadurch aufzuhellen, daß er sie als ein Merkmal *jedes* Bewußtseinsvorganges hinstellt, wodurch aber alle Erfahrung über die stufenweise Entwicklung der Bewußtheit des Menschen über den Haufen geworfen wird. Hier seine Worte: „Sie (die Bewußtheit) ist das allen Bewußtseinsvorgängen eigentümliche Merkmal (nota constituens, nicht Eigenschaft, die ein Ding als Träger voraussetzt), durch welches die Bewußtseinsvorgänge zu Bewußtseinsvorgängen werden. Sie ist ein grundlegendes Merkmal aller Bewußtseinsvorgänge, keine bloße Eigenschaft derselben; aber doch kein Gattungsmerkmal, das sich in allen Bewußtseinsvorgängen in gleicher Weise wiederholt und von ihren Verschiedenheiten in Gedanken getrennt werden könnte, wie das Gattungsmerkmal Baum, das in allen Bäumen wiederkehrt, aber in den Unterschieden der Bäume voneinander nicht wieder vorkommt. Wir können von verschiedenen Arten von Bäumen reden, aber nicht von verschiedenen Arten von Bewußtseinsvorgängen". („Vom Bewußtsein", S. 23, 24.)

Es sind dies ja gewiß feine und sinnreiche Unterscheidungen, aber erfährt man auch wirklich aus ihnen, was man von der Bewußtheit zu denken habe? Ich vermag es nicht auszudenken, wie ein Bewußtseinsakt ein Bewußtsein um sich selbst haben könne. Er müßte ja dann zu gleicher Zeit Subjekt und Objekt seines Bewußtseins sein. Oder um dies deutlicher auszudrücken: wollen wir annehmen, die Bewußtseinsakte a_2 und a_1 fänden völlig gleichzeitig statt, und der Akt a_2 bezöge sich auf a_1. Es wäre dann, wie gesagt, durch einen solchen siamesischen Doppelakt das Wunder vollbracht, daß ein Bewußtseinsakt kaum geboren schon ein Bewußtsein um sich selbst hätte. Damit wäre aber auch das Prinzip ausgesprochen, daß unser Bewußtsein überhaupt keiner Zeitdauer bedarf, um von dem einen Akt zu dem anderen zu kommen. Unser Bewußtseinspuls wäre unendlich schnell. So wie der Akt a_2 gleichzeitig mit a_1 vorhanden ist, um sich auf ihn zu beziehen, so wäre mit dem Akte a_2 auch gleichzeitig der Akt a_3 gegenwärtig, um auch dem Akte a_2 Bewußtheit zu verleihen. Aber es würde uns vermöge der unendlichen Schnelligkeit unseres Bewußtseinspulses auch an einem Akt a_4 nicht mangeln, der dem Akte a_3 Bewußtheit verliehe; kurz, wir könnten in einem und demselben Augenblicke so viel Bewußtseinsakte vollziehen, als es uns beliebt, d. h. wir wären keine Menschen, sondern Götter.

Das ist eben der fundamentale Charakterzug des menschlichen Bewußtseins, daß es niemals ein vollkommenes, in sich selbst abgeschlossenes, sich selbst völlig umfassendes und rein auf sich selbst begründetes, absolutes Bewußtsein ist. Das menschliche Bewußtsein ist diskontinuierlich, ist sprunghaft und kann sich nur schritt- oder ruckweise aus der Nacht der Unbewußtheit zu immer höheren Stufen einer lichtvollen Bewußtheit emporringen. Darin besteht die *Evolution* oder Entwicklung des menschlichen Bewußtseins. Die Lehre vom Bewußtseinsfluß (oder dem kontinuierlichen Bewußtsein) steht überall im Widerspruch mit der schrittweisen Ausbildung und Entwicklung des menschlichen Geistes, und sie führt – wie wir uns überzeugen werden – entweder zur Verwechslung des menschlichen Geistes mit dem göttlichen, d. h. des endlich schnellen Bewußtseinspulses mit dem unendlich schnellen oder aber zum Zweifel, ob von einem Bewußtsein überhaupt die Rede sein kann und ob all unser Denken (und Wollen) kein bloßes, nichtiges Träumen sei, d. i. zum Skeptizismus. Die Lehre von der Diskontinuität des menschlichen Geistes ist hingegen eine Lehre vom geistigen Fortschritt: einem Fortschritt, der nur mühsam, schrittweise errungen werden kann, aber von dem Bewußtsein getragen ist, dem unendlichen Lichte zuzustreben.

Wir müssen mit sekundären Bewußtseinsakten den primären zu Hilfe eilen, um diesen zu einer Bewußtheit zu verhelfen. Also sind die Akte unseres Bewußtseins durchaus nicht gleichartig – wie dies die Lehre vom Bewußtseinsfluß glauben macht –, sondern ist eben die Aufgabe der Bewußtseinslehre, die verschiedenen Arten von Bewußtseinsakten und die verschiedenen Arten der mit ihnen vereinten vitalen Vorgänge zu erforschen. Denn ich muß es gleich hier betonen, daß es einen Weg gibt, unsere Lebensprozesse zu erforschen, der von der Untersuchung unseres Bewußtseins ausgeht und in die Biologie (Physiologie) mündet, und einen umgekehrten Weg, der von der Biologie ausgehend zur Untersuchung des Bewußtseins (also zur Philosophie) hintreibt. Nur meine man nicht, daß der eine dieser Wege mit völligem Ausschluß des anderen betreten werden kann. Nur das praktische Prinzip der Arbeitsteilung sowie die einseitige Begabung der verschiedenen Forscher erheischt es, daß der eine auf diese, der andere auf die entgegengesetzte Richtung der Untersuchung das Hauptgewicht lege: das Interesse des Fortschrittes aber erfordert es auch unbedingt, daß die beiden Richtungen den innigsten Kontakt miteinander unterhalten.

Das Stattfinden von primären Bewußtseinsakten ist für sich genommen durchaus ungenügend, um irgendeine Art von Bewußtheit zu erzeugen. Unser Bewußtsein ist nämlich ohne Unterlaß durch einen überaus mannigfaltigen Strom von Eindrücken belagert, und der unaufhaltsame Fluß derselben hat die Tendenz, unser Bewußtsein immer an das jeweilige Jetzt zu fesseln, was zur Folge hätte, daß wir in jedem Augenblick der ganzen Vergangenheit unseres Lebensprozesses verlustig werden müßten. Es ist also notwendig, daß unser Lebensprozeß auf die ihn ergreifenden Eindrücke mit antagonistischen Lebensvorgängen reagiere, und auch unser Bewußtsein den primären Akten alsbald sekundäre, antagonistische Akte entgegensetze, welche den geistigen Blick aus den Fesseln des jeweiligen Jetzt lösen, und ihn – trotz des rastlosen Vorwärtsjagens der Eindrucksvorgänge – zur Betrachtung des soeben Vergangenen befähigen. Es streiten also in jedem Empfindungsvorgange, der uns zur Kenntnis gelangen soll, notwendig zwei Lebensvorgänge von entgegengesetztem Charakter miteinander, weil für uns ohne einen solchen Widerstreit nie eine Vergangenheit existieren könnte. Solange das Dogma von der Einfachheit unserer Empfindungen als eine selbstverständliche Wahrheit galt, konnte freilich die Einsicht, daß in jedem Empfindungsvorgang zwei Arten von antagonistischen Vorgängen miteinander kämpfen, nicht aufkommen; da wir uns aber von dem Einfachheitsdogma der Empfindung befreiten, so kann uns nichts mehr in der Einsicht behindern, daß unser geistiger Blick sich niemals zu irgendeiner Bewußtheit durchzuringen vermöchte, wenn er stets unerbittlich an das jeweilige Jetzt geschmiedet wäre, und ihm also nicht nur die vergangenen Stunden und Minuten, sondern auch die soeben verflossene Sekunde entfallen müßten. (Ich gebrauche statt des Terminus „Bewußtseinsakt“ auch den Ausdruck „geistiger Blick“ oder kurzweg „Blick“ in völlig synonymer Bedeutung.)

Unser Geist muß demnach nicht nur in dem jeweiligen Jetzt durch einen Jetztblick J_1 gleichsam festen Fuß fassen, sondern er muß sich alsbald – etwa nach Verlauf eines Bruchteils der Sekunde – zu einem Rückblick R_1, der sich auf den schon vergangenen Jetztblick J_1 bezieht, aufraffen, weil sonst der Jetztblick J_1 ein vergeblich vollbrachter, ein völlig verlorener Bewußtseinsakt bliebe. Wir weilen erst vermittels des Rückblickes R_1 bei dem soeben vergangenen Jetztblick J_1; der Jetztblick J_1 kommt erst vermittels des Rückblickes R_1 zur Geltung. *Eine jede menschliche Wahrnehmung ist eine verspätete Wahrnehmung.* Vergebens bohrt sich der Jetztblick J_1 in einen mathematischen Jetztpunkt des Zeitstromes ein, denn es bedarf noch eines später erfolgenden Rückblickes R_1, der kraft seiner Beziehung auf J_1 ein Verweilen bei demselben ermöglicht.

Wir leben in der Illusion, daß wir mit dem bloßen Jetztblick unseres Bewußtseins das vor uns Geschehende zu meistern vermögen, und merken nicht, daß wir auch mit der angestrengtesten Aufmerksamkeit niemals ein wirkliches (d. i. mathematisches) Jetzt zu erhaschen vermögen. Es ist immer ein soeben Vergangenes, das wir für eine Gegenwart halten. Es ist immer schon ein Rückblick, durch welchen wir zu einem Jetzt kommen. Es müssen zumindest zwei Arten von Bewußtseinsakten miteinander abwechseln, damit irgendeine Bewußtheit zustande komme. Wir werden also den Rhythmus der aufeinanderfolgenden Jetztblicke J_1, J_2, J_3 … usw. von dem Rhythmus der Rückblicke R_1, R_2, R_3 … wohl unterscheiden müssen, und dabei in acht zu nehmen haben, daß die Glieder des zweiten Rhythmus sich jeweilig in irgendeinem Tempo zwischen die Glieder des ersten Rhythmus einschieben, so daß die beiden ineinandergeschobenen Rhythmen sich etwa durch die Formel: J_1, R_1, J_2, R_2, J_3, R_3 … darstellen lassen. Ich will jedoch mit dieser Formel noch kein bestimmtes Gesetz festgestellt haben. Es ist nämlich sehr wohl möglich, daß sich zwischen zwei, drei oder mehrere Jetztblicke noch immer kein Rückblick einschiebt, und dieses Einschieben überhaupt in sehr verschiedenartigem Tempo erfolgt. Die Intensität der jeweiligen Eindrücke und der Grad der Aufmerksamkeit, mit denen wir sie verfolgen, werden einen entscheidenden Einfluß auf die Gedrängtheit und Lockerheit der aufeinanderfolgenden Akte J_1, R_1, J_2, R_2, ... ausüben. Jedenfalls gibt es innerhalb einer jeden Sinnessphäre eine höchste Raschheit, mit der ein Akt R_1 auf einen Akt J_1 zu erfolgen vermag, und die durch kein menschliches Wesen überschritten werden kann. Es gibt aber auch eine untere Grenze für die Schnelligkeit der Abwechslung zwischen J und R. Denn wenn ein allzu großes Intervall zwischen J und dem entsprechenden R verstreichen soll, dann vermag sich R nicht mehr auf J zu beziehen, und die Kohärenz der beiden Bewußtseinsakte, d. h. die zu erzeugende Bewußtheit ist gefährdet. Es kann dann z. B. ein Übergang aus einer wachen Aufmerksamkeit zu einer wachen Träumerei oder ein Übergang aus einem wachen Zustande in den Schlaf oder sonst ein anderer Bewußtseinsübergang im Zuge sein. Hier zeigt es sich schon, daß die Lehre von der Diskontinuität des menschlichen Bewußtseins ein neues Licht auf die rätselhaften Zustände des Bewußtseins zu werfen vermag.

Den antagonistischen Bewußtseinsakten J und R entsprechen, wie gesagt, antagonistische Lebensvorgänge. Der eigentliche Eindrucksvorgang induziert einen Vorgang von gegensätzlichem Charakter, den wir füglich einen Gedächtnisvorgang nennen können. Nur muß bemerkt werden, daß hier nicht von einem solchen Gedächtnisvorgang die Rede ist, der auf Eindrucksvorgänge bezogen wäre, die schon vor mehreren Sekunden, Minuten, Stunden usw. stattgefunden haben. Der Gedächtnisvorgang, von dem hier die Rede ist, bezieht sich auf den *soeben verflossenen* Eindrucksvorgang, d. h. auf den Vorgang, den man im gewöhnlichen Leben als eben jetzt stattfindend zu bezeichnen pflegt. Wir merken es nicht, daß wir zur Wahrnehmung eines vor unseren Augen stattfindenden Vorganges nicht nur einer bestimmten Eindrucksfähigkeit bedürfen, sondern notwendig auch ein Gedächtnis haben müssen, weil uns sonst der vor unseren Augen fließende Vorgang in allen seinen soeben verflossenen Abteilungen vollkommen entfallen würde und wir besinnungslos in die Welt hineinstieren würden. Der vitale Vorgang des Eindruckes erweckt einen antagonistischen vitalen Vorgang, nämlich einen Gedächtnisvorgang, und unser Bewußtsein springt gleichsam von dem einen Vorgang zu dem anderen hinüber und dann wieder zurück usw. Das ist freilich nur eine metaphorische Ausdrucksweise, die aber sehr geeignet ist, die Diskontinuität des Bewußtseins auch der Phantasie einzuprägen. In dem einen Augenblick vereint sich ein Bewußtseinsakt mit dem Strom des Eindrucksvorganges; nach einem kurzen Zeitintervalle vereint sich ein anderer Bewußtseinsakt mit dem Strome des Gedächtnisvorganges, was eben in anschaulicher Weise so ausgedrückt werden kann, daß der geistige Blick von dem einen Strom zu dem anderen hinüber und herüber springt. Ist der Gedächtnisstrom einmal durch den Eindruckstrom induziert worden, so fließen beide Ströme gleichzeitig weiter, und es sind bloß die Bewußtseinsakte, die in bestimmten Zeitintervallen alternierend erfolgen und so einen aus zwei Rhythmen zusammengesetzten geistigen Doppelpuls erzeugen, auf welchem sich als seiner primitiven Grundlage der noch weit zusammengesetztere Bewußtseinspuls des Menschen aufbaut. Jedenfalls entnimmt schon der Leser aus der bisherigen Darstellung, daß eine Bewußtseinslehre, die als echte Wissenschaft wird gelten wollen, zunächst die verschiedenartigen Rhythmen des menschlichen Bewußtseins zu erforschen hat. Diese Bewußtseinsrhythmen sind immer mit Lebensrhythmen verbunden, und die ersteren können endgültig und in positiv-exakter Weise nur in dem Maße festgestellt werden, als es auch gelingt, die letzteren auf experimentellem und mathematischem Wege festzustellen.

Vitalistische und mechanistische Naturauffassung[1]

Wir haben in dem vorausgehenden Abschnitte aus dem Satze von der grenzenlosen Zusammengesetztheit unserer Empfindungen alle Konsequenzen gezogen, die sich aus demselben ohne Mühe ergeben. So gelangten wir zu einer scharfen Unterscheidung zwischen dem physisch-vitalen Vorgang der Empfindung und den punktuellen Akten unseres Bewußtseins. Wir konnten das Prinzip der Diskontinuität (oder des endlich schnellen Bewußtseinspulses) als das fundamentale Prinzip einer wissenschaftlichen Bewußtseinslehre hinstellen, und solche wichtige Folgesätze dieses Prinzipes wie 1. den Satz von der Punktualität der Bewußtseinsakte, 2. den Satz von der Bezogenheit des einen Aktes auf den anderen (Satz der Bewußtheit), 3. den Satz der Doppelerlebnisse, 4. den Satz von den qualitativ verschiedenen Stufen der Bewußtheit usw. formulieren oder zumindest andeuten. Es ergaben sich uns auch Ausblicke auf so bedeutsame Sätze, wie z. B. auf den Satz von der Konstanz des typischen Charakters der menschlichen Bewußtheit in aller Zukunft, ferner auf den Satz von der grenzenlosen Vertiefbarkeit der menschlichen Bewußtheit oder der grenzenlosen Fortschrittsfähigkeit des menschlichen Geistes.

Wollen wir aber in unseren Untersuchungen weiter fortschreiten, so müssen wir vitale Vorgänge von mechanischen Vorgängen unterscheiden lernen. Denn wir haben die punktuellen Bewußtseinsakte bloß von zeitlich fließenden physischen Vorgängen überhaupt unterschieden, ohne jedoch auch die Unterscheidung eines physisch-vitalen von einem physisch-mechanischen Vorgang in Angriff zu nehmen, weshalb alle unseren bisherigen Betrachtungen einer sehr wichtigen Ergänzung bedürftig bleiben mußten. Denn was ein vitaler Vorgang sei, das zeigt sich erst durch seine Unterscheidung von einem mechanischen Vorgang. Hiermit gelangen wir zu dem Grundproblem aller Naturwissenschaft (oder Naturphilosophie) überhaupt, dessen Behandlung das Aufwühlen aller Tiefen und Untiefen der biologischen sowie der mechanistischen Wissenschaften erforderlich machen würde. Da es sich aber in dieser Schrift in erster Reihe um die Bewußtseinslehre und nur in zweiter Reihe um das Lebensrätsel handelt, so wird es hier genügen, auf das Lebensrätsel nur insoweit einzugehen, als dies zur Feststellung eines unterscheidenden Merkmales zwischen unseren Lebensvorgängen und zwischen den mechanischen Prozessen nötig ist. *Wie* aber die mechanischen Prozesse und die Lebensvorgänge ineinandergreifen oder *die Art und Weise, wie das vitale und mechanische Geschehen miteinander vereint sind*, ist ein unendliches Problem,

---

[1] Aus: Palágyi, M.: Wahrnehmungslehre, Leipzig 1925 (Ausgewählte Werke Band 2), S. 54-59.

das in dieser Schrift noch nicht behandelt werden soll. Es muß ja doch zuerst ausgemacht werden, ob wir überhaupt das Recht haben, vitale und mechanische Vorgänge zu unterscheiden, damit dann auch die Art und Weise ihrer Verknüpfung untersucht werden könne.

Es ist also die große Streitfrage zwischen vitalistischer und mechanistischer Naturauffassung, die uns in den folgenden Untersuchungen interessiert: freilich nicht in dem Sinne, wie dieser Streit zwischen den beiden großen Parteien bisher geführt wurde. Denn für uns ist es schon ausgemacht, daß es vitale Vorgänge gibt; haben wir ja doch ein Bewußtsein von unseren Empfindungen, und sind doch diese Empfindungen vitale Vorgänge. Leider herrscht in der modernen Naturwissenschaft die Auffassung vor, daß die Empfindungen psychische Vorgänge seien: ein Irrtum, der durch die impressionistische Philosophie in die Naturwissenschaft hineingetragen wurde und dessen Aufdeckung einen Hauptteil der Untersuchungen des ersten Abschnittes bildete.

Nichts ist gewisser, als daß wir ein Bewußtsein haben, und nichts kann für diejenigen, die ein menschliches Bewußtsein haben, so sicher sein, als daß sie leben, als daß sie Erlebnisse, Empfindungen haben. Der Satz des *Descartes*: Cogito ergo sum, soll eigentlich besagen: Ich bin dessen völlig gewiß, daß ich ein Bewußtsein habe (daß ich denke); aber dieser durchaus richtige Satz sollte gleich auch mit dem Satze ergänzt werden: so gewiß ich ein Bewußtsein habe, so gewiß bin ich auch im Besitze von Erlebnissen (z. B. von Empfindungen). Nun hat aber Descartes nur das Haben eines Bewußtseins betonen wollen, und er glaubte dies in seinem rationalistischen Übereifer nur so bewerkstelligen zu können, daß er in Einem unserem ganzen Empfindungsleben das höchste Mißtrauen votierte. Um die Gewißheit des Denkens (des Bewußtseins) festzustellen, meinte dieser große Denker von der Ungewißheit alles Empfindens (also der vitalen Vorgänge) ausgehen zu müssen: ein fatales Beginnen, an dessen üblen Folgen die ganze neuzeitliche Philosophie und Naturwissenschaft noch immer krankt. Indem Descartes das Bewußtsein und das Leben (das Denken und Empfinden) auseinanderriß, entwurzelte er nicht nur das Empfindungsleben, sondern auch jenes so heiß angebetete Denken, dessen Selbstgewißheit ihm so sehr am Herzen gelegen war. Sein einseitiges Vorgehen entfesselte nämlich den heftigsten und zum Teil sehr berechtigten Widerspruch aller empfindungsverliebten Geister, und so konnte es nicht ausbleiben, daß die mächtige Welle der sensualistischen Reaktion das Bewußtsein (das Denken) überhaupt durch das Empfinden verdrängen und dieses selbst zu einem Denken stempeln wollte. Hierdurch wurde aber wiederum nicht nur die Natur des menschlichen Bewußtseins völlig verdunkelt, sondern auch die Gewißheit der Existenz von vitalen Vorgängen verschleiert. Denn wenn der moderne Impressionismus auch nichts so sehr anerkennt als das Haben von Empfindungen, so war hiermit wieder nur die Gewißheit des Bewußtseins und nicht die Gewißheit von Lebensvorgängen betont. So scheint es denn geradezu, als ob Rationalismus und Impressionismus miteinander verschworen wären, keine Lehre von den vitalen Vorgängen aufkommen zu lassen.

Es ist also höchst erfreulich, zu sehen, daß in unseren Tagen eine tiefdringende neovitalistische Strömung im Zuge ist (vgl. z. B. die lehrreiche und interessante Schrift von *Hans Driesch*: Der Vitalismus als Geschichte und als Lehre), aber es scheint mir, daß die Kampfesweise der Vitalisten eine unphilosophische oder zumindest mystische ist, indem sie sich eine ganz unerhörte Mühe geben, das Vorhandensein von vitalen Vorgängen in solcher Weise zu demonstrieren, daß sie zunächst von der Existenz mechanischer Vorgänge ausgehen. Durch dieses verkehrte Vorgehen liefern sie aber stets nur neue Waffen in die Hände ihrer Gegner, der Mechanisten. Wer nämlich die Existenz mechanischer Vorgänge als das unmittelbar Gewisse hinstellt, der bekundet hiermit, daß er von der Gewißheit seiner eigenen Lebensfunktionen nicht überzeugt ist, und dem wird es auch niemals gelingen können, das Vorhandensein seiner Lebensvorgänge zu beweisen. Es scheint mir in der Philosophie kein anderer Weg offen zu sein als derjenige, der durch *Augustin* und *Descartes* betreten wurde, nämlich der Ausgangspunkt vom eigenen Bewußtsein, nur muß man über den Rationalismus jener Denker dadurch hinwegzukommen suchen, daß man seine Bewußtseinsakte von den Lebensvorgängen, auf welche sie sich beziehen, unterscheiden lernt, indem man die ersteren als punktuell, die letzteren als zeitlich fließend erkennt. Durch diese Unterscheidung ist nicht nur das Bewußtsein selbst, sondern auch der mit ihm vereinte Lebensprozeß konstatiert und über jeden Zweifel erhoben. Erst wenn der Unterschied von Bewußtseinsakt und Lebensprozeß erkannt ist, kann das große (unendliche) Problem aufgeworfen werden, wieso denn eigentlich punktuelle Akte mit fließenden Vorgängen, wieso der Geist mit dem physischen Lebensprozeß vereint ist, und welchen gemeinsamen Ursprung sie haben. Bevor man aber den geistigen Akt von dem physischen Leben scharf unterschieden hat, ist es auch nicht möglich, eine Frage in bezug auf ihre Vereinigung und ihren gemeinsamen Ursprung aufzuwerfen, d. h. man kann von keinem monistischen Streben in bezug auf das Geistige und das Physische erfüllt sein, ehe man das Geistige von dem Physischen unterschieden hat.

Es ist aber ferner nicht zweckmäßig, von der fundamentalen Unterscheidung des Bewußtseinsaktes und des Lebensvorganges sofort auf das unendliche Problem ihrer Vereintheit und ihres gemeinsamen Ursprunges überzugehen, denn man muß vorerst noch den Begriff des physischen Vorganges dadurch klären, daß man zeigt, wie wir eben vermittels unserer vitalen Vorgänge zur Kenntnis von mechanischen Vorgängen gelangen, und wie es vitale Vorgänge gar nicht geben könnte, wenn sie nicht mit mechanischen Vorgängen vereint wären. Gewiß ist also für den Philosophen zunächst die Existenz seiner Lebensvorgänge, und gestützt auf diese Gewißheit, ist er auch bestrebt, den Nachweis für die Existenz der mit den vitalen Vorgängen vereinten mechanischen Vorgänge zu führen, was durch das Aufdecken des Unterschiedes der beiden vereinten Prozesse geschieht. Auf den ersten Anblick hin scheint es, als ob es nur vitale Vorgänge geben könnte, aber dies ist eine Illusion, die wir nunmehr aufdecken müssen. Kinder benehmen sich tatsächlich so, als ob sie ihre Bewußtheit und Lebendigkeit den bewußtlosen und toten Dingen hinborgen würden, aber ihr Verhalten beruht nur darauf, daß sie zufolge der niederen Stufe ihrer Bewußtheit über das Bewußtsein der eigenen Lebensvorgänge noch kaum herausgekommen sind, und daß der Unterschied zwischen Bewußtheit und Bewußtlosigkeit sowie zwischen Lebendigkeit und Leblosigkeit für sie nur noch ein dämmernder Unterschied ist. Mit dem Reifen seines Bewußtseins kommt das Kind allerdings bald dahin, jene dämmernde Unterscheidung in dem Maße auszubilden und zu befestigen, als seine praktischen Lebensbedürfnisse es erheischen, aber der eigentliche Unterschied zwischen Lebendigkeit und Leblosigkeit bleibt im theoretischen Sinne nach wie vor ein Rätsel. Demzufolge gibt es auch Denker, welche einen solchen Unterschied überhaupt gar nicht anerkennen mögen und einer Theorie der Allbelebtheit (Panvitalismus) zuneigen. Indem sie alle Naturvorgänge für Lebensvorgänge eines grenzenlosen Naturganzen erklären und überall nur Abstufungen eines überall gegenwärtigen Lebensprozesses erblicken, glauben sie, einen „monistischen" Standpunkt gewonnen zu haben. Fürwahr, ein beneidenswerter Standpunkt, denn er enthebt uns jeder Mühe, über den Unterschied von Lebendigkeit und Leblosigkeit nachzudenken, und kleidet obendrein diese unsere göttliche Denkfaulheit in den erhabenen Mantel eines grenzenlosen philosophischen Tiefsinnes. Ästheten und Schöngeister mögen an solchem Spiel Gefallen finden und großartige Phrasen über die Allbelebtheit der Natur deklamieren, denn bei ihnen handelt es sich ja nicht um wirkliche Gedanken, sondern bloß um eine wirksame, großzügige Pose, mit deren Hilfe sie den Schein von Tiefsinn bei der Menge erwecken. Aber wem es ernst an der Wahrheit gelegen ist, weiß sehr wohl, daß es keine solch erhabene Pose gibt, die uns der Notwendigkeit des unterscheidenden Denkens entheben könnte. Nur wer es versucht hat, das Lebendige vom Leblosen tatsächlich zu unterscheiden und wer das unterscheidende Merkmal derselben aufzuzeigen versteht, hat auch ein Recht gewonnen, dem gemeinsamen Ursprung alles Lebendigen und alles Leblosen nachzuspüren und einer echten monistischen Auffassung der Naturvorgänge zuzustreben. Solange aber das unterscheidende Merkmal von Lebensvorgang und mechanischem Vorgang nicht dargelegt ist, hat man in der Wissenschaft auch gar kein Recht, von vitalen und mechanischen Vorgängen zu sprechen (weil eben hierfür die wissenschaftlichen Begriffe fehlen), und es kann demzufolge von einer monistischen Auffassung derselben auch keine Rede sein. Wer nicht unterschieden hat, für den kann es auch kein Verschiedenes geben, das er vereinen könnte. Wer nicht gesät hat, für den gibt es auch keine Ernte (wenigstens dort nicht, wo es sich um die Erkenntnis der Wahrheit handelt).

Die Lehre von der Allbelebtheit geht bei neuzeitlichen Denkern ganz unvermerkt in eine Lehre von der Allbeseeltheit (Panpsychismus) oder gar der Alldurchgeistigung (Panlogismus) über. Man darf sich aber durch solche Übergänge nicht beirren lassen, denn es ist ja ein Grundzug des modernen Denkens, daß es die Verwechslung von Leben und Bewußtsein förmlich zum Prinzip macht, und so braucht man sich nicht darüber zu verwundern, daß die Theorie der Allbelebtheit im Handumdrehen auch das Aussehen eines Panlogismus anzunehmen vermag.

Der Irrtum, der in der panvitalistischen Denkweise zum Durchbruch kommt, ist übrigens noch erträglicher als die panmechanistische Verirrung. Denn es ist philosophisch noch zu begreifen und zu entschuldigen, daß ein Menschenkind, welches doch immerhin mit nichts auf so vertrautem Fuße stehen kann als mit seiner eigenen Lebendigkeit, sich theoretisch in die hübsche, naive (freilich auch törichte) Illusion einlullt, daß alle Naturvorgänge Lebensvorgänge seien: aber die entgegengesetzte Auffassung, welche die Welt zu einer unendlichen Maschine machen möchte, ist eine nicht nur logisch verkehrte, sondern auch in ästhetischer Hinsicht ganz geschmacklose Denkweise. Was aber die Bequemlichkeit betrifft, bleibt die panmechanistische Denkweise nicht hinter der panvitalistischen zurück, denn wer die Welt kurzweg für eine Maschine erklärt, der braucht über das Lebensrätsel auch gar nicht weiter nachzudenken. Wem es aber im Denken vor allem um „Bequemlichkeit" zu tun ist — diese eigentümliche Neigung hat in unseren Tagen die vornehme Bezeichnung der „Denkökonomie" erhalten —, der täte doch wohl daran, das Denken ganz bleiben zu lassen. Ich vermag mir keine höhere „Denkökonomie" vorzustellen, als welche das Denken überhaupt aufgibt.

Nichts kann gewisser sein, als daß wir ein Bewußtsein haben, und nichts steht für unser Bewußtsein fester als die Beziehung unserer Bewußtseinsakte auf unsere vitalen Vorgänge. Indem ich also im ersten Abschnitte dieser Schrift den Unterschied zwischen Bewußtseinsakt und Lebensvorgang darlegte, glaube ich nicht nur die Grundlage für eine wissenschaftliche Bewußtseinslehre, sondern auch für eine wissenschaftliche Biologie gewonnen zu haben. Allerdings erübrigt es sich noch, das Vorhandensein von mechanischen Vorgängen darzutun, weil der Begriff eines biologischen (vitalen) Vorganges so lange nicht festgestellt ist, als man den Unterschied von vitalen und mechanischen Vorgängen nicht aufzeigt. Eine echte vitalistische Lehre kann nur so zustande kommen, wenn gleichzeitig auch für eine echte mechanistische Auffassung der Naturvorgänge Raum geschaffen wird. Vitalistische und mechanistische Betrachtung bedingen einander gegenseitig, aber in der erkenntnistheoretischen Forschung geht die Forderung von vitalen Vorgängen der Forderung von mechanischen Vorgängen voraus.

Theorie der Phantasie[1]

Gewöhnlich denkt man, daß die wissenschaftliche Untersuchung der Phantasie bloß für die Ästhetik eine grundlegende Bedeutung habe, und merkt nicht, daß die Lehre von der Phantasie eines der prinzipiell wichtigsten Kapitel auch der Erkenntnistheorie bildet. Man meint nämlich, daß Phantasie nur dann im Spiele sei, wenn man sich in andere geistige Verhältnisse versetzen soll als die, in denen man sich augenblicklich in Wirklichkeit befindet: es läßt sich aber beweisen, daß es ohne Phantasie unmöglich ist, sich auch die Lage, in der man sich wirklich befindet, zum Bewußtsein zu bringen. Mit anderen Worten, es gibt ohne Phantasie gar keine Erkenntnis: weder eine mathematisch-naturwissenschaftliche noch auch eine solche, die in das Gebiet der Logik, der Ethik oder der sogenannten Geisteswissenschaften gehört. Ja, es gibt ohne Phantasie – und dies soll besonders betont werden – auch keine Kenntnisnahme von dem, was uns in Wirklichkeit umgibt, also kein Sehen von Farben und Gestalten, kein Hören von Tönen und Melodien, keine Beobachtung körperlicher Dinge durch Tasten und Greifen, mit einem Worte: keine sinnliche Wahrnehmung und keine Art irgendeiner niederen oder auch höheren geistigen Tätigkeit.

Um diese fundamentale Bedeutung der Phantasie für alle menschliche Erkenntnis klar zu erfassen, muß man sich vor allem darauf besinnen, daß die meisten Menschen, wenn von Phantasievorgängen die Rede ist, bloß an ein Schauen von Bildern, die dem Geiste vorschweben, zu denken pflegen: ganz so, als ob es nur eine Gesichtsphantasie gebe und als ob eine Gehörsphantasie, insbesondere aber auch eine Tastphantasie gar nicht in Betracht kommen könnten. Bedenkt man jedoch, daß auch der Blindgeborene Phantasie besitzt, so erkennt man sofort, welch gefährliche Einseitigkeit und Verirrung darin enthalten liegen, daß man den allgemeinen Begriff der Phantasie zu dem speziellen Begriffe der Gesichtsphantasie zusammenschrumpfen läßt. Auch der Blindgeborene kann sich Gestalten vorstellen, er kann in der Einbildung ein Dreieck, ein Viereck, einen Kreis, eine Kugel oder ein anderes beliebig geformtes Raumgebilde produzieren, freilich nicht in solcher Weise wie wir Sehenden, die in der glücklichen Lage sind, die in der Einbildung produzierten Gestalten, in der Einbildung auch „anschauen" zu können. Wer wie der Blindgeborene niemals die Sonne erblickt, niemals mit leiblichen Augen die Formen der Dinge wahrnimmt, der kann natürlicherweise auch in der Einbildung nicht den Blick über die Umrisse der Dinge hingleiten lassen, d. h. er ist unfähig, diese Umrisse auch nur in der Einbildung „anzuschau-

[1] Aus: Palágyi, M.: Wahrnehmungslehre, Leipzig 1925 (Ausgewählte Werke Band 2), S. 69-105.

en", und er bleibt ausschließlich darauf beschränkt, jene Umrisse bloß durch eingebildete „Tastbewegungen" seiner Hand vor sich hinzustellen.

Anders verhält es sich mit Personen, die nicht in allzu früher Kindheit erblindet sind, die sich also noch erinnern, die Sonne gesehen und sich einer Welt voll Licht, Farbe und Gestalt erfreut zu haben. Diese erkennen die ganze Größe ihres herben Verlustes, denn sie vermögen in der Einbildung zu schauen, was ihnen in Wirklichkeit zu schauen nunmehr versagt ist. Der Blindgeborene jedoch weiß zwar, daß ihm etwas höchst Bedeutsames abgeht, was anderen Menschenkindern gegeben ist, aber er hat keinen Begriff davon, was dieses ihm Fehlende sein mag, da er Licht, Farbe und Gestalt auch in der Einbildung nicht zu sehen vermag. Stellt er sich Gestalten vor, so tut er dies nicht durch die sehende, sondern durch die tastende Einbildung. Wie er irgendeinen Körper genau betastet, vermag er diese Betastung auch in der bloßen Einbildung durchzuführen und solchermaßen die Gestalt des betreffenden Körpers vermittels eingebildeter Tastbewegungen vor sich hinzustellen.

Der erste und wichtigste Satz in der Lehre von der Phantasie wird durch die Vergleichung der Phantasie des sehenden und des blindgeborenen Menschen gewonnen. Diese Vergleichung zeigt uns nämlich, daß wir Sehenden uns die räumlichen Gestalten in zweierlei Weise vorstellen können: einmal, indem wir sie durch eingebildete Handbewegungen gleichsam in die Luft vor uns hinzeichnen, das andere Mal, indem wir in der Einbildung unsern Blick längs ihrer Umrisse hingleiten lassen. Wir kommen solchermaßen zu einer völlig deutlichen Unterscheidung unserer tastenden und sehenden Einbildung und erkennen zugleich, daß die beiden in innigster Weise miteinander verbunden, ja geradezu miteinander verwachsen sind. Wenn wir z. B. in der Einbildung ein Dreieck vor uns hinzeichnen, so haben wir dieses Dreieck zugleich auch notwendig in der Einbildung mit dem Blicke erfaßt. Die tastende Einbildung erweckt bei uns Sehenden notwendig auch die sehende, so daß das in der Einbildung Hingezeichnete immer zugleich in der Einbildung Erschautes ist. Nur der Blindgeborene vermag in der Phantasie etwas zu betasten, ohne es auch in der Phantasie sehen zu müssen, weil ihm eben die sehende Phantasie völlig abgeht, er erzeugt Phantasiegestalten durch die rein tastende Einbildung, was wir Sehenden ihm nicht nachzumachen vermögen, weil bei uns die durch die tastende oder zeichnende Einbildung erzeugte Gestalt notwendig zugleich auch eine erschaute Gestalt ist. Wir gewinnen durch diesen Satz den ersten tieferen Blick in die Psychologie des Blindgeborenen. Da sein Gesichtssinn ausgelöscht ist, so fehlt ihm auch ein Stück seiner Phantasie, nämlich die Gesichtsphantasie. Man kann dies auch so ausdrücken, daß die Gestaltenphantasie des Blindgeborenen bloß eine einfache ist, weil er Raumgebilde bloß durch eingebildete Tastbewegungen vor sich hinzustellen vermag; die Gestaltenphantasie des Sehenden hingegen ist eine doppelte, weil er eine Gestalt in zweifacher Weise vor seinen Geist stellt: durch den in der Einbildung über die Gestalt gleitenden Blick und durch die in der Einbildung über die Gestalt fahrende Hand.

Man darf vielleicht auch sagen, daß der Blindgeborene eine autonome Tastphantasie besitzt, weil diese fähig und freilich auch dazu verdammt ist, für sich allein Gestalten zu produzieren, während der Sehende keine autonome Tastphantasie besitzt, weil seine Tastphantasie so mit seiner Gesichtsphantasie zusammengekuppelt ist, daß er nichts in der Einbildung zu betasten vermag, ohne es auch in der Einbildung sehen zu müssen.

Die Art und Weise der Zusammenkupplung unserer Gesichts-und Tasteinbildung verdient eine eingehende Aufmerksamkeit. Wir können unsere Tasteinbildung nicht spielen lassen, ohne unsere Gesichtseinbildung mitspielen lassen zu müssen ; es fragt sich aber, ob dieser Satz auch in umgekehrter Weise gilt, ob nämlich die Tätigkeit der Gesichtsphantasie auch notwendig die der Tastphantasie in Mitbetätigung versetzt, ob, wenn wir z. B. ein Dreieck in der Einbildung anschauen, wir es auch in der Einbildung vor uns hinzeichnen müssen, oder ob die Gesichtsphantasie für sich allein tätig sein und der Mithilfe der Tastphantasie völlig entraten kann? Man lasse sich in Beziehung auf diese Frage zu keiner voreiligen Antwort hinreißen und bedenke vornehmlich, daß die Gesichtsphantasie bei den meisten Menschen in einer sozusagen ungebührlichen Weise überwuchert und die anderen Einbildungsweisen in ihrer Entwicklung beeinträchtigt und zum Verkümmern bringt. Es gibt Menschen, deren Tastphantasie geradezu als welk und greisenhaft bezeichnet werden kann, weil sie weder zeichnen noch modellieren lernten, noch auch sich irgendeine Handfertigkeit anzueignen suchten. Diese werden zu der Ansicht hinneigen, daß die Gesichtsphantasie für sich allein funktionieren und der Mithilfe der Tastphantasie völlig entraten kann. Sie verraten aber durch diese Ansicht nur den Zustand ihrer eigenen Phantasie und geben zu der Vermutung Anlaß, daß ihre Tasteinbildung durch das Fehlen jeglicher Übung verkümmerte, also daß ihrem Sinnesleben ein Mangel anhaftet.

Ganz verkümmern kann freilich die Tastphantasie bei keinem Menschen, dessen Hände und Füße nicht verdorrt sind. Man begleitet das in der Einbildung gesehene immer mit irgendwelchen, wenn auch noch so spärlichen Resten einer in der Einbildung ausgeführten, nachzeichnenden und nachtastenden Bewegung. Wer auch nur ein wenig zeichnen gelernt hat, ertappt sich oft dabei, daß er die Umrisse der Dinge und der ihn interessierenden menschlichen Antlitze bei ihrem Anschauen ganz unwillkürlich in der Einbildung nachzeichnet, und das gleiche begegnet wohl auch solchen Personen, die sonst wenig mit dem Zeichenstifte zu tun haben. Der Geometer konstruiert die Figuren, die er in der Einbildung anschaut, durch lebhafte in der Einbildung vollzogene Bewegungen, und wenn seine Phantasie durch ein ihn besonders interessierendes Problem entflammt ist, so fühlt er förmlich ein Zucken in der Hand, als ob er die Bewegungen, vermittels welcher er seine eingebildeten Linien erzeugt, nicht nur in der Einbildung, sondern in Wirklichkeit vollziehen würde. Wem eine besondere Anlage für bildende Künste zuteil geworden, der begleitet das Gesehene mit einer erregten Tasteinbildung, die ihn zwingt, die sein Interesse fesselnden Erscheinungen in der

Phantasie von sich hin zu skizzieren oder zu modellieren; denn gerade diese in der Einbildung verlaufende erhitzte Bewegungsproduktion ist es ja, die sich mit elementarer Gewalt in den reellen Bewegungen des äußerlichen Schaffens Luft macht.

Vielleicht genügen diese Andeutungen, um den Leser zur scharfen Sonderung der Tast- und Gesichtseinbildung anzuregen; denn man läßt, wie gesagt, die beiden Einbildungsweisen gewöhnlich ineinander verschwimmen und namentlich die Tasteinbildung in der Gesichtseinbildung völlig untergehen, wodurch man den Begriff der Phantasie im Grunde entwurzelt. Denn so sehr auch die Tasteinbildung von der Gesichtseinbildung überflügelt wird – schwingt sich diese doch bis zu den Sternen empor und schweift schier ins Grenzenlose, während jene an die Scholle gebunden, tappend im engsten Raum waltet –, so muß doch die Tasteinbildung als der Grundstoff unseres ganzen Einbildungslebens betrachtet werden, so daß ohne sie eine menschliche Phantasie überhaupt nicht bestehen könnte. Es verhält sich mit ihr wie mit dem Tastsinn, der die unentbehrliche Unterlage aller übrigen Sinnesfunktionen bildet. Das Beispiel des Blinden zeigt, daß eine Tastwahrnehmung immer bestehen und die Auffassung der materiellen Welt vermitteln kann, wenn auch die Gesichtswahrnehmung ausgelöscht ist; aber ein Wesen, das von Haus aus keine Tastwahrnehmung besäße, sondern bloß mit einer Gesichtswahrnehmung ausgestattet wäre, ist ein biologischer Nonsens. Eigentümlicherweise will aber die moderne Psychologie den Primat des Tastsinnes vor den übrigen Sinnesfunktionen nicht anerkennen, denn sie geht davon aus, daß alle Arten von Sinnesempfindungen gleich sehr einfache oder elementare psychische Vorgänge sind, die in keine einfacheren Vorgänge zerlegt werden können, unter denen also keine Art vor der anderen einen Vorrang haben kann. So wie der Chemiker keinem Element vor den übrigen einen Primat zugestehen wird, so will auch der moderne Psychologe nichts von einem Erstlingscharakter der Tastempfindungen im Vergleiche zu den übrigen Empfindungen wissen. So bezeichnet es zum Beispiel *Wundt* als ein Vorurteil der älteren Psychologie (des achtzehnten und zum Teil auch des neunzehnten Jahrhunderts), daß sie dem Tastsinne irgendeinen Primat zuerkennt und ihn gleichsam zum Erzieher der übrigen Sinnesfunktionen machen möchte. Von einer solchen grundlegenden Bedeutung des Tastsinnes für die Entwicklung der übrigen Sinnesfunktionen dürfe nicht die Rede sein, und man müsse im Sinne der modernen Psychologie die verschiedenen Sinnesgebiete mit Vermeidung jeder Rangesunterscheidung nebeneinander stellen.

Diese Auffassung scheint mir aber zu einer völligen Dekomposition unseres Empfindungs- und mithin auch unseres Einbildungslebens zu führen. Es wird also notwendig sein, einen direkten Beweis dafür zu erbringen, daß die Tastwahrnehmung die unerläßliche Vorbedingung für die Möglichkeit der Entwicklung einer Gesichtswahrnehmung ist, und daß die Tasteinbildung durch einen ähnlichen Vorgang im Vergleiche zu den übrigen Einbildungsweisen ausgezeichnet ist. Nehmen wir also für einen Augenblick an, daß es eine Gattung von Lebewesen geben könnte, die eine ähnliche Gesichtswahrnehmung hätten wie wir Menschen, die jedoch einer Tastwahrnehmung gänzlich ermangeln würden, und versuchen wir uns auszumalen, was die nächste Folge einer solchen in der Erfahrung nirgends gegebenen und durchaus unerhörten Gattungsorganisation wäre! Ein Wesen dieser Gattung könnte offenbar das ursprüngliche Bild eines Körpers von seinem Spiegelbilde nicht unterscheiden, weil es keinen Tastsinn besitzt, vermittels dessen es sich überzeugen könnte, daß ein Spiegelbild eben nur ein Spiegelbild ist und nichts materiell Greifbares darstellt. Für ein solches Wesen hätte unsere ganze Optik keinen Sinn, weil es Bilder, die durch Reflexion, Brechung oder Beugung des Lichtes entstehen, nicht von den Originalbildern unterscheiden könnte. Es ist die unumgängliche Voraussetzung unseres optischen Wissens, daß wir fähig seien, ein Ding an jener Stelle zu sehen, wo es sich wirklich befindet, d. h., wo es sich unserer Betrachtung in Wirklichkeit darbietet. Denn nur ein Wesen, welches fähig ist, das Originalbild eines Körpers vermittels der Gesichtswahrnehmung eben dorthin zu verlegen, wohin es die materielle Existenz des Körpers vermittels der Tastwahrnehmung verlegt, vermag sich auch einen Begriff davon zu machen, daß durch Reflexion, Brechung oder Beugung des Lichtes sekundäre optische Bilder auch dort entstehen können, wo das betastbare Ding sich in Wirklichkeit gar nicht befindet. Der Begriff des sekundären optischen Bildes hat zu seiner Vorbedingung den Begriff des primären optischen Bildes, und dieser Begriff hat weiterhin zu seiner Vorbedingung die Betastung des wirklichen Dinges, damit das primäre Gesichtsbild eben dort hinverlegt werden könne, wo das Ding selbst durch die Tastwerkzeuge gefunden wird: also ist der Besitz einer Tastwahrnehmung die stillschweigende Vorbedingung für die Ausbildung jeglicher optischen Erkenntnis. So wenig es einen Dachstuhl geben kann, der nicht auf Grundmauern ruht, so wenig kann es eine Gesichtswahrnehmung geben, die nicht eine Tastwahrnehmung zu ihrer notwendigen Unterlage hätte. Ich habe in meinen „Naturphilosophischen Vorlesungen“ auch einen anderen Beweis für die Abhängigkeit der Gesichtswahrnehmung von der Tastwahrnehmung geliefert, doch scheint es mir nicht wünschenswert zu sein, ihn hier zu reproduzieren.

Indem wir die fundamentale Bedeutung des Tastsinnes für die Entwicklung unseres Empfindungslebens erkennen, haben wir auch die Tasteinbildung als Vorbedingung für die Entwicklung unseres ganzen Phantasielebens erfaßt. Wer also die Natur der menschlichen Einbildung kennenlernen will, der muß in einer wissenschaftlichen Untersuchung die Einbildung des Blindgeborenen zum Ausgangspunkte nehmen, weil nur der Blindgeborene eine autonome Tastphantasie in dem oben gekennzeichneten Sinne besitzt. Die Betrachtung dieser selbständigen Tastphantasie zeigt nun, daß ein Blindgeborener sich eine beliebige Figur, z. B. ein Dreieck, nur dadurch vorzustellen vermag, daß er die betreffende Figur durch eingebildete Handbewegungen produziert. Fährt er mit der Hand über die vier Kanten einer Tischplatte, so ist er nur deshalb fähig, die Platte als viereckig zu erfassen, weil er nachher durch eingebildete Bewegung der Hand die viereckige

Form in seiner Phantasie zu produzieren vermag. Wäre er nicht fähig, in der Wirklichkeit und auch in der Einbildung, die Hand über die Flächen und Kanten eines Körpers gleiten zu lassen, so wäre er auch nicht imstande, die Gestalt des betreffenden Körpers wahrzunehmen. Alle Wahrnehmung von Ausdehnung, Lage und Gestalt der Körper ist an die Ausführung von wirklichen und eingebildeten Bewegungen um deren Flächen und Konturen gebunden. Dieser Satz gilt im gleichen Umfange für den sehenden Menschen wie für den Blinden, nur ist seine Geltung für den Sehenden schwerer zu konstatieren, weil bei diesem die Tastphantasie durch die Gesichtsphantasie verdeckt ist. Wenn wir Sehenden unseren Blick längs der Grenzlinie eines Reifen herumführen, so macht unsere Hand diese Bewegung in der Einbildung mit, nur kommt uns die eingebildete Mitbewegung der Hand gewöhnlich wegen ihrer geringen Lebhaftigkeit kaum zum Bewußtsein. Übrigens vermögen wir die Gestalt der Dinge auch vermittels des Gesichtssinnes nur deshalb wahrzunehmen, weil wir den Blick in der Wirklichkeit wie auch in der Einbildung längs der Umrisse der Körper hingleiten lassen können. Ohne wirkliches und eingebildetes Gleiten des Blickes wie auch ohne wirkliche und eingebildete Bewegungen der Gliedmaßen, gibt es für uns kein wahrnehmbares Erfassen von irgendwelchen räumlichen Gestalten.

Aber auch das bloße Erfassen eines Ortes im Raume, das bloße Verlegen eines Dinges oder eines Vorganges an irgendeine räumliche Stelle wäre unmöglich, wenn wir nicht imstande wären, durch wirkliche und eingebildete Bewegungen auf den betreffenden Ort hinzuweisen. Wenn unsere Hautoberfläche an irgendeinem Punkte von einem fremden Körper berührt wird, so wissen wir, auch wenn wir nicht sehen, ziemlich annähernd, ja für gewisse, besonders empfindliche Stellen mit größerer Genauigkeit anzugeben, wo die Berührung stattfand; wir „lokalisieren", wie man dies auszudrücken pflegt, mit größerer oder geringerer Schärfe unsere Hautberührungsempfindungen an der äußeren Oberfläche unseres Leibes wie nicht minder an gewissen Schleimhäuten seiner inneren Oberfläche. Im allgemeinen werden wir die Berührungen an den beweglichen Teilen unseres Körpers und dann auch in jenen Gegenden, nach welchen hin wir oft und mit Leichtigkeit Bewegungen in Wirklichkeit und in der Einbildung auszuführen pflegen, am schärfsten zu lokalisieren wissen. Denn was heißt es, den Ort zu erkennen, an dem unser Leib berührt wird? Es heißt so viel, wie fähig zu sein, in der Einbildung eine hinweisende Bewegung nach jenem Orte zu machen. Die in der Einbildung ausgeführte lokalisierende Bewegung können wir, falls wir nur durch keine Lähmung daran verhindert sind, in eine reelle Bewegung übersetzen, das heißt durch eine wirklich ausgeführte Handbewegung jene Hautstelle annähernd selbst berühren, wo die Berührung durch den Fremdkörper stattfand.

Die Fähigkeit, in der Einbildung Bewegungen oder, wie man auch sagen kann: virtuelle Bewegungen zu vollziehen, bildet die Grundlage unseres ganzen Phantasielebens. Wir verdanken es also unserer Phantasie, genauer gesprochen, unseren eingebildeten oder virtuellen Bewegungen, daß wir Berührungen an der

Hautoberfläche zu lokalisieren vermögen, und daß wir fähig sind, den Dingen oder Vorgängen irgendeine Stelle im Raume anzuweisen. Wenn wir sagen, daß wir einen Körper an einem ganz bestimmten Orte des Raumes wahrnehmen, so ist damit zunächst gemeint, daß wir in der Einbildung eine Bewegung nach jenem Orte hin ausführen, an dem sich der Körper befindet. Virtuelle Hinweisungen sind es, durch welche wir die Orte der Dinge und Erscheinungen im Raume fixieren, und durch virtuelle Bewegungen längs der Flächen und Umrisse der Körper erfassen wir deren Ausdehnung, Lage und Gestalt. Und so wird uns nunmehr der Sinn des Fundamentalsatzes der Wahrnehmungslehre klar, daß es ohne Phantasie, namentlich ohne virtuelle Bewegung, nirgends eine Wahrnehmung von räumlich geordneten, gelagerten und gestalteten Dingen oder Erscheinungen geben kann. Die Wahrnehmung der wirklichen Welt bliebe uns verschlossen, wenn wir keine Einbildung besäßen, denn es ist Einbildung, namentlich eingebildete Bewegung unbedingt erforderlich, damit Räumliches wahrgenommen werden kann.

Die neuzeitliche Psychologie kennt diesen Begriff der Phantasie nicht, weil ihr auch der Begriff der eingebildeten oder virtuellen Bewegung, so wie er hier konzipiert ist, abgeht. Die englischen Begründer der neuzeitlichen Psychologie, insbesondere *Locke, Berkeley* und *Hume*, sind im Grunde genommen Sensualisten, das sind Denker, welche die Wahrnehmung und schließlich auch jede Erkenntnistätigkeit überhaupt auf Sinnesempfindungen und womöglich nur auf Sinnesempfindungen zurückführen. Leider erstreckt sich ihr Einfluß nicht bloß auf die eigentlichen Anhänger ihrer Schule, sondern auf alle philosophischen Schulen der letzten zwei oder dritthalb Jahrhunderte, so daß ihre Grundanschauungen bestimmend auf das Denken aller gebildeten Menschen einwirken.

Wir leben sozusagen alle in dem Vorurteil, daß Sinneswahrnehmungen psychologisch in bloße Sinnesempfindungen aufgelöst werden müssen. Nun sind freilich Empfindungen die ersten und unbedingt erforderlichen Bedingungen der Wahrnehmungstätigkeit unseres Bewußtseins, doch sind sie keineswegs die genügenden Bedingungen für diese, weil, wie wir uns überzeugten, auch die Einbildung bzw. die virtuelle Bewegung eine ebenso unerläßliche Bedingung der Wahrnehmungstätigkeit ist wie die Empfindung selbst. Daß reine Empfindungen zur Wahrnehmungstätigkeit nicht ausreichen, tritt uns nirgends so anschaulich entgegen wie in der Entwicklungsgeschichte des Säuglings. Der Neugeborene zeigt schon in den ersten Tagen seines Daseins Empfindung, aber von Wahrnehmungstätigkeit kann bei ihm Wochen, ja Monate hindurch kaum die Rede sein. Wie kommt das? Wären Empfindungsvorgänge die genügende Unterlage für eine Wahrnehmungstätigkeit, so müßte schon der Säugling von einigen Tagen eine Wahrnehmungstätigkeit bekunden. Davon ist aber keine Spur vorhanden. Es fehlen nämlich dem Säugling zunächst jede Art von virtuellen Bewegungen. Zwar bewegt er schon in den ersten Lebenstagen die Händchen, aber er fährt bloß ziellos mit ihnen hin und her, fährt sich auch ins Gesicht und in die Augen und verletzt sich dabei zuweilen; kurz, es mangelt ihm jedwede Lenkung oder

Steuerung seiner Bewegungen. Ich sage aber, daß eine Bewegung gesteuert sei, wenn ihr eine entsprechende eingebildete Bewegung vorausgeht, d. h. wenn sie die Realisierung einer vorausgehenden virtuellen Bewegung ist. Nur in dem Maße, wie der Säugling seine Hand- und Augenbewegungen steuern lernt, also nur in dem Maße, wie er durch virtuelle Bewegungen seinen reellen Bewegungen eine Richtung und Form zu geben vermag, kurz in dem Maße, wie sich eine Einbildung entwickelt, erlernt er auch das Empfundene an einen Ort zu verlegen und gestaltete Dinge oder Erscheinungen im Raume wahrzunehmen. Weil nun aber die von England ausgehende moderne Empfindungsphilosophie nichts von der grundlegenden Bedeutung der Einbildung für jede Wahrnehmungstätigkeit weiß, weil sie den Begriff der eingebildeten Bewegung nicht kennt, so gerät sie überall in die höchste Verlegenheit, wo es gilt, zu erklären, wieso wir zur Wahrnehmung von räumlich geordneten und gestalteten Dingen und Erscheinungen gelangen. Zunächst weiß sie uns keine Auskunft darüber zu geben, wieso es möglich ist, daß wir die Berührung unseres Leibes auch bei verbundenen Augen an einen bestimmten Ort der Hautoberfläche verlegen. Zwar wollte dies der feinsinnige Lotze durch seine bekannte Lokalzeichen-Hypothese erklären, wonach die Berührungsempfindungen mit einem Etwas, mit einem Lokalzeichen behaftet wären, wodurch uns der Ort der Empfindung bekanntgegeben wird: aber im Grunde genommen fühlt es jedermann, daß diese Hypothese nur eine bloße Umschreibung der Tatsache ist, daß wir unsere Berührungsempfindungen lokalisieren. Was jenes Etwas sein mag, das in der Empfindung eingeschlossen sein muß, um ihr einen Ort anzuweisen, das bleibt in mystisches Dunkel gehüllt, und das Wort „Lokalzeichen" ist nur ein Mittel, uns über diese Dunkelheit hinwegzutäuschen. Die meisten Forscher verstehen unter dem Lokalzeichen irgendeine Art von Beiempfindung – ich hätte beinahe „Beigeschmack" gesagt –, die den Tastempfindungen und wohl auch den Gesichtsempfindungen beigesellt ist, um ihre Örtlichkeit anzuzeigen. Nun ist es ja allerdings wahr, daß die Berührungsempfindungen der verschiedenen Teile der Leibesoberfläche qualitative Unterschiede zeigen können, aber qualitative Unterschiede sind eben qualitativer und nicht örtlicher Art, sind also an sich völlig ungeeignet, den Ort einer Berührung anzuzeigen. Die ganze Lokalzeichen-Hypothese ist nur eine anschauliche Darstellung der Unmöglichkeit, dem Lokalisationsproblem auf sensualistischer Grundlage beikommen zu können. Man versucht es vergeblich, in eine Tastempfindung etwas hineinzugeheimnissen, was ihren Ort kund tun könnte, denn was in die Tastempfindung hineingerätselt wird, ist doch schließlich wiederum nur Empfindung: eine Ortsempfindung aber gibt es nun einmal nicht. Orte sind nämlich nichts Derartiges, was die Kraft hätte, Empfindungen in uns zu wecken. Empfindungen werden in uns nur durch physikalisch-chemische Prozesse erregt, da aber Orte keine solchen Prozesse sind, so wird ihnen auch kein Vernünftiger die Fähigkeit zuschreiben, auf unsere sensiblen Nerven einwirken zu können. Die Physiologen gebrauchen zwar seit den bahnbrechenden Untersuchungen *Ernst Heinrich Webers* über die Hautsinne

(1846) den Ausdruck „Ortssinn“ für die Fähigkeit, die Tastempfindungen an der Hautoberfläche zu lokalisieren; sie sind sich aber dessen mehr oder minder klar bewußt, daß von einem Ortssinne nicht in der Bedeutung von Wärmesinn, Farbensinn usw. gesprochen werden kann, weil Wärme und Licht physikalische Energien sind, denen innerhalb unseres Lebensprozesses eigene Empfindungsweisen entsprechen, räumliche Orte aber keine Energie repräsentieren, welche eine eigene Klasse von Sinnesempfindungen, also einen besonderen „Sinn“ für sich in Anspruch nehmen könnten. Kritisch denkende Physiologen, wie z. B. *Thunberg*, mahnen daher auch, den in der Hautsinnesphysiologie traditionell gewordenen Ausdruck „Ortssinn“ ganz zu vermeiden.

Weil der Raum an sich keine Empfindungen in uns zu wecken vermag, so ist es auch nicht die Empfindung für sich genommen, durch welche uns sein Dasein enthüllt wird. Aber obwohl der Raum nichts Empfindbares ist, so ist er doch etwas Wahrnehmbares: ein scheinbares Paradoxon, in dem die Rätselnatur des Raumes zum knappsten Ausdrucke gelangt. Gewöhnlich meint man nämlich, daß nur das Empfindbare zugleich auch das Wahrnehmbare sei; aber das Dasein des Raumes ist gleichsam eine allgegenwärtige Verspottung dieses scheinbar richtigen Satzes, denn der Raum ist ja das überall Wahrnehmbare, das trotzdem nirgends auf die empfindenden Nerven einzuwirken vermag. Darum ist auch der Raum sozusagen ein allgegenwärtiges Veto gegen jene einseitig sensualistische Erkenntnislehre, die von England ausging und die in roher Weise alle Wahrnehmung, mithin auch alle abstrakte Erkenntnis auf reines Empfinden zurückzuführen bemüht war.

Nur ein Wesen, das nicht nur Empfindung hat, sondern auch Bewegungen und – was die Hauptsache ist – auch virtuelle Bewegungen zu produzieren vermag, kann eine Raumwahrnehmung besitzen. Nicht die Empfindungen sind es, die uns eine Gestalt kundtun, Empfindungen sind nur da, um unsere Einbildung zu erregen, und erst diese Einbildung ist es, die uns die Gestalt erfassen läßt. Bedecke ich z. B. mit der Handfläche die kreisförmige Öffnung eines Bechers, so nehme ich die Kreisform der Öffnung nicht vermittels der Empfindung wahr, die der Glasrand erweckt, sondern diese Empfindungen müssen erst meine Einbildung erregen und zu einer eingebildeten Bewegung rund um den Glasrand herum veranlassen, damit ich dessen Kreisform zu erfassen vermag.

Empfindungen sind allerdings eine unerläßliche Bedingung für die Wahrnehmung irgendwelcher wirklich daseiender Gestalten der Dinge, aber nicht die Empfindungen selbst, sondern die durch diese erweckten virtuellen Bewegungen sind es, die uns die Gestalten enthüllen. Man steht hier der wunderbaren Tatsache gegenüber, daß die wirkliche räumliche Ordnung der Dinge uns durch die Phantasie kundgetan wird, so daß wir ohne sie, namentlich ohne virtuelle Bewegungen, nicht die geringste Ahnung von der reellen Anordnung, Lagerung und Gestaltung der tatsächlich bestehenden Erscheinungswelt hätten. Die Einbildung ist sozusagen das Organ für das Erfassen des Raumes oder der räumlichen Verhältnisse der wirklichen Erscheinungswelt. Freilich ist der

Ausdruck „Organ“ nur in einem bildlichen Sinne zu verstehen: in Wahrheit ist nur gemeint, daß ohne den Prozeß der virtuellen Bewegung keine Wahrnehmung der Raumgebilde möglich wäre.

Wenn von Einbildung die Rede ist, denkt man gewöhnlich gleich an wache Träumereien oder an poetisch-künstlerische Phantasietätigkeit, so daß man sich von vornherein um die Möglichkeit des Verständnisses der Einbildungsprozesse bringt. Selbst Kant definiert noch die Einbildungskraft in der folgenden einseitigen Weise: „Einbildungskraft ist das Vermögen, einen Gegenstand auch ohne dessen Gegenwart in der Anschauung vorzustellen“; aber es finden sich in seiner „Deduktion der reinen Verstandesbegriffe“ merkwürdige Gedankengänge, die diese Einseitigkeit zu überwinden suchen; ja in der ersten Auflage der „Kritik der reinen Vernunft“ findet sich eine höchst interessante Anmerkung, die mit dem folgenden Satze beginnt: „Daß die Einbildungskraft ein notwendiges Ingrediens der Wahrnehmung selbst sei, daran hat wohl noch kein Psycholog gedacht.“ Trotzdem bringt Kant es zu keiner Klarheit nach dieser Richtung hin, weil er den Begriff der eingebildeten oder virtuellen Bewegung als Gegenstück zur reellen Bewegung noch nicht formt und demzufolge trotz allem seinem Widerstande in der sensualistischen Psychologie der Engländer befangen bleibt. Um nun diesen sensualistischen Einfluß völlig zu überwinden, werden wir eine Unterscheidung machen müssen zwischen jener Einbildung, durch die unser Bewußtsein direkt an die Tatsachen der reellen Umgebung gekettet wird, und jener Einbildung, die uns aus den Ketten der reellen Umgebung befreit. Es gibt eine Einbildung, die unseren Geist „abwesend“ macht in Beziehung auf die auf unsere empfindenden Nerven wirkenden reellen Vorgänge, und gewöhnlich wird nur diese abwesend machende Einbildung unter den Begriff der Phantasie gefaßt; aber es gibt – wie wir ja eben zeigten – auch eine Einbildung, die durch die Empfindung der gegenwärtigen Vorgänge angeregt wird, und der wir es verdanken, daß sich das Gegenwärtige in seiner räumlichen Ordnung, Lagerung und Gestaltung vor uns zu entrollen vermag. Ich bezeichne diese letztere, die unser Bewußtsein an das Gegenwärtige bindet und durch welche das Gegenwärtige zu einer räumlichen Umgebung ausgestaltet wird, als die direkte Phantasie und setze ihr als Antagonistin die inverse Phantasie entgegen, durch welche unser Bewußtsein in der reellen Umgebung zum Fremdling wird. Das ist die grundlegende Unterscheidung in der Lehre von der Einbildung, und weil sie von der modernen Psychologie nicht gemacht wird, vermag diese sich überhaupt nicht zu einer Theorie der Phantasie aufzuraffen, sondern bleibt eine Sklavin der englischen Empfindungsphilosophie.

Unsere Einbildung vermag sich auf die Dauer nicht an das Gegenwärtige zu heften, sondern springt in intermittierenden Pausen unwillkürlich von den gegenwärtigen Dingen ab, um freilich rasch wieder zu ihnen zurückzukehren. Dieses Abspringen von der Wirklichkeit und das Zurückkehren zu dieser, das Schwanken zwischen der Herrschaft der inversen und der direkten Phantasie läßt sich bildlich durch eine Wellenlinie darstellen, in der etwa die Wellenberge die

Phasen der direkten, die Wellentäler hingegen die Phasen der inversen Phantasie repräsentieren mögen. Wir lassen uns von den Eindrücken des Gegenwärtigen gefangennehmen, aber unsere Einbildung gleitet ganz unvermerkt zu Bildern der Zukunft oder der Vergangenheit hinüber, so daß wir für Augenblicke der Gegenwart entrückt werden, um wieder zu ihr zurückzukehren und bei ihr zu weilen. Es ist ein ungeheuer kompliziertes Wellenspiel, von dem hier die Rede ist, denn die Prozesse der Umgebung regen ja die mannigfachsten Empfindungsvorgänge an und beschäftigen so in verwickelter Weise unsere direkte Einbildung, während andererseits Gefühlswallungen, Gemütserregungen, Affekte durch ihr fortwährendes Auf- und Abfluten unsere Aufmerksamkeit von den Vorgängen der Gegenwart abzulenken suchen, um sie den Hoffnungsbildern der Zukunft oder den Erinnerungsbildern der Vergangenheit zuzuwenden oder wieder zu der Wirklichkeit zurückzuführen. Wo ist die Psychologie, welche die Erforschung dieses grenzenlos verwickelten Wellenspieles unseres Einbildungslebens, so wie es einerseits von den Eindrücken der Umgebung, andererseits von den inneren Fluten der Gefühle und Affekte beeinflußt wird, ernstlich in Angriff genommen hätte ? Die englische Psychologie hat zur Kennzeichnung dieser außerordentlich komplizierten Zusammenhänge in der Tätigkeit der Phantasie den Ausdruck „Ideenassoziation“ ersonnen. Ein hohleres Wort ist wohl noch niemals in ernste philosophische Untersuchungen über die menschliche Natur eingeführt worden. Freilich sind unsere Erlebnisse miteinander assoziiert, wie eben auch die Wellen des, Ozeans, die Bahnen der Planeten und überhaupt alles, was jemals stattfand, mit allem, was jemals stattfinden wird, durchaus assoziiert ist. Es fragt sich nur, was damit gewonnen ist, wenn wir statt der Ausdrücke „Verbindung“ oder „Verknüpfung“ das lateinische Wort „Assoziation“ gebrauchen?

Durch die Einführung des Kunstausdruckes „Assoziation“ in die neuzeitliche Psychologie ist es gelungen, die Aufmerksamkeit gerade von jenen Prozessen – nämlich den Einbildungsprozessen – abzulenken, denen wir die Assoziation, das ist die Verbindung unserer Empfindungserlebnisse und Gefühlsvorgänge, verdanken. Es soll dies gleich an einem Beispiel gezeigt werden. Wenn ich mit der Handfläche die Öffnung eines Bechers bedecke, so nehme ich, wie gesagt, ihre Kreisform wahr. Die Tastempfindungen, die durch die einzelnen Teile des Glasrandes erweckt werden, bleiben nicht isoliert, sondern verbinden sich zu einer Kreisform. Der moderne Psychologe sagt mit gelehrter Miene, daß sie sich assoziiert haben und durch diese Assoziation die Kreisvorstellung des Glasrandes erzeugten. Ja, aber welcher Prozeß ist es denn eigentlich, durch den die Tastempfindungen miteinander assoziiert wurden? Der Assoziationspsychologe findet keine Antwort, denn er scheint der Ansicht zu sein, daß dem Worte „Assoziation“ die magische Gewalt innewohne, Tastempfindungen miteinander in Zusammenhang zu setzen. So dient ihm das Wort Assoziation zu dem eigentümlichen Zwecke, eben jenen interessanten Prozeß aus der Welt zu schaffen, durch den die Assoziation der Tastempfindungen herbeigeführt wurde : ich meine die „eingebildete Bewegung“, der wir es verdanken, daß unser Bewußtsein die Kreisgestalt des Glasrandes zu erfassen vermochte.

Ein anderes Beispiel. Wenn man die Züge einer Person *A* betrachtet, so kann es leicht geschehen, daß man an die Züge einer ihr ähnlichen Person *B* erinnert wird. Der Psychologe spricht hier von einer Assoziation durch Ähnlichkeit. Dadurch entgeht ihm aber die Tatsache, die bei dieser Gelegenheit in erster Reihe sein Interesse erwecken sollte. Wenn wir nämlich die Person *A* betrachten, so ist unsere direkte Einbildung durch ihre Gesichtszüge gleichsam in Fesseln gelegt; plötzlich aber lösen sich diese Fesseln, und unser Geist springt von der reellen Gestalt ab, die vor uns steht, um für einen Augenblick bei den Zügen einer anderen Person zu weilen, die wir vielleicht im fremden Lande und schon vor vielen Jahren gesehen haben. Das Wunderbare an diesem Geschehen ist doch zunächst, daß es in uns eine Macht gibt, welche die Bande zu sprengen vermag, die uns durch unsere Empfindung und direkte Einbildung an die Gegenwart ketten! Wer nennt diese Macht, die uns mit Zauberfingern aus der Umgarnung der Eindrücke löst und ermöglicht, daß wir für einen Augenblick bei dem Bilde einer nicht gegenwärtigen Person weilen? Für den Assoziationspsychologen existiert diese Frage gar nicht. Er merkt nämlich nicht, daß hier die direkte Einbildung für einen Augenblick durch die antagonistische inverse Einbildung überwunden wurde, denn das Wort „Assoziation“ verdeckt ihm die Prozesse der direkten samt der inversen Einbildung wie auch ihr antagonistisches Verhältnis zueinander. Es ist, als ob ein Physiker nicht merken würde, daß der Lichtstrahl, der durch ein Prisma geht, aus dem Medium der Luft in das Medium des Glases und wieder zurück in das Medium der Luft gedrungen sei und dabei zweimal eine Richtungsänderung, eine Brechung erfahren habe. Bildlich dürfen wir vielleicht auch von einer Brechung unserer Phantasie sprechen und zwar ebenfalls von einer zweimaligen Brechung, denn unsere Aufmerksamkeit wurde von der anwesenden Person *A* zu der abwesenden Person *B* abgelenkt und wieder zu der ersten zurückgelenkt.

Der Assoziationspsychologe merkt aber von diesem wunderbaren Prozesse nur so viel, daß die Person *B* der Person *A* ähnlich ist, und zieht hieraus den eigentümlichen Schluß, daß es die Ähnlichkeit sein müsse, die den ganzen Prozeß bewirkt hat. Als ob „Ähnlichkeit“ eine Macht wäre, die imstande ist, das Gegenwärtige gleichsam auszulöschen und für einen Augenblick ein Nichtgegenwärtiges vor unseren Geist hinzuzaubern. Darf man die Begriffe, die der menschliche Geist sich bildet, personifizieren und zu wirkenden Mächten erheben? Ähnlichkeit ist ja nur ein Begriff, den der menschliche Geist durch Vergleichung der Gegenstände gewinnt, aber keine Persönlichkeit, kein wirkender Geist, keine Naturkraft oder Energie, die uns aus den Banden des Gegenwärtigen befreien und zu einem Nichtgegenwärtigen hinüberleiten könnte. Und das gleiche gilt auch von den übrigen sogenannten „Assoziationsgesetzen“, von denen *Hume, James Mill, John Stuart Mill* usw. geträumt haben. Betrachtet man z. B. die Humeschen Assoziationsgesetze, so erkennt man auf den ersten Blick, was auch Wundt mit feiner

Ironie ausführt, daß sie eine bloße Spielerei mit Begriffskategorien darstellen. „Geradeso", sagt Wundt, „wie Feuer, Wasser, Luft und Erde Kategorien sind, unter die man auf einem naiven Standpunkte der Betrachtung die Naturerscheinungen allenfalls unterbringen kann, geradeso würden Assoziationen nach Ähnlichkeit und Kontrast, nach Gleichzeitigkeit und Sukzession bequeme logische Schablonen für den Übergang von einer Vorstellung zu der anderen repräsentieren. Wenn also die Vorstellungen *X* und *Y* miteinander assoziiert werden, so wird man einmal sagen können, daß sie durch die Ähnlichkeit oder, wenn dies nicht zutrifft, daß sie durch Kontrast assoziiert worden seien. Passen diese Schablonen nicht gut, so wird sich die Assoziation dadurch bewerkstelligen lassen, daß *X* und *Y* gleichzeitig beisammen beobachtet wurden, und paßt auch dieses nicht, so kann ja die zeitliche Aufeinanderfolge den trefflichsten Dienst leisten. Kurz, die assoziierten Vorstellungen *X* und *Y* werden doch immer in irgendeinem logischen Verhältnis zueinander stehen, also wird dies Verhältnis unter irgendeine logische Kategorie gebracht werden können, so daß man dann sagen kann, diese Kategorie habe die Assoziation der Vorstellungen bewirkt. – Und diese Theorie wurde nicht von scholastischen Philosophen des Mittelalters ersonnen, sondern von neuzeitlichen Denkern, die man als die Häupter der modernen „empiristischen" Richtung betrachtet!

Jene Macht nun, durch welche unser Geist ganz unwillkürlich von dem Gegenwärtigen zu dem Nichtgegenwärtigen hinübergeleitet und wieder zu dem Gegenwärtigen zurückgeführt wird, offenbart sich jedermann, der sich durch Erfahrung wirklich belehren läßt, in ganz ungesuchter Weise. Jene Macht ist nämlich das menschliche Gemüt mit seinen nie rastenden Gefühls-, Stimmungs- und Leidenschaftswallungen. Wenn irgendein unbefriedigtes physisches oder geistiges Bedürfnis in uns erwacht und sich durch immer lauter pochende Gefühle oder Emotionen anmeldet, dann ist es bekanntlich mit dem ruhigen Verweilen bei dem Anblick des Gegenwärtigen vorbei. Und dann schweift die Phantasie zu Bildern der Vergangenheit und Zukunft oder überhaupt des Nichtseienden ab. An sich sind zwar unsere Triebe und die durch sie erweckten Gefühle und Emotionen blind, aber indem sie sich mit Einbildungsprozessen verbinden, werden sie gleichsam sehend und zielstrebig. Es ist eines der größten Rätsel unseres Lebensprozesses, wieso sich Gefühle mit Einbildungen verbinden und eine Phantasiewelt ausgestalten können, die unseren Geist aus den sinnlichen Fesseln der Umgebung zu befreien vermag. Für die Assoziationspsychologie ist freilich dieses Grundproblem unseres Gemütslebens gar nicht vorhanden. Sie merkt nämlich nicht, daß zwischen die Vorstellung *X*, die der Umgebung angehört, und die mit ihr assoziierte Vorstellung *Y*, die nicht der Umgebung angehört, ein Gefühlston als Vermittler treten muß, weil sonst der unwillkürliche Übergang von dem Gegenwärtigen zu dem Nichtgegenwärtigen unmöglich wäre. Alle unsere Empfindungen sind nämlich gefühlsmäßig betont, und diese Gefühlsbetonung, die derselben Erscheinung gegenüber bei verschiedenen Personen im allgemeinen eine sehr verschiedene sein kann, ist es eigentlich, die unser Bewußtsein zu einem Nichtgegenwärtigen hinüber zu leiten vermag. Sehe ich z. B. die Person *A*, so kann ein Zug *X* in ihrem Gesichte bei mir gefühlsmäßig in solcher Weise betont sein, daß ich unwillkürlich an die Person *B* erinnert werde. Jemand anderer, der die Person *A* sieht und auch die Person *B* recht wohl kennt, wird trotzdem bei dem Anblick von *A* nicht an *B* erinnert werden, weil bei ihm der Zug *X* nicht in solcher Weise gefühlsbetont ist wie bei mir.

Es ist von Wichtigkeit, zu bemerken, daß der Übergang aus der direkten in die inverse Einbildung, von der hier die Rede ist, in ganz unwillkürlicher Weise geschieht. Unwillkürlich gleitet die Einbildung längs der Linien der Dinge hin, die sich in unserer Umgebung befinden, und ebenso unwillkürlich gleitet sie unter dem Einfluß von Gefühlen und Emotionen zu Gestalten und Bildern ab, die der inversen Einbildung angehören. Wir vermögen aber – und hierauf beruht der menschliche Charakter unserer Intelligenz – unsere Einbildungsprozesse bis zu einem gewissen Grade willkürlich zu steuern: wir können nämlich unsere Einbildung zwingen, nicht zu abwesenden Dingen zu schweifen, sondern bei der Umgebung zu verharren, damit wir eine möglichst genaue Anschauung des Gegenwärtigen gewinnen. Ein vollkommenes Anketten unserer Phantasie an die reelle Umgebung kann uns freilich niemals gelingen, weil die Einbildung infolge der Gefühlsbetonung des Empfundenen ganz unwillkürlich – wenn auch nur für kurze Augenblicke – in das Reich des Nichtgegenwärtigen hinübergezogen wird. Umgekehrt können wir aber die Einbildung absichtlich von dem Gegenwärtigen abziehen und zu dem Nichtgegenwärtigen hinwenden, wie dies immer der Fall ist, wenn wir unseren Gedanken nachhängen wollen. Ein vollkommenes Versinken in Gedanken wird freilich nicht möglich sein, weil die Eindrücke der Umgebung unsere Einbildung für Augenblicke immer wieder zu dem Gegenwärtigen zurückführen. So pendelt unser Bewußtsein im Verlaufe seines wachen Zustandes fortwährend zwischen dem Gegenwärtigen und Nichtgegenwärtigen, und dieses Pendeln wird bald in unwillkürlicher Weise stattfinden, bald durch den Verstand und Willen absichtlich herbeigeführt sein.

Aber ob wir nun mit unserer Einbildung bei dem Gegenwärtigen oder Nichtgegenwärtigen weilen, ob wir sie unwillkürlich walten lassen oder willkürlich lenken mögen: immer werden die Gestalten, die sie uns vorführt, durch virtuelle Bewegungen erfaßt werden müssen. Es sind die gleichen virtuellen Bewegungen, durch die ich die Gestalten wirklicher Dinge wahrnehme und durch die ich beliebige Figuren in der inversen Einbildung vor mich hinstelle. Wenn ich z. B. ein Dreieck an einem von mir stehenden reellen pyramidenförmigen Körper wahrnehme, so geschieht dies ebenso vermittels eingebildeter Bewegungen, wie wenn ich in der inversen Einbildung ein Dreieck vor mir in die Luft gezeichnet denke. Diese Tatsache nun ist von der höchsten erkenntnistheoretischen Bedeutung. Da es nämlich dieselben eingebildeten Bewegungen sind, vermittels deren ich irgendwelche an den Körpern wirklich vorhandene Gestalten wahrnehme, und durch die ich fiktive Figuren vor mich hinzeichne, so werde ich mich bei der Untersuchung von Gestalten ebenso gut an meine fiktiven Figuren wie an die Formen von wirklichen Dingen halten können. Hierauf beruht der eigentümliche wissenschaftliche Charakter der Geometrie und der reinen Bewegungslehre. Die Geometrie ist die Wissenschaft vom Raume und den Raumgebilden; da aber der wirkliche Raum und die wirklichen Raumgebilde ebenso nur mit Hilfe der Einbildung, namentlich der eingebildeten Bewegung erfaßt werden können wie der fiktive Raum und die fiktiven Raumgebilde, so wird die Geometrie keine derartig empirische Wissenschaft sein wie die Physik oder die Chemie. Ein eingebildeter Blitz hat bekanntlich nicht dieselben Eigenschaften wie ein wirklicher Blitz, also wird der Physiker nicht sagen können, daß die Untersuchung der wirklichen Erscheinungen durch die der eingebildeten Vorgänge ersetzt werden könne. Der Raum der Wahrnehmung hat aber genau dieselben Eigenschaften wie der Raum der inversen Einbildung, und so wird der Geometer mit Recht behaupten, daß die Erforschung der Eigenschaften wirklicher Raumgebilde in der inversen Einbildung ausgeführt werden könne. Das ist ja das Wunder des Raumes, daß er in der wirklichen Wahrnehmung gar keine anderen Eigenschaften zeigt wie in der inversen Einbildung, weil eben auch der wirkliche Raum nur vermittels der Einbildung oder der eingebildeten Bewegung wahrgenommen werden kann. Ich bezeichne aber eine solche Erkenntnisweise, für die es gleichgültig ist, ob ihre Untersuchungsgegenstände in Wirklichkeit oder in der Einbildung gegeben sind, als neutral. In diesem Sinne ist die Geometrie eine neutrale Wissenschaft, weil die Sätze, die sie in der inversen Einbildung findet, gleich auch für die direkte Wahrnehmung Geltung haben müssen und weil sie überhaupt aus lauter solchen Sätzen besteht, für deren Geltung es gleichgültig ist, ob sie auf die Welt der Wirklichkeit oder auf die der inversen Einbildung bezogen werden. Das gleiche gilt für die reine Bewegungslehre oder Phoronomie, welche, die Bewegung bloß als Ortsveränderung betrachtend, von der Masse des Beweglichen und seinen mechanischen Wirkungen abstrahiert. Sieht man nämlich von den Wirkungen der Bewegung ab und betrachtet sie bloß aus dem Gesichtspunkte, daß sie eine Ortsveränderung von räumlichen Gebilden im Verlaufe eines Zeitintervalles ist, so können alle Eigenschaften dieser Ortsveränderung an der eingebildeten Bewegung ebensogut studiert werden wie an der wirklichen Bewegung, weil ja auch die wirkliche Bewegung nicht anders als durch die eingebildete erfaßt werden kann.

Um also den eigentümlichen wissenschaftlichen Charakter der Geometrie und Phoronomie festzustellen, ist es durchaus nicht nötig, zu der Unterscheidung *Kants* zwischen Erkenntnissen a priori und a posteriori seine Zuflucht zu nehmen. Es genügt, einzusehen, daß die Wahrnehmung der wirklichen Welt nicht nur auf Empfindung, sondern auch auf Einbildung beruht, und daß insbesondere die reale Bewegung und die Raumverhältnisse nur vermittels der Einbildung wahrgenommen werden können. Geometrie und Phoronomie sind Wissenschaften, welche die menschliche Einbildung oder die virtuelle Bewegung zu ihrer Grundlage haben, so daß, wenn unsere Einbildung anders geartet wäre, auch unsere Raum- und Bewegungsanschauung anders geartet sein müßte. Die Axiome der Geometrie sind Sätze, durch welche die Natur unserer Einbildung, ebenso wie die physikalisch-chemischen Erscheinungen, die wir im Raume wahrnehmen, gekennzeichnet sind.

Der Satz, daß durch zwei Punkte nur eine Gerade gehen kann, daß ferner die Gerade der kürzeste Weg zwischen zwei Punkten ist, und daß man durch einen gegebenen Punkt zu einer Geraden nur eine Parallele ziehen kann, wie auch die übrigen geometrischen Axiome, sind nicht nur für die wirkliche Welt, sondern in eben solchem Maße für die Natur unserer Einbildung von grundlegender Bedeutung. Einer anderen Einbildung wie der unserigen würden auch eine andere Geometrie und Bewegungslehre entsprechen wie die unserige. Die neuen Geometrien, welche die großen Mathematiker *Bolyai* und *Lobatschewsky* ersannen, und die man als nicht-euklidische Geometrie zu bezeichnen pflegt im Gegensatze zu der euklidischen Geometrie, welche sich auf unsere wirkliche Welt bezieht, dürfen als Versuche betrachtet werden, die Grenzen der menschlichen Einbildung zu durchbrechen und haben deshalb eine ganz unvergleichliche erkenntnistheoretische Bedeutung. Leider ist diese Bedeutung weder durch die Mathematiker noch durch die Philosophen unserer Tage aufgeklärt worden, so daß die nichteuklidischen und mehrdimensionalen Geometrien eine große Verwüstung auch in den besten Köpfen anrichteten und zu den bedenklichsten Versündigungen an den Grundsätzen der Logik verleiteten, deren Darlegung ich mir für eine andere Gelegenheit vorbehalte. Der erste Schritt aber, den wir zur richtigen philosophischen Würdigung der nichteuklidischen und mehrdimensionalen Geometrie machen, ist die Erkenntnis, daß es die Einbildung, die virtuelle Bewegung ist, der wir die Wahrnehmung von reellen Bewegungen und Raumverhältnissen verdanken.

Nachdem wir solchermaßen die Bedeutung der virtuellen Bewegung zur Genüge betonten, müssen wir nunmehr die Frage aufwerfen: was ist die virtuelle Bewegung? Zu welcher Art von Prozessen gehört sie? Zunächst ist zu bemerken, daß sie durchaus keine geistige oder psychische Tätigkeit ist, wovon man sich durch die folgende Betrachtung überzeugt. Spricht man das Wort Dreieck mit Verständnis aus, so merkt man bei einiger Aufmerksamkeit, daß man ganz unwillkürlich und freilich auch mit großer Flüchtigkeit gleich auch eine konkrete Dreiecksfigur in der Phantasie vor sich hingezeichnet hat. Ähnlich verhält es sich mit der verständnisvollen Aussprache von Wörtern, wie Ozean, Felsen, Wasserfall usw., überhaupt mit der ganzen menschlichen Rede: wir begleiten unseren Wort- und Gedankentext gleichsam mit Illustrationen, die bald durch lebhafte, bald durch verkümmerte virtuelle Bewegungen produziert werden. Kein besonnener Denker wird aber seinen Gedankentext mit den Illustrationen vertauschen, die seine mehr oder minder erregte Phantasie hinzufügt. Der Sinn des Wortes „Dreieck“ oder eines beliebigen anderen Wortes ist nämlich ein allgemeiner: das Wort wird zur Bezeichnung aller Exemplare einer Gattung verwendet, wogegen die Illustration, die durch unsere Einbildung zu dem Worte Dreieck oder zu einem beliebigen anderen Worte hinzugefügt wird, immer etwas Einzelnes, Konkretes ist. Das Dreieck, das ich durch eine eingebildete Bewegung vor mich hinstelle, kann nicht zugleich ein spitzwinkliges, rechtwinkliges und stumpfwinkliges sein, sondern der Sinn des Wortes „Dreieck" umfaßt alle nur möglichen Dreiecke. Kurz, die eingebildete Bewegung sowie auch die wirkliche Bewegung produziert immer nur eine einzelne Figur. Worte hingegen haben nur deshalb einen Sinn und sind nur deshalb Symbole von Begriffen, weil sie auf beliebig viel Einzelnes, das zur selben Art gehört, bezogen werden können.

Obwohl es aber nur eine geringe logische Mühe kostet, unseren Wort- und Gedankentext von den begleitenden und, wie gesagt, oft höchst rudimentären Phantasieillustrationen zu unterscheiden, gibt es doch eine philosophische Schule, die den Gedanken mit der ihn illustrierenden virtuellen Bewegung konsequent und prinzipiell verwechselt oder, richtiger gesprochen, die Existenz des Gedankens leugnet und an seine Stelle das durch virtuelle Bewegung produzierte konkrete Einzelbild setzt. Der energischeste Hauptvertreter dieser englisch-sensualistisch-nominalistischen Schule ist *Berkeley*. Er spricht es kühn aus, daß alle unsere Ideen Einzelideen sind, daß es abstrakte Ideen überhaupt nicht gibt, und er beweist den Satz etwa in folgender Weise: man versuche, sich die Idee eines Dreieckes zu bilden, das sowohl gleichseitig als auch ungleichseitig und gleichschenklig ist, und man wird sich überzeugen, daß dies eine Unmöglichkeit involviert. Die abstrakte Idee eines Dreiecks würde aber erfordern, daß wir uns die Idee von einem Dreiecke bilden, das jene unvereinbaren Eigenschaften in sich vereinigt: also gibt es keine abstrakte Idee von einem Dreieck oder von beliebigen anderen Dingen. Offenbar verwechselt er die Idee eines Dreieckes mit jener Illustration, die wir vermittels der Einbildung produzieren, um die abstrakte Idee in konkreter Weise zu exemplifizieren.

Wir illustrieren, wie gesagt, alle unsere Ideen durch virtuelle Zeichnungen, aber wir dürfen diese Illustrationen niemals mit den Ideen selbst verwechseln. Wenn z. B. ein Blindgeborener sich ein Dreieck vorstellt, so illustriert er die Dreiecksidee in ganz anderer Weise als wir Sehenden, denn er vermag sich das Dreieck nur durch die Tastphantasie zu illustrieren, während wir es auch mit der Gesichtsphantasie tun. Trotzdem bleibt die abstrakte Idee eines Dreiecks für den Blindgeborenen die gleiche wie für den Sehenden. Eine und dieselbe Idee kann in verschiedenster Weise illustriert sein, ohne deshalb ihre Idealität einzubüßen. Wir Weißen illustrieren das Wort „Mensch" in unserer Einbildung ganz unwillkürlich mit der Silhouette eines Weißen, der Japaner hingegen wird zu diesem Zweck ebenso unwillkürlich die Silhouette eines Mongolen erzeugen: trotzdem haben beide dieselbe abstrakte Idee vom Menschen. Jemand kann, wenn er an seinen Freund Hans denkt, diesen in der Einbildung sitzend oder stehend, weinend oder auch lachend usw. erblicken und trotzdem wissen, daß er immer den einen „Hans" im Sinne hat; denn würde er jede Illustration, die seine Einbildung vom „Hans" produziert, für eine andere Person halten, so wäre es eben um seinen Verstand geschehen. Wer also die abstrakten Ideen leugnet, der verneint den Verstand: auch Berkeley gibt die Möglichkeit abstrakter Ideen zu, weil er sich aber den Unterschied zwischen seinem abstrakten Begriffe und seiner phantasiemäßigen konkreten Illustration nicht klar zu machen vermag, und weil er ferner von einem großen Widerwillen gegen Abstraktionen erfüllt ist, macht es ihm Freude, diese aus der Welt hinauszudisputieren. Unbegreiflich ist nur, warum jemand philosophiert und obendrein in so abstrakter Weise philosophiert wie Berkeley, wenn er den Abstraktionen so spinnefeindlich gesinnt ist, daß er sie am liebsten vertilgen möchte.

Wie wenig die eingebildete Bewegung etwas Psychisches ist, das tritt in anschaulicher Weise hervor, wenn man ihre Rolle innerhalb des menschlichen Lebensprozesses scharf ins Auge faßt. Der Säugling vermag in der frühesten Epoche seines Lebens, wie wir schon bemerkten, nur ziellos mit den Händchen hin und her zu fahren; würde er niemals erlernen, den Blick zu lenken und die Gliedmaßen nach einem Ziele hinzuführen, so käme er auch niemals zu einer Wahrnehmungstätigkeit, denn wer niemals Herr seiner Bewegungen ist, der kann auch niemals etwas finden und nichts Empfundenes an irgendeinen Ort verlegen, ist mithin auch keiner Wahrnehmung fähig, weil Wahrnehmung nur dort möglich wird, wo dem Empfundenen ein Ort zugewiesen wird, es also in den allgemeinen räumlichen Zusammenhang Einreihung findet. Wie wird aber aus den zufälligen Augenbewegungen des Säuglings ein lenkbarer und dann auch in sich selbst lenkender Blick? Und wie wird aus dem gestaltlosen Hin- und Herfahren der Hände eine allmählich sich formende, zielstrebige Bewegung? Nicht anders als durch die Hilfe der sich entwickelnden eingebildeten Bewegung, die der wirklichen Bewegung anfangs unsicher, dann immer bestimmter geformte Bahnen vorzeichnet. Erst, wenn nach dem Verlaufe von drei bis vier Monaten die virtuellen und die wirklichen Bewegungen des Blickes und der Gliedmaßen genügend gekräftigt sind, kann auch von einer Wahrnehmungstätigkeit des Säuglings die Rede sein. Daraus ist zu ersehen, daß die eingebildete Bewegung eine zeitlich vorausgehende Bedingung der Wahrnehmungstätigkeit, nicht aber diese selbst ist, also auch keinen psychischen Charakter haben kann. Wahrnehmungsvorgänge sind Akte des Bewußtseins, eingebildete Bewegungen sind jedoch keine psychischen Tätigkeiten, denn schon lange, ehe sich die Intelligenz zu regen beginnt, müssen sich die ziellosen Blick- und Handbewegungen des Kindes durch die virtuellen Bewegungen zu geformten Bewegungen ausschleifen.

Aber noch klarer tritt der nichtpsychische Charakter der eingebildeten Bewegungen bei dem erwachsenen Menschen hervor. Wenn wir eine noch ungewohnte Bewegung bei der Handhabung eines Instrumentes machen müssen, werden wir der eingebildeten Bewegung, die der wirklichen den Weg weisen soll, leicht inne; aber je mehr wir die Bewegung eingeübt haben, desto unmerklicher wird ihre virtuelle Lenkung, und desto mehr gewinnt sie den Charakter einer sogenannten „automatisierten Bewegung". Was mit diesem Ausdruck gemeint ist, darüber gibt uns die Psychologie so gut wie gar keinen Aufschluß. Und doch handelt es sich hier um eines der interessantesten und bedeutsamsten Probleme der Wissenschaft von den Lebensvorgängen. Jemand kann in Gedanken versunken, seiner Schritte durchaus nicht achtend, einen Spaziergang machen, und er verwundert sich hinterher gar nicht, daß seine Beine zweckdienlich funktionierten, ohne daß sie durch ihren Befehlshaber, durch das Bewußtsein, dazu angehalten worden wären. Man sagt, die Beine hätten „automatisch" ihre Pflicht getan, und glaubt, die Sache mit diesem Worte abgetan zu haben. Was meint man aber mit diesem rätselhaften Worte? Glaubt man etwa, daß die sich automatisch bewegenden Beine ihres Wegweisers, der eingebildeten Bewegung beraubt seien? Würden die automatischen Bewegungen ihren Steuermann, die virtuelle Bewegung, verloren haben, dann müßten sie auf jene primitive Stufe der Entwicklung zurücksinken, die sich bei dem Säugling durch die ziellos hin und her fahrenden Händchen kundgibt. Eine automatisierte Bewegung bleibt nur deshalb eine zweckentsprechende Bewegung, weil sie ihren Steuermann, nämlich die virtuelle Bewegung, nicht verloren hat; freilich hat diese virtuelle Bewegung den Kontakt mit dem Bewußtsein eingebüßt. Sie ist es, die automatisiert, d. h. aus der Verbindung mit dem Bewußtsein ausgeschaltet wurde. Unter einer automatisierten Bewegung verstehen wir daher eine solche Bewegung, deren virtuelles Steuer aus der Verbindung mit dem Bewußtsein ausgeschaltet, d. h. automatisiert wurde. Je mehr wir eine willkürliche Bewegung einüben, mit einem desto geringeren Aufwand von bewußter eingebildeter Bewegung kann sie gelenkt werden, und ist das erforderte Aufwandsminimum erreicht, dann kann die eingebildete Bewegung ihren Zusammenhang mit der Bewußtseinstätigkeit zeitweilig lösend, gleichsam selbständig werden und ohne Aufsicht des Bewußtseins weiter fortarbeiten, wodurch das Bewußtsein eine gewisse Entlastung erfährt und seine Aufmerksamkeit anderen Tätigkeiten zuwenden kann. Das Hauptergebnis dieser Betrachtung ist die wichtige Einsicht, daß es eine „automatische Einbildung" gibt, die unsere Bewegungen lenkt, auch wenn sie nicht mehr unter der Aufsicht des Bewußtseins steht. Und diese Einsicht bedeutet den ersten Schritt in der wissenschaftlichen Theorie von den Willkürbewegungen des Menschen und der Tiere.

Zugleich tritt es klar hervor, daß eingebildete Bewegungen an sich nichts Psychisches sind. Sie können zwar unter dem unmittelbaren Befehle des Bewußtseins stehen, sie vermögen sich jedoch zeitweilig auch von ihm abzulösen, um in der zweckentsprechendsten Weise weiter zu arbeiten. Am eindringlichsten treten diese Ablösung vom Bewußtsein und der nichtpsychische Charakter der eingebildeten Bewegung bei den eigentümlichen Zuständen zutage, wo die Bewußtseinstätigkeit einer Person gelähmt erscheint und dennoch die Prozesse der Sinnesempfindung und Einbildung weiter fortbestehen, wie dies in der Hypnose der Fall ist. Diese ist in ihrem Wesen nach eine spezifische Gehirnlähmung, durch die das

Bewußtsein derart ausgeschaltet wird, daß die zu ihm führenden Bahnen trotzdem offen bleiben, daß also Empfindungsprozesse ungestört ihren Lauf nehmen können. Die Haut kann für Tast-, das halbgeschlossene Auge für Licht-, das Ohr für Tonempfindungsvorgänge empfänglich bleiben; alle diese sensorischen Prozesse vermögen virtuelle Bewegungen anzuregen, die in wirkliche Bewegungen übersetzbar sind, ohne daß das Bewußtsein an allen diesen Vorgängen den geringsten Anteil hätte. Der Hypnotisierte ist solchermaßen ein empfindender, fühlender, phantasierender Automat, d. h. die Empfindungs-, Gefühls- und Phantasieprozesse, die sich in ihm abspielen, verbinden sich mit keiner Bewußtseinstätigkeit, sondern werden von dem Bewußtsein einer zweiten Person, dem des Hypnotiseurs gelenkt. Er stellt daher gleichsam ein Zerrbild eines denkenden Wesens vor, denn er scheint zu empfinden, zu fühlen und Einbildung wie ein bewußtes Wesen zu haben, wobei es ihm jedoch an Bewußtsein mangelt.

Wer die Bewußtseinstätigkeit nicht von den Prozessen der Empfindung, des Gefühls und der Einbildung unterscheiden kann, der wohne einmal hypnotischen Versuchen bei und beobachte aufmerksam den Hypnotiseur und sein Medium: denn hier wird er auf zwei Personen verteilt finden, was er in einer Person nicht voneinander zu scheiden vermochte. Er wird sich in anschaulicher Weise überzeugen, daß im Medium Empfindungs-, Gefühls- und Einbildungsvorgänge fluten, an denen keine Spur von Bewußtsein haftet, und daß im Hypnotiseur die entsprechende ergänzende Bewußtseinstätigkeit zu finden ist, die bei dem Medium vermißt wird. Wer nun im klaren ist, daß Empfindungen, Gefühle und Einbildungen nichts Psychisches sind, der wird nicht allzusehr von einer solchen Gehirnlähmung überrascht sein, bei der die genannten drei Prozesse fortdauern können, während jede Bewußtseinstätigkeit ausgeschaltet ist. Die eigentliche Bedeutung der hypnotischen Experimente ist in erster Reihe darin zu suchen, daß sie ein neues Licht auf die gesunde geistige Tätigkeit des Menschen werfen. Diese Experimente zeigen, welch ein himmelweiter Unterschied zwischen bloßem Nervenleben und zwischen einer Lenkung des Nervenlebens durch das eigene Bewußtsein besteht. Das Nervenleben bleibt bei dem Hypnotisierten von außen ebenso erregbar, wie bei dem wachen Menschen: äußere Eindrücke wecken in ihm intensive Empfindungsvorgänge, mächtige Gefühlserschütterungen und regen auch das passive Spiel lebhafter Phantasmen an, so daß die Prozesse der eingebildeten Bewegung auch zu entsprechenden realen Bewegungen hinüberführen können. Trotzdem ist in all diesen Vorgängen eines hochentwickelten Nervenlebens nichts von einer erkennenden und lenkenden Bewußtseinstätigkeit zu entdecken. Wenn es also für den experimentierenden Naturforscher irgendwo eine Gelegenheit gibt, den unendlichen Unterschied zwischen autonomer geistiger Tätigkeit und zwischen den bloßen Prozessen des Nervenlebens zu erfassen, so ist dies sicherlich auf dem interessanten Gebiete des hypnotischen Experimentes der Fall. Leider ist aber der Hypnotismus gerade nach dieser bedeutsamsten Seite hin nicht ausgebeutet worden. Es herrscht in der modernen Psychologie und Physiologie eine grenzenlose Verwirrung der Begriffe von der Bewußtseinstätigkeit und dem nervös-vitalen Prozesse: man vermischt das Geistige mit dem Nervös-Lebendigen in einer ganz unverzeihlichen Weise, obwohl gerade der Hypnotismus Unsummen von experimentellen Tatsachen darbietet, die zur Klärung dieser Grundbegriffe wie geschaffen zu sein scheinen. Man überzeugt sich bei Gelegenheit einer jeden hypnotischen Sitzung in einer höchst anschaulichen Weise, daß geistige Tätigkeit etwas wesentlich anderes ist als bloßer vitaler Strom von Empfindungs-, Gefühls- und Einbildungsprozessen.

Empfindungen, Gefühle und Einbildungen sind – an sich betrachtet – rein „vitale Vorgänge", die zwar zum Bewußtsein kommen oder vom Bewußtsein gelenkt werden können, ohne jedoch an sich Bewußtseinstätigkeit zu sein. Ursprünglich ist auch kein besonnener Mensch geneigt, Schmerzen oder die Erregungen des Hungers, Durstes, der Wollust usw. zu den psychischen Tätigkeiten zu zählen, und man unterscheidet aus diesem Grunde die „sinnliche Natur" des Menschen von seiner „geistigen". Es ist dies freilich eine unsichere Unterscheidung, die in dieser Form nicht richtig ist und durch die begriffliche Trennung des „vitalen Prozesses" und der „Bewußtseinstätigkeit" ersetzt werden muß: aber sie hätte recht wohl zum Ausgangspunkt einer echt monistischen Philosophie werden können, die das Vitale und das Bewußte in der menschlichen Natur gleichmäßig zur Geltung bringt. *Descartes*, der, sich auf sein stolzes „cogito" steifend, die sinnliche Natur des Menschen als die Quelle der Irrungen und des Übels hinstellte, beschwor durch die rationalistische Einseitigkeit seiner sonst erhabenen und strengen Denkweise eine Gegenrevolution herauf, die für die Entwicklung der neuen Psychologie in hohem Grade verhängnisvoll werden sollte. Die englische Wissenschaft nämlich, deren Ideal die Vitalität ist, nahm sich der unterdrückten „sinnlichen Natur" des Menschen derart an, daß sie das „Sinnliche" oder besser das Vitale zum Psychischen erhob und die Sinnesempfindung geradezu als „Idee", als elementare Idee, die den übrigen Ideen des Menschen zugrunde liegen sollte, hinstellte. Diese Verwechslung des Vitalen mit dem Geistigen, oder richtiger, dieses Auflösen alles Geistigen in Vitalität durch eine zweideutige „Psychologie", die weder eine Lehre vom Leben noch eine Lehre vom Geiste enthält, hatte zur Folge, daß seit mehr als zwei Jahrhunderten die Biologie und die Wissenschaft vom Geiste an einer chronischen Verwirrung ihrer fundamentalen Begriffe leiden. Und es scheint, daß diese Verwirrung gerade in unseren Tagen ihren Höhepunkt erreicht, was darin zum Ausdruck kommt, daß die „Psychologistik" alles philosophische Denken zu verschlingen droht und die Keime ihrer babylonischen Begriffsverwirrung nicht nur in die Geisteswissenschaften, sondern auch in die Naturwissenschaften hineinträgt. Möglicherweise stehen wir aber schon vor einer Wendung des modernen Denkens, die zur Gesundung des neuzeitlichen Geistes führt; wenigstens mehren sich die Zeichen, daß eine klare begriffliche Scheidung des Vitalen und Geistigen auch im Kreise der „physiologischen Psychologen" immer ernster angestrebt wird. Die fortgeschrittensten Forscher dieser großen

Schule erklären nämlich, daß die Psychologie sich als ein Zweig der Naturwissenschaften konstituieren müsse, was insofern seine völlige Berechtigung hat und freudig zu begrüßen ist, als jene „Psychologie“, welche experimental betrieben wird, ihrem ganzen Wesen nach tatsächlich durchaus nur vitalistische Naturwissenschaft ist, die derzeit noch an einer Verquickung der Grundbegriffe des Geistigen und des Vitalen leidet, aber durch eine strenge erkenntniskritische Säuberung von diesem Erbübel befreit werden kann.

Aber noch verheißungsvoller als das Drängen der physiologischen Psychologen zur geklärten Naturwissenschaft hin ist das mächtige Streben der „Neovitalisten“ nach einer Reform der Biologie, die ein für allemal den strengen Beweis dafür erbringen soll, daß das Lebendige sich niemals auf ein Mechanisches zurückführen läßt, daß es also unmöglich ist, die Biologie jemals in Physik und Chemie aufzulösen. Zwar leidet diese hochbedeutsame Richtung in der modernen Naturwissenschaft noch an mancher erkenntnistheoretischen Verkehrtheit oder mystischer Zerflossenheit: aber im Grunde genommen bezeichnet sie trotzdem den Weg jenes Fortschrittes, der zur Unterscheidung einer vitalistischen und mechanistischen Methode in der Biologie führen wird. Wir können das Lebensrätsel – wie ich dies an einer anderen Stelle zu zeigen suche –, von zwei Richtungen aus wissenschaftlich in Angriff nehmen, und zwar durch direkte mechanistische (physikalisch-chemische) Forschung und weiter durch indirekte vitalistische Messungsmethoden; diese können ebenso Anspruch auf Exaktheit erheben wie die erstere. Es wird sich also neben der „mechanistischen Biologie“ und im innigsten Verein mit ihr eine „vitalistische Biologie“ herausbilden müssen. Die Theorie von der Phantasie, die ich hier liefere, will ein philosophischer Beitrag zu dieser vitalistisch gesinnten Biologie sein.

Meiner Auffassung nach ist nämlich der Vitalismus deshalb eine unbedingt siegreiche Lehre, weil es in Wirklichkeit vitale Tatsachen zum Unterschiede von den mechanischen (physikalisch-chemischen) gibt. Empfindungen, Gefühle und Einbildungen bilden drei Klassen von vitalen Tatsachen, die dadurch gekennzeichnet sind, daß sie überall nur mit einem Bewußtsein zusammenhängen, oder wie man dies ausdrücken kann: nur durch ein Bewußtsein unmittelbar bezeugt werden können. Mechanische Tatsachen hingegen können beliebig viele Zeugen oder Beobachter haben. Sehen z. B. zwei Personen einen und denselben Blitzstrahl, so stellt dieser Blitzstrahl eine physikalische Tatsache vor, wogegen die zwei Erlebnisse, welche zwei Personen von derselben physikalischen Tatsache haben, als zwei vitale Tatsachen bezeichnet werden müssen. Ein einziges physikalisches Ereignis kann in n-Personen, n-Erlebnisse, also n-vitale Vorgänge erregen, so daß es für den Einsichtigen eine logische Unmöglichkeit ist, den Begriff des Mechanischen mit dem des Vitalen zu verwechseln. Will man nun andererseits das Vitale auch von dem Geistigen unterscheiden, so nehme man Zuflucht zu einem hypnotischen Experiment, während dessen Verlauf der Hypnotiseur seinem Medium zuruft: „ Jetzt hat ein Blitzstrahl den Baum hier vor unserem Fenster getroffen!“ Man wird sehen, von welch intensiven Erlebnissen der Hypnotisierte sich erschüttert zeigt, ohne daß sich mit den ihm suggerierten vitalen Vorgängen bei ihm auch nur die geringste Bewußtseinstätigkeit verbinden würde.

Wir haben somit eine ganz bestimmte Antwort auf die Frage erhalten, zu welcher Art von Geschehnissen die Einbildungsvorgänge gehören. Zwar verbinden sich unsere Phantasieprozesse im allgemeinen mit Bewußtseinstätigkeiten und verleiten uns durch dieses Verbundensein mit dem Geiste, die Einbildungsvorgänge selbst für etwas Geistiges zu halten, aber sie sind an sich nur vitale Prozesse, ganz ebenso wie unsere Empfindungs- und Gefühlserlebnisse. Die Einbildung spielt im Reiche des Vitalen eine ähnliche Rolle wie die Bewegung in der mechanischen Welt. Man könnte sie als das vitale Analogon, als das vitale Äquivalent oder als das vitale Abbild der Bewegung bezeichnen. So wie ein Körper aus der Gesellschaft anderer Körper in mechanischer Weise nur durch Bewegung zu entkommen vermag, so kann ein Lebensprozeß sich nur durch die Einbildung aus den Klammern der Umgebung befreien. Es ist ein Wunder ohnegleichen, daß das Leben, ohne von der Stelle zu weichen, wo es sich befindet, sich trotzdem so verhalten kann, als ob es an eine andere Stelle des Raumes oder an eine andere Stelle der Zeit entwichen wäre. Dieses Entrücktwerden des Lebensprozesses von dem räumlich-zeitlichen Standort, wo es in Wirklichkeit verharrt, nennt man Phantasieprozeß. Mechanisch kann sich das Leben an einen Ort gebannt zeigen; in vitaler Hinsicht ist es trotzdem nicht an jenen Ort gebannt, sondern kann innerhalb der mechanischen Fesseln doch dieser Fesseln ledig sein. Diese Selbstbefreiung des Lebensprozesses von den Banden, die ihn in Wirklichkeit gefangenhalten, nennt man in der volkstümlichen Ausdrucksweise : „den Flug der Phantasie“. Wenn es also irgendeinen Prozeß gibt, durch welchen sich das Leben mit vollendeter Deutlichkeit vom Mechanischen abhebt, so ist es der Einbildungsprozeß. Vom mechanistischen Standpunkt aus ist ein Körper immer gerade dort, wo er eben ist: vom vitalistischen Standpunkt betrachtet, kann ein lebender Körper aber ganz anderswo weilen als dort, wo er in mechanischer Weise gefangengehalten ist. Wie nun das Leben nirgends so deutlich dem Mechanischen entgegentritt wie im Einbildungsprozesse, so ist dieser als die höchste Entfaltung des Vitalen zu betrachten. Empfindung und Gefühl sind zwar ebenfalls vitale Vorgänge, doch zeigt sich in ihnen das Leben noch ganz an den mechanischen Standort gefesselt; denn in der Empfindung meldet sich nichts weiter an als ein unmittelbar gegenwärtiger physikalisch-chemischer Prozeß und im Gefühle gibt sich nichts weiter kund als ein unmittelbar gegenwärtiger Zustand eines lebenden Wesens; das Leben ist also durch die Empfindungen und Gefühle an das Gegenwärtige gebunden, und nur weil Empfindungen und Gefühle auch die Einbildung anregen, vermag das Leben in die räumlich-zeitliche Ferne zu schweifen, während es mechanisch an einem Standort weilt. So wird es nunmehr auch verständlich, weshalb sogar das Gegenwärtige nicht ohne Hilfe der Einbildung wahrgenommen werden kann. Denn was sich z. B. zwei Meter weit von unserem Leibe abspielt, kann offenbar nur durch die Einbildung in dieser bestimmten Distanz wahrgenommen werden. Eine Wahrnehmungstätigkeit ist ohne Einbildung nicht möglich.

Die moderne Empfindungsphilosophie (der moderne Psychologismus) kennt keinen Einbildungsvorgang, sondern spricht von einer „Projektion der Empfindung“ in die Außenwelt nach jenem Orte, wo sich das wahrgenommene Bild befindet. Sie schießt die Empfindung gleichsam aus der Pistole nach dem Ort des wahrgenommenen Dinges und glaubt, durch eine solche „Theorie“ einen Weg zur Erklärung unserer Raumwahrnehmung gefunden zu haben. Nun besagt aber das Wort „Projektion der Empfindung“ ebensowenig wie das Wort „Lokalzeichen“. Alle diese Kunstausdrücke, wie z. B. auch der Terminus „Assoziation“, sind nur da, um jenen Prozeß der eingebildeten Bewegung zu verdecken, durch den die Wahrnehmung einer räumlich geordneten Erscheinungswelt erst möglich gemacht wird. Die moderne Empfindungsphilosophie versündigt sich also nicht nur an dem menschlichen Geiste, indem sie die psychische Tätigkeit in den bloßen vitalen Prozeß auflöst, sondern vergeht sich noch weit mehr an diesem vitalen Prozeß, indem sie eine höchste Komponente, den Einbildungsvorgang, ausmerzt und dadurch die Ausbildung einer naturwissenschaftlichen Theorie von der vitalen Unterlage aller Wahrnehmungstätigkeit zur Unmöglichkeit macht. Wer meint, daß eine Wahrnehmung auf Grund von Empfindungen möglich sei, könnte auch behaupten, daß unsere ganze räumliche Erscheinungswelt nur eindimensional ist. So wenig eine sinnliche Erscheinungswelt in den Lauf einer geometrischen Linie hinein gezwängt werden kann, so wenig ist es möglich, mit der bloßen Empfindungsfunktion ohne Hilfe der beiden anderen Funktionen des Nervenlebens, nämlich des Gefühles und der Phantasie, eine sinnliche Welt wahrzunehmen.

In einer vollständigen Lehre von der Phantasie werden also folgende Probleme behandelt werden müssen: a) das Verhältnis der Einbildungsvorgänge zu den Akten des Bewußtseins, wodurch die Bedeutung der Phantasie für alle logischen, ästhetischen und ethischen Betätigungen des menschlichen Geistes klargelegt wird; b) das Verhältnis der Einbildungsvorgänge zu den Empfindungs- und Gefühlsprozessen sowie das Verhältnis dieser drei Komponenten zu dem vegetativen Lebensuntergrunde. Unter dem vegetativen Lebensuntergrund ist hier das Eigenleben der Zellen, Gewebe und Organe des Organismus gemeint, jenes tief verhüllte Eigenleben aller Bestandteile unseres Leibes, das in seiner Unmittelbarkeit nie zum Bewußtsein kommen kann und von dessen Vorhandensein wir mittelbar nur durch die wechselnden Gefühle Kunde haben, die aus der unerforschlichen Tiefe des Lebensuntergrundes zum Bewußtsein emporsteigen; c) das Verhältnis der Phantasie oder der eingebildeten Bewegung zur wirklichen oder mechanischen Bewegung, wodurch eines der wichtigsten Probleme der modernen Naturphilosophie, nämlich das Verhältnis des Vitalismus zum Mechanismus, aufgerollt wird. Von diesen Problemen können wir hier das erste und das dritte nur streifen, weil wir sonst gleich die Grundzüge einer Philosophie des Geistes wie auch eine Naturphilosophie entwickeln müßten. Hier interessiert uns nur das Verhältnis der Einbildungsvorgänge zu den Empfindungs- und Gefühlsprozessen, d. h. wir suchen eine vitalistische Theorie der Einbildung zu begründen.

Wir sahen, daß es die Empfindungsvorgänge sind, welche unsere direkte Einbildung anregen, aber es muß nunmehr betont werden, daß der so erweckte Einbildungsvorgang auch anregend auf die Empfindung zurückwirkt. Wenn z. B. ein fremder Körper unseren Leib in dem Punkte *P* berührt, so regt die Berührungsempfindung den Prozeß der eingebildeten Bewegung in uns an, durch welchen wir auf den Punkt *P*, wo die Berührung stattfand, hinweisen. Indem wir aber mit der eingebildeten Bewegung auf einen Punkt unseres Leibes hinzielen, wird in diesem Punkte wiederum eine Empfindung erregt, die freilich wegen ihrer sehr geringen Intensität gewöhnlich nicht zum Bewußtsein kommt. Es ist aber bekannt, daß, wenn jemand einen Punkt unseres Leibes scharf beobachtet, wir in jenem Punkte eine Empfindung verspüren, nicht etwa weil aus dem fremden Auge ein erregendes Fluidum nach dem fixierten Punkt hinströmt, sondern weil unsere eigene Einbildung sich mit jenem fixierten Punkt zu beschäftigen beginnt, und die eingebildete Bewegung, die nach einem Punkte unseres Lebens zielt, dort auch eine Empfindung weckt. Es gehört zu unseren alltäglichsten Erfahrungen, daß eine jede Bewegung, die wir in der Einbildung vollziehen, die mannigfachsten Empfindungen zu erwecken vermag. Streckt man z. B. in der Einbildung die Hand nach der metallenen Türklinke aus, so wird in der Hand nicht nur eine Berührungs-, sondern auch eine Kälteempfindung wie bei dem wirklichen Erfassen des Metalles ausgelöst. Allerdings sind diese induzierten Empfindungen von sehr geringer Intensität, aber es gibt Fälle, wo diese Intensität auch einen höheren Grad erreichen kann. Führt man etwa in der Einbildung eine Zitronenschnitte in den Mund, was gewöhnlich dann geschieht, wenn irgend jemand dies vor unseren Augen tut, dann kann diese eingebildete Bewegung eine so lebhafte Geschmacksempfindung von Zitronensäure hervorrufen, daß die induzierte Empfindung an Intensität beinahe der wirklichen gleichzukommen scheint. Kurz, es ist das erste Hauptgesetz unserer direkten Einbildung, daß, wenn sie durch irgendeine Empfindung E angeregt wird, sie ihrerseits die wesensgleiche Empfindung E_1 induziert.

Würde eine Empfindung den Einbildungsprozeß nicht anregen und der Einbildungsvorgang seinerseits nicht von der entsprechenden Empfindung begleitet sein, so käme es niemals zu einer Wahrnehmungstätigkeit. Soll eine Wahrnehmung zustande kommen, so muß der Organismus auf den empfangenen Empfindungsvorgang reagieren, und erst diese Reaktion auf die Empfindung führt zu einem Wahrnehmungsakt. Wir reagieren aber auf Empfindungen mit virtuellen Bewegungen, die ihrerseits Empfindungen in uns induzieren. Das Interessanteste an diesem Sachverhalte ist zunächst, daß die Einbildung nicht nur Folgevorgang der Empfindung ist, sondern ihrerseits Empfindungen produziert, oder wie man das zutreffender ausdrückt: induziert. Gewöhnlich meint man, daß Empfindungen nur durch irgendein Agens der Außenwelt angeregt werden; man sollte es aber nicht übersehen, daß die eingebildete Bewegung ein empfindungsweckender Vorgang ist, und daß die durch sie induzierte Empfindung ebenso eine reelle Empfindung ist, wie die Sensation, die durch ein äußeres Agens hervorgerufen wird.

Wenn ich sage, daß eine Empfindung in sich selbst zurückgeworfen werden müsse, damit sie zu einem Wahrnehmungsakt führen könne, so ist damit nichts Mystisches gemeint, sondern nur, daß die Empfindung eine eingebildete Bewegung und diese eine gleiche Empfindung induzieren müsse, damit eine Wahrnehmung zustande komme. Man muß also sagen, daß der sensorische Nervenprozeß einen zweiten Nervenprozeß, den der virtuellen Bewegung, anrege und diesen zu dem ersten zurückführe, so daß die Nervenbahnen des ganzen Vorganges eine in sich geschlossene Linie bilden.

Nachdem wir das Verhältnis der Phantasie zu der Empfindung – wenn auch nur flüchtig – beleuchtet haben, müssen wir nun ihre innige Beziehung zum Gefühlsleben ins Auge fassen, weil dadurch ein neues Licht auf die inverse Einbildung fallen wird. Empfindungs- und Gefühlsleben sind so eng miteinander verbunden, daß es höchst schwierig ist, die beiden begrifflich voneinander zu sondern, und daß es schwer gelingt, das Verhältnis der Phantasie zu dem einen oder dem anderen darzulegen. Eine jede Empfindung ist auch von einem ihr eigentümlichen Gefühlston, und umgekehrt ist jedes Gefühl von Empfindungstönen begleitet. Daß dies sich so verhalten muß, ist leicht zu begreifen. Ein Agens, wie z. B. ein auf die Haut drückendes Gewicht, regt nicht nur einen Empfindungsvorgang an, sondern irritiert auch das Eigenleben der Zellen und Gewebe, auf welche es drückt, und bringt derartige Veränderungen in ihren Ernährungsverhältnissen, also in der Blutzirkulation hervor, daß diese Änderungen des vegetativen Lebens sich durch mehr oder minder lebhafte Gefühlsprozesse dem Bewußtsein kundgeben müssen. Andererseits pflegen wir unsere Schmerzgefühle mit Ausdrücken zu kennzeichnen, die der Sprache der Empfindung entlehnt sind, und wir sprechen demgemäß von stechenden, klopfenden, bohrenden, brennenden usw. Schmerzen, zum Zeichen dessen, daß sich an unseren Gefühlsvorgängen auch Empfindungen bemerkbar machen. Aber obwohl Empfindungen und Gefühle überall in innige Verschmelzungen miteinander treten, ist doch ihre begriffliche Unterscheidung von hoher prinzipieller Wichtigkeit, weil sich schließlich im Gefühle immer nur die Wandlung innerhalb des eigenen Lebensprozesses zum Worte meldet, wogegen die Empfindung stets auf lebensfremde physikalisch-chemische Prozesse hinweist. Zwischen Gefühl und Empfindung besteht also ein analoger polarer Unterschied wie zwischen Lebendigem und Nichtlebendigem. Nur das Nichtlebendige wird empfunden, nur das Leben gefühlt. Weil aber der vitale Prozeß überall von physikalisch-chemischen Prozessen innerhalb des Organismus begleitet ist, wird auch das Gefühl von Empfindungstönen und umgekehrt die Empfindung von Gefühlstönen begleitet sein müssen. Der polare

Unterschied von Empfindung und Gefühl gibt sich auch im ganzen Baue des Nervensystems kund, denn dieses kann in gewissem Sinne als ein Doppelsystem bezeichnet werden, insofern als die Empfindungsvorgänge offenbar vorwiegend an das Gehirn und Rückenmark, die Gefühlsvorgänge hingegen an das sympathische System gebunden sind. Wenn wir also sagen, daß Empfindungen mit Gefühlstönen und Gefühle mit Empfindungstönen verschmelzen, so hat dies, ins Physiologische übersetzt, den Sinn, daß die Erregung von gewissen sensorischen Nervenbahnen sympathische Nervenbahnen in Miterregung setzt, und daß umgekehrt die Erregung von sympathischen Fibrillen ausgehend, die sensorischen Fibrillen in Mitschwingung bringen kann. Kurz, man wird von einander zugeordneten sensorischen und sympathischen Nervenbahnen sprechen dürfen. Es liegt hierin ein Gesetz der gegenseitigen Zuordnung von Empfindungs- und Gemütslebens ausgesprochen, wovon freilich die sensualistische Psychologie nichts zu sagen weiß.

Nach diesen Betrachtungen über den noch von tiefen Schleiern verhüllten Zusammenhang unseres Empfindungs- und Gefühlslebens wird es uns auch möglich sein, das zweite Hauptgesetz der Phantasie, das sich auf ihre Brechung oder Ablenkung bezieht, darzulegen. Wenn irgendein Agens eine Empfindung in uns erregt, so wird im Sinne des soeben ausgeführten Gesetzes auch ein Gefühlston im sympathischen Nervensystem mitanklingen. Es geschieht aber sehr leicht, daß außer dem normal zugeordneten Gefühlston noch andere verwandte diffuse Gefühlstöne mitklingen, was zur Folge hat, daß der Einbildungsvorgang, der durch die Empfindung geweckt wird, eine Ablenkung erfährt. Nur solange eine Empfindung den ihr genau zugeordneten Gefühlston weckt, wird die Einbildung zu der gegenwärtigen Empfindung zurückkehren, sie in dem oben erklärten Sinne widerspiegeln und bei ihr verweilen. Aber in demselben Augenblicke, in dem sich zu dem zugehörigen Gefühlston ein anderer gesellt, wird die Einbildung von diesem ergriffen werden und eine Ablenkung erleiden. Diese von der gegenwärtigen Empfindung abgelenkte Phantasie ist es, die wir als inverse Phantasie bezeichnen und der wir es verdanken, daß unser Lebensprozeß und damit im Zusammenhänge unser Bewußtsein bei einem Nichtgegenwärtigen zu weilen vermag. Der Empfindungsvorgang braucht nur stärker oder schwächer zu werden, ein mehr oder weniger lustvolles Gefühl zu wecken, eine größere Anspannung oder Abspannung des Gemütes herbeizuführen, damit eine Veränderung des Gefühlstones die Einbildung erfasse und von dem gegenwärtigen Eindruck ablenke. Die abgelenkte Einbildung wird nun ihrerseits eine Empfindung, und zwar von etwas Nichtgegenwärtigem induzieren. Aber wie ist dies möglich? Ganz einfach dadurch, daß zwischen den Empfindungen und Gefühlen ein Gesetz der Zusammenordnung waltet, wie wir dies oben ausführten: ein Gesetz, wonach den sensorischen Nervenbahnen sympathische Bahnen zugeordnet sind. Nehmen wir an, daß ein Empfindungsvorgang, der in der sensorischen Bahn *A* verläuft, nicht nur in der entsprechenden sympathischen Bahn *a*, sondern auch in einer Nachbarbahn *b* einen Gefühlsprozeß anrege, so wird dadurch die Einbildung abgelenkt werden, und zwar zu jener Empfindung *B*, die dem Gefühlstone *b* zugeordnet ist. Verhält es sich nun einmal so, daß die Empfindungen mit entsprechenden Gefühlen zusammengeordnet sind, so wird ein neues Gefühl unsere Einbildung zu der ihr entsprechenden neuen Empfindung hinüberleiten, das heißt, die Einbildung wird eine Empfindung von etwas Nichtgegenwärtigem induzieren. Das zweite Gesetz der Phantasie lautet daher: unsere Einbildung wird durch die Veränderung der Gefühlstöne, die unsere Empfindungen begleiten, von diesen Empfindungen abgelenkt, und zwar wird sie solche Empfindungen induzieren, die den veränderten Gefühlstönen zugeordnet sind. Man kann dieses Gesetz metaphorisch als das Brechungsgesetz der Phantasie bezeichnen.

Es gibt kein schöneres Beispiel für dieses Gesetz als das Traumleben des Menschen, das nur deshalb in so tiefes Dunkel gehüllt ist, weil die Natur der menschlichen Phantasie niemals zum Gegenstande einer positiven Forschung gemacht wurde. Im Schlafe ist bekanntlich unser Empfindungsleben um so mehr herabgesetzt, je tiefer der Schlaf ist. Gehirn- und Rückenmark, diese Befehlshaber unseres animalischen Lebens, sind gleichsam entthront, und das vegetative Leben und sein Regulator, das sympathische Nervensystem, übernehmen die Herrschaft im ganzen Bereiche unserer Lebensvorgänge. Der Schlaf ist eigentlich nichts weiter als ein notwendiger periodischer Rückschlag unseres vegetativen Lebens gegen die Übergriffe des animalischen Lebensprozesses im wachen Zustande. Die wache Lebensarbeit, die im Dienste des Organismus steht, beeinträchtigt ohne Unterlaß das Eigenleben der Myriaden Zellen, aus denen der Organismus aufgebaut ist. Wie sehr dies der Fall ist, geht z. B. auch daraus hervor, daß wir uns durch geschickte Abwechslung in der wachen Lebensarbeit vor Ermüdung schützen und unsere Leistungsfrische bis zu einem gewissen Grade wahren können. Die Ökonomie unserer Organisation hält jedoch nur so lange vor, bis die Reaktionsperiode des Schlafes sich einstellt. Unter der Herrschaft des sympathischen Nervensystems vollzieht sich dann die Regeneration. War aber das sympathische Nervensystem während der wachen Arbeit von intensiveren Gemütsbewegungen ergriffen oder wird im Schlafe noch eine starke vegetative Arbeit, z. B. Verdauungsarbeit, verrichtet, so klingt die Erregung des sympathischen Nervensystems in einem solchen Maße weiter fort, daß dadurch auch die Einbildungsprozesse in Mitleidenschaft gezogen werden. DasTraumleben beginnt.

Der Traum ist die typische Darstellung eines rein inversen Phantasieprozesses, d. h. eines Einbildungsvorganges, der durch das Gefühl angeregt ist. Wurzelt die direkte Einbildung in dem Empfindungsleben, so wächst die inverse aus dem Gefühlsleben empor. Im wachen Zustande kommt aber die inverse Phantasie deshalb nie zur völligen Herrschaft, weil sie durch das rege Empfindungsleben behindert wird. Der wache Zustand ist als ein Pendeln zwischen den Prozessen der direkten und inversen Einbildung aufzufassen. Die Art und Weise dieses Pendelns, ganz besonders aber die Größe seiner Elongation, ist der Gradmesser des Talents und der Genialität. Je stärker sich die direkte Einbildung an das Gegenwärtige zu ketten und in ihm aufzugehen vermag und mit je größerer Wucht die Befreiung aus ihren Banden und das Versinken in die inverse Einbildung stattfindet, je gewaltiger also der Wellenschlag des Lebens zwischen den zwei Ufern des Gegenwärtigen und Nichtgegenwärtigen ist, desto mehr ist ein solcher Lebensprozeß berufen, der Träger eines großen Talentes zu sein. Nur darf dabei nicht vergessen werden, daß dieser „Wellenschlag" ein ganz unwillkürlicher ist und daß es auch noch eine bewußte Herrschaft des Geistes über den Wechsel zwischen direkter und inverser Einbildung gibt. Erst die lenkende Macht des Bewußtseins über die direkte und inverse Einbildung ist es, die die Genialität ausmacht.

Während im Wachsein die zeitlichen Phasen der direkten und inversen Einbildung in irgendwelchen höchst wandelbaren Rhythmen miteinander abwechseln, kann im Traume von einem solchen Wechsel nicht die Rede sein, weil das Empfindungsleben so gut wie ausgeschaltet ist und der Einbildungsprozeß nur durch das sympathische Nervensystem angeregt wird. Nun kann zwischen einer bloß eingebildeten und einer wirklichen Bewegung nur dann unterschieden werden, wenn das Bewußtsein die Wahl zwischen direkter und inverser Einbildung besitzt. Daran gebricht es dem Träumenden, was zur Folge hat, daß er das Eingebildete für das Wirkliche hält. Die Psychologie des Traumes wird dadurch verständlich.

Die Bilder, die der Traum uns vorführt, zeichnen sich durch ihre außerordentliche Lebhaftigkeit aus; dagegen sind die Bilder der wachen inversen Phantasie oft ziemlich blaß und unsicher. Im wachen Zustande muß sich nämlich die inverse Phantasie ihrer mächtigen Gegnerin, der direkten Phantasie, gegenüber zu behaupten suchen, was immer nur intermittierend und auf einige wenige Augenblicke geschehen kann, weil die wirkliche Umgebung die Einbildungsprozesse gleich wieder in ihre Ketten legt; im Schlafe dagegen ist die direkte Einbildung überwunden, so daß der inverse Einbildungsvorgang unbehindert die farbenprächtigsten Empfindungen induzieren kann: Im Grunde genommen ist aber zwischen den Bildern der wachen inversen Phantasie und den Bildern des Traumes dem ganzen Wesen nach gar kein Unterschied; die ersteren können daher mit Fug und Recht als wache Traumbilder bezeichnet werden. Bei dem Entstehen eines Traumbildes wirken nämlich zwei Vorgänge mit: erstens regen Gefühlstöne die eingebildete Bewegung an, und zweitens induziert diese die den Gefühlstönen zugeordneten Empfindungen. Beide Merkmale passen aber vollkommen auch auf die Bilder der wachen inversen Phantasie, so daß, von einem zufälligen Intensitätsunterschied abgesehen, gar kein Unterschied zwischen ihnen gemacht werden darf.

Um Mißverständnisse zu verhüten, sei noch der Begriff der „induzierten Empfindung" näher betrachtet! Wenn wir in der Einbildung die Hand nach etwas ausstrecken, wird diese eingebildete Bewegung eine Empfindung induzieren, als ob wir den Gegenstand unserer Sehnsucht wirklich berührt hätten. Im wachen

Zustande ist aber die induzierte Empfindung zu schwach, daß sie gewöhnlich gar nicht bemerkt wird. Streckt aber der Träumende in der Traumeinbildung die Hand nach dem Gegenstande seiner Sehnsucht aus, so wird diese eingebildete Bewegung eine so intensive Empfindung von der Berührung jenes Gegenstandes induzieren, daß diese an Intensität einer direkten Empfindung im Wachzustande gleichkommt. An sich sind aber die induzierten Empfindungen Prozesse von genau derselben Natur wie die durch eine äußere mechanische Einwirkung auf unseren Organismus geweckten. Man staune also nicht allzusehr, wenn auch der vitale Prozeß der Einbildung einen Empfindungsvorgang induzieren kann.

Induzierte Empfindungen sind ebenso wirkliche, auf einem Nervenprozesse beruhende Vorgänge, wie die durch eine äußere Einwirkung hervorgerufenen Empfindungen. Die neuzeitliche Empfindungsphilosophie verwechselt den Einbildungsprozeß mit der induzierten Empfindung und vernichtet dadurch den Begriff der Einbildung. Nicht die induzierte Empfindung, sondern die virtuelle Bewegung bildet das Wesen der vitalen Phantasieprozesse. Der Rotempfindung im Traume entspricht derselbe vitale Prozeß wie der wachen Rotempfindung, nur die Art und Weise ihrer Anregung ist eine verschiedene. Das gleiche gilt auch von der Rotempfindung, die in einem wachen Phantasiebild auftritt; hier wird diese Rotempfindung gewöhnlich von geringerer Intensität sein, was jedoch an ihrem eigentlichen Wesen nichts ändert.

Besonders die englische Empfindungstheorie pflegt die induzierten Empfindungen wohl auch als „reproduzierte“ oder als „wiederbelebte Empfindungen“ zu bezeichnen. Und sie verbindet mit diesen Ausdrücken die recht naive Vorstellung, daß eine einmal stattgehabte Empfindung nicht völlig verschwindet, sondern eine „Spur“ in der Seele oder in der Ganglienzelle des Nervensystems zurückläßt. Diese „Spur“ wird als eine latente oder schlafende Empfindung aufgefaßt, die gelegentlich durch die „Assoziation“ aus ihrem Dämmerzustande erweckt werden kann und dadurch zu einer Kopie ihres ursprünglichen Wesens wird.

Die induzierten oder Phantasieempfindungen sind aber keine Überbleibsel oder Kopien von irgend einmal schon dagewesenen Impressionen, wie dies *Hume* meint. Eine jede induzierte Empfindung ist eine Empfindung, an welcher auch nicht der geringste Teil identisch sein kann mit einem schon früher dagewesenen, von außen angeregten Empfindungsprozesse. Daß Empfindungen induziert werden können, durch die unser Bewußtsein sich vergangene Erlebnisse vergegenwärtigt, beruht durchaus nicht auf dem Konservieren einstmaliger lebendiger Empfindungen, sondern auf jenem wichtigen Gesetze, das ich als die Zusammenordnung unseres Empfindungs- und Gefühlslebens bezeichnete und das physiologisch als das Zusammenarbeiten des zerebrospinalen und des sympathischen Nervensystems ausgedrückt werden muß. Die Vermittlerrolle spielt dabei immer die Einbildung oder genauer die eingebildete Bewegung, die überhaupt eine vermittelnde oder verbindende vitale Funktion repräsentiert und immer im Spiele ist, wo noch nicht Verbundenes in verbundener Weise zum Bewußtsein gebracht werden soll. Trotzdem geschieht es fortwährend, daß wir von dunklen Gefühlen durchwühlt sind, ohne daß sie korrespondierende Empfindungen werden können, und daß unser Bewußtsein bei unklaren Ahnungen stehenbleibt, ohne sich zur Anschauung und zum Wissen durchringen zu können. Je mehr Erfahrungen wir sammeln und je mehr wir über diese nachdenken, um so mehr ordnen sich Empfindungen und Gefühle zusammen und um so leichter gelingt es unserem Gefühle, mit Hilfe der Einbildung eine Empfindung zu induzieren, die uns zur Anschauung und zur Erkenntnis verhilft. Wir sind den echten Denkern und Dichtern deshalb dankbar, weil sie uns das Ordnen unseres Innenlebens erleichtern, weil sie uns *erleuchten.*

Aus der Zusammenordnung des Empfindungs- und Gefühlslebens folgt durchaus nicht, daß die induzierten Empfindungen der inversen Einbildung irgendwelche Reste der von außen erregten Empfindungen der direkten Einbildung sind, sondern nur, daß die Wahrnehmungserlebnisse, Empfindungen und Gefühle zusammengeordnet wurden und daß von ihnen auch die inverse Phantasie in umgekehrter Weise Gebrauch machen kann. Mit diesen Sätzen ist die Grundlage für eine neue rationelle Theorie der Erinnerungs- und Gedächtnistätigkeit des Menschen gewonnen.

Es wäre noch ausführlich auseinanderzusetzen, wie die Einbildung sich zu den verschiedenen Arten der Sinnesempfindung, den Tast-, Gesichts-, Gehörsempfindungen usw. verhält, und wie sie eine Verbindung zwischen ihnen herstellt: aber von so prinzipieller Wichtigkeit auch diese Fragen sein mögen, so muß ich es mir doch versagen, im Rahmen dieser kleinen Arbeit auf sie einzugehen. Es handelt sich mir hier nur darum, die unermeßliche Bedeutung dessen, was ich als virtuelle Bewegung bezeichne, in großen Zügen herauszuarbeiten. Ebendeshalb muß ich zum Schlusse noch betonen, daß die eingebildete Bewegung ein vitaler Prozeß ist, der sich als reeller Nervenprozeß darstellt.

Der vitale Prozeß der Einbildung ist im physiologischen Lichte nichts weiter als der Widerstreit zweier antagonistischer Reflexbewegungen, die sich wechsel seitig hemmen, so daß es zu keiner auffallenden sichtbaren Bewegung kommen kann. Alle Eindrücke, die auf uns wirken, müßten sich notwendig in Reflexbewegungen entladen, wenn in uns wie auch in allen höher entwickelten Organismen nicht dafür gesorgt wäre, daß manche Reflexbewegung durch einen ihr äußerst rasch nachfolgenden Gegenreflex gehemmt werden kann. Wo dies erfolgt, dort haben wir das Gefühl, eine unwillkürliche Bewegung in der Einbildung vollzogen zu haben. Die eingebildete Bewegung ist also das vitale Äquivalent zweier in sehr kurzer Zeit aufeinanderfolgender und daher sich aufhebender realer Reflexbewegungen. Da aber zwischen dem ersten und zweiten Reflex ein, wenn auch noch so kleines, doch immerhin meßbares Zeitintervall verläuft, so wird der erste nicht ganz aufgehoben werden können, was zur Folge hat, daß eine jede eingebildete Bewegung sich in kaum merklichen reellen Bewegungen entladen muß. Dies hat schon seiner Zeit *Carpenter* geahnt, der mit seinen ideomotorischen Bewegungen die hier dargelegten Gedanken tangierte, jedoch zu keiner Klarheit gelangte, weil er in einer sensualistischen Psychologie befangen blieb.

Denkt man sich die virtuellen Bewegungen aus dem vitalen Prozesse ausgeschaltet, so fallen alle Sinnesfunktionen auseinander, und es hört alle Zusammenordnung zwischen Empfindungs- und Gefühlsleben auf: kurz, es fehlt die Verbindung zwischen allen Vorgängen, die die Grundlage unserer Wahrnehmung und unseres Gedächtnisses überhaupt bilden, und der ganze stolze Bau menschlicher Bewußtseinstätigkeit stürzt zusammen. Nun kennt aber die moderne Psychologie den Begriff der spezifischen Einbildungsvorgänge, der virtuellen Bewegungen nicht, und sie löst die Phantasie in pure Empfindungen auf, d. h. sie desorganisiert den vitalen Unterbau unserer geistigen Betätigungen. Zum Überfluß verwechselt sie das Vitale mit dem Geistigen und hindert die Entwicklung einer wahren Wissenschaft vom Geiste. Was in ihr Gesundes enthalten ist, entlehnt sie durchaus der Physiologie. Das übrige ist Scholastik wie die Assoziationstheorie oder aber Mythologie der naivsten Art wie die Spurentheorie. Sie bedarf einer Reform vom Fundament aus bis in alle Teile ihrer brüchigen Mauern. Diese Reform führt einerseits zu einer echten Wissenschaft vom Bewußtsein, andererseits zu einer echt naturwissenschaftlichen Lehre von den vitalen Empfindungs-, Gefühls- und Einbildungsprozessen und den sie bedingenden Nervenvorgängen. Generationen von Forschern werden sich an dieser großen Arbeit beteiligen. Zum Glücke ist die biologische Forschung in einem mächtigen Aufschwunge begriffen wie niemals zuvor. Auch zeigt sie sich von einem Geiste beseelt, der der Ausbildung einer neuen Psychologie und Erkenntnislehre höchst günstig ist. Naturforscher sind es, die in unserer Zeit zur Philosophie hindrängen, und die leitenden Kreise der fachmäßigen Forschung zeigen sich von der Überzeugung durchdrungen, daß die höchste Blüte der Naturerkenntnis die Selbsterkenntnis ist. Fürwahr, in einer solchen Zeit ist es der Mühe wert, sich mit Philosophie zu befassen!

Raum und Zeit[1]

1. Unsere erste Frage in bezug auf Raum und Zeit lautet: Durch welche Erlebnisse werden sie uns kund? Die gewöhnliche Ansicht ist, daß es solche Erlebnisse gar nicht gibt, denn was erlebt wird, muß doch irgendwie empfunden oder gefühlt werden. Raum und Zeit sind aber nichts Derartiges, was empfindbar oder fühlbar wäre, wenngleich sie uns allenfalls auf einem unbekannten Wege wahrnehmbar werden. Das sei eben das große Rätsel von Raum und Zeit, d. h. wir nicht wissen, wieso sie uns zum Bewußtsein kommen. – Andere, die tiefer zu blicken glauben, nehmen mit Kant an, daß Erlebnisse von Raum und Zeit nicht nur nicht existieren, sondern auch das Überflüssigste in der Welt wären, da Raum und Zeit von vornherein in unserem Geiste ihren Sitz haben, also nicht erst durch Erlebnisse bekannt werden müßten. Vielmehr sei es unser eigener Geist, der dem von außen kommenden gestaltlosen Empfindungsstoff räumliche und zeitliche Gestaltung verleihe. Kurz, wir selbst sind es, die die Weltbühne: Raum und Zeit von innen heraus schaffen.

Man hat diese Auffassung viel bewundert, aber sie scheint uns den Raum und die Zeit nicht so sehr als ein im göttlichen als vielmehr im Menschengeist wohnendes Wunder hinzustellen, das überall wahrgenommen und nirgends erlebt wird. Wir sind offen gestanden der Ansicht, *daß nur dasjenige wahrgenommen werden kann, was irgendwie erlebt wird.* Wir halten diesen Satz für das fundamentale Prinzip der Wahrnehmungslehre, mithin auch aller Naturwissenschaft. Daß Raum und Zeit eine Ausnahme bilden sollen, die, trotzdem sie überall wahrnehmbar sind, durch keinerlei Erlebnisse vermittelt wären, dünkt uns nur eine Selbsttäuschung zu sein, der man leicht verfällt, wenn man sich über seine Erlebnisse keine genaue Rechenschaft gibt. Die Wahrnehmungslehre muß alles daran setzen, auf die tatsächlichen Erlebnisse hinzuweisen, durch welche uns Raum und Zeit kund werden. Denn erst wenn wir diese Erlebnisse aufdecken, können wir zu einem tieferen Verständnis unserer eigenen Wahrnehmungstätigkeit, mithin auch alles Naturgeschehens gelängen.

Es gibt eine Art von Erlebnissen, die gar keinen empfindung- oder gefühlsmäßigen Charakter haben und deshalb leicht übersehen werden. Zu diesen Erlebnissen gehört z. B., wenn wir zwar in einen Ansatz zu einer Bewegung geraten, aber die Bewegung unausgeführt bleibt. Dann sind wir in einem eigentümlichen, bloß innerlichen Schwung begriffen, als ob wir den ganzen Leib oder ein Glied desselben, z. B. den Fuß, die Hand, den Finger in einem bestimmten Sinne

[1] Aus: Palágyi, M.: Wahrnehmungslehre, Leipzig 1925 (Ausgewählte Werke Band 2), S. 106-123.

bewegen würden, wobei es aber trotzdem zu keiner Bewegung kommt. Ich nenne dies paradoxe, aber wohlbekannte Erlebnis einer schon in ihrem Ansatz gestauten oder aufgehobenen Bewegung, von der nur der bloße innere Schwung vorhanden ist, eine *virtuelle Bewegung*. Sie wird uns leicht auffällig, wenn wir geometrische Figuren mit wissenschaftlichem oder Gestalten mit künstlerischem Interesse erleben. Dann ertappen wir uns wohl dabei, daß wir die Hand längs der Linien und Flächen der fraglichen Formen hingleiten lassen, ohne freilich die Bewegung zu realisieren. Es ist dies ein ganz unwillkürliches *virtuelles* Mimen, Zeichnen, Modellieren von räumlichen Gestalten.

Wir würden uns weit öfter bei solchen virtuellen Bewegungen ertappen, wenn wir nicht unter der mächtigen Vorherrschaft unserer von praktischen Interessen geleiteten Gesichtserlebnisse stünden, in deren Natur es liegt, die virtuellen Bewegungen zu scheinbarem Verschwinden zu bringen. Es ist demzufolge zweckmäßig, die Gestaltenwahrnehmung zunächst nicht bei Sehenden, sondern beim Blinden oder geradezu beim Blindgeborenen zu studieren. Wir fragen uns: Wie nimmt der Blinde Gestalten wahr? und hiermit im Zusammenhang: wie kommt er zu rein phantasiemäßigem Schauen von Gestalten, d. h. wie stellt er sie sich vor? Die Antwort kann kaum einen Zweifel erleiden: er kann Gestalten durchaus nur mit Hilfe wirklicher, d. i. *aktueller Tastbewegungen* wahrnehmen. Will er Gestalten bloß innerlich schauen, d. h. sie sich nur vorstellen, so vermag er dies durchaus nur mit Hilfe von *virtuellen Bewegungen* zu bewerkstelligen. Er nimmt also die viereckige Form einer Tafel wahr, indem er reale Tastbewegungen längs ihrer Kanten ausführt, und er stellt sich ein Viereck vor, indem er es durch virtuelle Bewegung innerlich erzeugt. Seine Anschauung von Raumgestalten residiert gleichsam in der tastenden Hand, auf die er nicht nur die wirklichen Tastbewegungen, sondern, was hier die Hauptsache ist, auch die virtuellen Bewegungen seines Raumanschauungsvermögens bezieht. Würde er jener geheimen Regungen des *inneren Lebensschwunges* ermangeln, die wir virtuelle Bewegung nennen, so besäße er eben keine räumliche Gestaltenanschauung, ja überhaupt keine Raumanschauung, weil die Gestaltenanschauung alle Komponenten der Raumanschauung, wie Länge, Richtung, Lage usw. in sich vereinigt. Und mag auch die Raumanschauung des Sehenden unvergleichlich erhaben über die des Blinden sein, so stimmt sie doch in der letzten Grundbedingung – in der virtuellen Bewegung – mit derselben überein. So gibt dem Sehenden der Blinde den fundamentalsten Aufschluß über sein Wahrnehmungsvermögen wodurch wieder einmal bestätigt wird, daß der in Reichtum Schwelgende nur an der elementarsten Not des Bedürftigen zur Besinnung über sein Leben gelangt.

2. Es ist von Wichtigkeit, zu bemerken, daß die virtuellen Bewegungen dem Neugeborenen noch sehr mangeln und daß ihre allmähliche Ausbildung eine Hauptangelegenheit der ersten Epoche des Säuglingslebens ist. Wir werden diese noch lange nicht genügend erforschte erste Lebenszeit des Kindes die Epoche der

Hundert Tage nennen und heben als ihren Hauptcharakter hervor, *daß das Empfindungsleben und das Bewegungsleben noch fast gänzlich auseinanderfallen*, d. h., daß die Verbindungsbrücke zwischen ihnen erst im Verlaufe derselben geschlagen werden muß. Darauf beruht ja eben die fundamentale Bedeutung der virtuellen Bewegungen, daß sie eine Verbindung zwischen dem unverbundenen sensorischen und motorischen Leben des Neugeborenen herzustellen berufen sind. Da in der embryonalen Epoche weder das sensorische noch das motorische Leben erwachen konnte, so ist es begreiflich, daß diese beiden Lebenskomponenten bei ihrem Erwachen nach der Geburt nicht gleich in einem fertig gebahnten Verkehr miteinander stehen müssen. Die Unverbundenheit der Empfindungen und Bewegungen gibt sich dem Beobachter in der inneren Hilflosigkeit und Zerfahrenheit der Säuglingsbewegungen zu erkennen. Zwei große Kunststücke muß der Neugeborene in der Epoche der Hundert Tage erlernen und einüben: das Blicken nach einer bestimmten Richtung hin und die Steuerung der Hand nach einer Richtung hin. Das sind gar bedeutsame Entwicklungsaufgaben, die nur durch die sich allmählich herausbildenden virtuellen Bewegungen gelöst werden können. Es muß sich das Vermögen des *Schauens* entwickeln und zwischen das eigentliche Empfindungsleben einerseits und das Bewegungsleben andererseits einschieben, um beide miteinander zu verbinden. Die virtuellen Bewegungen haben also eine doppelte vitale Aufgabe zu erfüllen: 1. Sie müssen sich mit den Empfindungen, namentlich den Tast- und Gesichtsempfindungen verbinden, damit das gestaltlose, bloß qualitative Empfinden zu einem räumlichen Anschauen von Gestalten fortschreiten könne, 2. sie müssen den hilflos zerfahrenen Säuglingsbewegungen allmählich eine innere Gestalt, eine Steuerung verleihen.

Eigentümlicherweise hat man niemals in positiver Weise darauf hingewiesen, was eigentlich den Säuglingsbewegungen mangelt. Unserer Auffassung nach geht ihnen vor allem die Steuerung durch die virtuelle Bewegung ab. Eine Bewegung heißt gesteuert, wenn ihrer Realisierung ein seelischer Schwung vorausgeht, der ihre Bahnform mehr oder minder scharf im vorhinein bestimmt. Wir Erwachsenen können uns mit Bewußtsein und mit Absicht einen solchen seelischen Schwung geben; wir produzieren ihn willkürlich und sind ebendeshalb imstande, ihn zu *entdecken*. Wir fühlen die Anwandlung, eine Bewegung zu vollbringen, z. B. über einen Graben zu springen, und entdecken bei dieser Gelegenheit die virtuelle Bewegung. Könnte aber die virtuelle Bewegung nur mit Bewußtsein hervorgebracht werden, so hätten wir nicht das Recht, sie als ein ursprüngliches Erlebnis des Menschen zu bezeichnen, weil dieser Name nur solchem Erleben zukommt, das auch ohne das Hinzutun des Bewußtseins auftreten kann. Ebendeshalb machen wir darauf aufmerksam, daß die erste Entwicklung der virtuellen Bewegung in die erste Lebensepoche des Säuglings fällt, wo von einem auf die virtuelle Bewegung gerichteten Bewußtsein oder Willen keine Rede sein kann. Wir kennzeichnen also den inneren Zustand des Säuglings, indem wir von ihm sagen, daß sein Empfindungsleben schon erwacht ist, da es schon Empfindlichkeit für Temperatur und

Helligkeit zeigt. Es müssen jedoch Wochen vergehen, bis das Erwachen aus dem Säuglingsschlaf so weit fortgeschritten ist, daß das Empfindungsleben ein immer vertrauteres Bündnis mit der virtuellen Bewegung schließt, d. h. schauend wird, und dem Sehen wie der Handbewegung eine neue Art von innerer Lebendigkeit verleiht. Es ist dies die geheimnisvolle Zeit der Entwicklung der Raumanschauung.

3. Die Wahrnehmungslehre befindet sich derzeit noch in einem ziemlich anfänglichen Zustand, da ihr wichtige Bausteine zu ihrem Lehrgebäude fehlen. Sie kennt die Erlebnisse nicht, die in ihrer Gesamtheit die Wahrnehmungstätigkeit des menschlichen Geistes ermöglichen; sie glaubt, mit bloßen „Empfindungen" oder „Sensationen" auszukommen und die Wahrnehmung auf diese allein gründen zu können. Die philosophische Richtung, die in diesem Grundirrtum befangen ist, heißt Sensualismus und stammt aus dem 17. Jahrhundert, erreichte jedoch erst im 18. und 19. Jahrhundert den Höhepunkt ihrer Entwicklung, beeinflußt aber auch noch in unseren Tagen das Denken gebildeter und gelehrter Kreise, obwohl ihr Kredit in raschem Sinken begriffen ist. Wie weit man es mit bloßen „Sensationen" bringen kann, das veranschaulicht am besten der Säugling von einigen Wochen, bei dem die Fähigkeit des Schauens, des gerichteten Blickens und der gerichteten Bewegung, noch in ihrer anfänglichen Entwicklung steckt. Hätte die Natur für den Menschen so gesorgt, wie es ihr die sensualistische Philosophie zumutet, dann wäre das Menschengeschlecht völlig lebensunfähig, denn nicht nur mangelte ihm die Lebensunterlage für die Entwicklung seiner Intelligenz, sondern es stände auch in vitaler Hinsicht tief unter den Säugetieren, Vögeln, Amphibien und Fischen, denen ja die Gestaltenanschauung nicht versagt ist. Bloße Sensationen oder Empfindungen sind zwar unentbehrlich für das Zustandekommen der Wahrnehmung, aber sie repräsentieren durchaus nur ein oberflächliches, einleitendes Erlebnis, das nur Qualitäten, nicht aber auch räumliche Gestalt zu künden vermag und noch einer wesentlich anders gearteten Ergänzung bedarf, um eine Lebensunterlage für die Wahrnehmung liefern zu können.

Diese Ergänzung wird eben durch die virtuelle Bewegung dargeboten. Ohne sie würde nicht nur das sensorische und motorische Leben auseinanderfallen, sondern – was von gleicher Bedeutung ist – es müßten auch die verschiedenen Sinnesfunktionen ihren Zusammenhang miteinander einbüßen. Tatsächlich befindet sich der Neugeborene besonders während der ersten Wochen in einem Zustande, wo es den verschiedenen Empfindungsarten an Zusammenhang gebricht. Man könnte diesen Zustand geradezu als „Anarchie" des Empfindungslebens bezeichnen, wenn der Ausdruck nicht mißverständlich wäre. Anarchie bedeutet nicht nur den Mangel an bestehendem, sondern auch an werdendem Zusammenhang, und dieser letztere Sinn paßt schon auf den Säugling nicht. Sein Empfindungsleben befindet sich im Zustande der *werdenden Zusammenordnung*, und es fragt sich eben, *wieso es möglich ist, daß zwischen unvergleichlich verschiedenen, disparaten Empfindungsarten* (wie z. B. Gesichts- und Tastempfindungen) *ein Zusammenhang entstehe.* Da diese fundamentale Frage nicht mit allem Nachdruck aufgeworfen wurde, konnte keine Lehre vom Zusammenhang der Erlebnisse, also auch keine echte Wahrnehmungslehre ausgebaut werden. Der Gedanke lag nahe, daß der menschliche Geist oder Nous (Intellekt, Verstand) es sei, der die disparaten Empfindungsarten miteinander verbinde. Aber es wäre fürwahr um den Säugling arg bestellt, wenn er bei der natürlichen Zusammenordnung seiner Sinnesfunktionen erst das Erwachen seiner Verstandestätigkeit abwarten müßte, während doch umgekehrt seine geistige Entwicklung die vitale Zusammenordnung seiner Sinnesfunktionen zur unbedingten zeitlichen Voraussetzung hat. Die verschiedenen Sinnesfunktionen müssen, so disparat sie auch sein mögen und so unüberbrückbar sie auch zu sein scheinen, durch das innere Leben und Erleben selbst miteinander verbunden werden, d. h. es muß ein *zentrales Erlebnis* geben, das den vitalen Zusammenhang allen Erlebens ermöglicht und dadurch die Unterlage für die später einsetzende geistige Wahrnehmungstätigkeit schafft. Selbstverständlich könnte eine neu hinzukommende Art von Sensationen die gewünschte Verbindung *nicht* besorgen, da sie nur die unverbundenen Empfindungsarten um eine vermehren würde.

Nun gilt aber das seelische Gesetz, daß die speziellen Empfindungsarten, wie z. B. die Tast- und Gesichtsempfindungen, so disparat sie auch sein mögen, doch darin miteinander übereinstimmen, daß sie einen rein seelischen „Schwung" in uns wecken, der demnach sehr wohl dazu geeignet ist, sie alle miteinander in Verbindung zu setzen. Dieser seelische Schwung oder die virtuelle Bewegung ist also das gesuchte zentrale Erlebnis, das die verschiedenen Sinnesfunktionen miteinander und überhaupt das Empfindungsleben mit dem motorischen Leben zusammenordnet und verbindet. Nur darf die virtuelle Bewegung niemals als eine wirkliche Bewegung, sondern bloß als ein seelisches Analogon dieser letzteren aufgefaßt werden. Die Physiologen waren seit den berühmten Versuchen von Ernst Heinrich Weber (1846) nahe daran, die virtuellen Bewegungen zu entdecken und dadurch eine neue Wahrnehmungslehre zu begründen. Weber verwertete nämlich mit seltenem Geschick und Erfolg die bekannte Tatsache, daß eine Versuchsperson auch mit verbundenen Augen imstande ist, wenn sie an einem Ort der Haut berührt wird, diesen Ort annähernd zu bezeichnen. Er stand solchermaßen vor der prinzipiellen Frage, die der ganzen Wahrnehmungslehre zugrunde liegt: wieso es möglich sei, daß eine rein qualitative (und mehr oder weniger intensive) Berührungs- bzw. Druckempfindung gleich auch eine Angabe über den Ort der Berührung enthalten könne? Die zeitgenössische Philosophie vermochte jedoch das fundamentale Problem nicht zu lösen, und selbst der feinsinnige Lotze lieferte nur eine Umschreibung der Frage, indem er der Berührungsempfindung eine Beiempfindung, ein sogenanntes „Lokalzeichen" zuschrieb, das den Ort der Berührung kundtue. So passend auch diese Namengebung war, enthielt sie doch keinerlei Aufschluß darüber, welcher unbekannten Art von Erlebnissen so ein „Lokalzeichen“ zugezählt werden müsse.

4. Wenn jemand sich von dem Vorurteil befreit, daß alle Erlebnisse empfindungs- oder gefühlsartig sein müßten und auf Grund von Erfahrungen, die er an sich selbst macht, zugibt, daß es „virtuelle Bewegungen“ gibt, so wird er sich leicht erklären können, worauf es beruht, daß wir auch mit verbundenen Augen die Stelle beiläufig angeben können, wo unsere Haut soeben berührt wurde. Er wird sich sagen, daß die Berührungsempfindung sich unmittelbar in einer virtuellen Bewegung fortsetzt, die einen Hinweis auf den Berührungsort enthält. Realisieren wir also diese virtuelle Bewegung, dann gelingt es uns, annähernd die Stelle zu bezeichnen, wo die Berührung stattfand. Die virtuelle Bewegung ist es also, die die Berührung „lokalisiert“; sie ist das durch Lotze vergeblich gesuchte „Lokalzeichen“. Ich bezeichne die ortsbestimmende Fähigkeit der aus der Berührungsempfindung hervorgehenden virtuellen Bewegung als Tastschauen. Auf diesem *Tastschauen* beruht im letzten Grunde unsere Raumwahrnehmung.

Es soll sofort betont werden, daß der Neugeborene das Vermögen des Tastschauens nicht fertig ausgebildet mit sich zur Welt bringt, sondern daß es sich erst allmählich entwickelt und durch dasselbe angeregt auch die zweite Art des Schauens, das Gesichtsschauen, seine *Mitentwicklung* beginnt. Obwohl es paradox klingen mag, so hat doch zwischen den beiden Arten des Schauens das Tastschauen den Vorrang. Das Gesichtsschauen muß sich dem Tastschauen unterordnen und ihm anpassen lernen, um sich überhaupt in einem bestimmten Sinne entwickeln zu können und nicht haltlos zu bleiben. So hochüberlegen auch das Gesichtsschauen dem primitiven Tastschauen sein mag, so muß es sich doch gleichsam an dies letztere anlehnen, um überhaupt bestehen zu können. Man kann dies eigentümliche Verhältnis durch das folgende Gleichnis veranschaulichen: Bekanntlich muß der operierte Starblinde das eigentliche Sehen nach der Operation erst erlernen, weil sich sein frisch erworbenes Gesichtsvermögen mit seinem Tastschauen erst ins Einvernehmen setzen muß, um überhaupt leistungsfähig zu werden. Es ist dies die Zeit, wo das Gesichtsschauen sich auf das Tastschauen stützen lernt. Ähnlich gibt es bei jedem normalen Säugling eine Anfangsepoche, wo sein Gesichtsschauen bei dem Tastschauen gleichsam in die Lehre gehen muß, um flügge zu werden.

Das klingt fast unglaublich, weil es so anmutet, als ob einem Sehenden zeitweilig ein Blinder zum Führer bestellt wäre. Es ist jedoch leicht einzusehen, daß unser Organismus ursprünglich darauf angelegt ist, mit der Umwelt zunächst durch unmittelbare Berührung der Hautoberfläche in Verkehr zu kommen, so daß dieser primitive Verkehr die Grundlage für den höheren Verkehr des Auges mit der Welt des Lichtes bildet. Die Orientierung im Weltraume ist eine spätere Angelegenheit, die freilich nur durch das Gesichtsschauen und die Gesichtswahrnehmung besorgt werden kann, aber beim Säugling handelt es sich vorerst um bloße Orts- und Extensionserlebnisse auf der eigenen Haut, namentlich auf den saugenden Lippen und den tastenden Fingerbeeren. Die ganze Raumwahrnehmung des Menschen ist ursprünglich auf das Tastschauen abgestimmt: eine Tatsache, die man geometrisch so ausdrücken kann, daß die Hautoberfläche des eigenen Leibes mit den zugehörigen drei Hauptachsen das *natürliche Koordinatensystem* liefert, auf das letzten Endes der ganze wahrnehmbare Kosmos bezogen bleibt. Eben weil diese Tatsache so elementar ist, muß sie besonders unterstrichen werden, denn ihr Außerachtlassen führte in unseren Tagen zu jenem System von Widersprüchen, das unter dem Namen des Relativismus bekannt geworden ist. Um diese Widersprüche zu überwinden, werden wir das Verhältnis des Tastschauens und Gesichtsschauens einer eindringlichen Prüfung unterwerfen müssen. Vor allem gilt es aber, das Tastschauen zu analysieren, weil ohne diesen Begriff der Ausbau einer systematischen Wahrnehmungslehre nicht denkbar ist.

Der von Weber so benannte „Ortssinn" der Haut enthält eine Vorahnung dessen, was hier als Tastschauen eingeführt wird. Der populäre Ausdruck „Ortssinn" bezeichnet eine mystische Fähigkeit, den Ort zu finden, wo die Haut soeben berührt wurde. Dieser Ausdruck ist, abgesehen davon, daß er nichts über die fragliche Fähigkeit besagt, viel zu eng gefaßt, denn es handelt sich hier ganz allgemein um einen Raumsinn und besonders auch um einen *Richtungssinn*. Unter dem Eindruck der Hautberührung entsteht in uns ein unwillkürlicher seelischer Schwung, nach der Richtung der Berührung hin eine Bewegung auszuführen, die allerdings unterdrückt bleiben kann. Wir haben dann eigentlich ein durch die Berührungsempfindung gewecktes *Richtungserlebnis*, das eine Anweisung enthält, nach welcher Richtung hin eine Bewegung ausgeführt werden müßte, um den Berührungsort (oder den berührenden Fremdkörper) zu treffen. Hätten wir dies Richtungserlebnis nicht, so wäre es auch unmöglich, eine gerichtete Bewegung nach dem fraglichen Orte auszuführen. Wenn ich also sage, daß die Berührungsempfindung eine „virtuelle Bewegung" weckt, so meine ich, daß in dieser letzteren ein Richtungserlebnis eingeschlossen ist, das einer eventuellen Realbewegung zum Kompaß dienen kann. Es ist zu bedauern, daß die Existenz dieses Richtungserlebnisses nicht aufgedeckt wurde, da es ohne dasselbe auch keine Ortsfindung und kein Ortserlebnis geben könnte. Richtungs- und Ortserlebnis gehören notwendig und untrennbar zusammen und machen erst im Verein miteinander das Tastschauen aus.

Freilich kann sich dieses Tastschauen nur unter der Bedingung entwickeln, daß es sich in Realbewegungen manifestiert. Dies zeigt sich in sehr instruktiver Weise gelegentlich der Entwicklung des Tastschauens beim Säugling in der Epoche der Hundert Tage. Die virtuelle Bewegung bildet sich bei ihm in dem Maße aus, in welchem er gerichtete Bewegungen mit der Hand ausführen lernt. Wir sprechen diese Tatsache in dem *fundamentalen Satze von der Zusammengehörigkeit der virtuellen und der Realbewegungen* aus. Im Sinne desselben könnte sich unsere Raumanschauung (die eigentlich in der virtuellen Bewegung des Tastschauens enthalten ist) nicht entwickeln, würde sich die virtuelle Bewegung nicht in gerichteten Realbewegungen manifestieren. *Also gäbe es ohne gerichtete Realbewegungen keine Raumanschauung*, insbesondere kein Tastschauen. Umgekehrt könnten auch keine gerichteten (gesteuerten) Realbewegungen zustande kommen, wenn ihnen nicht die virtuelle Bewegung als Richtungserlebnis vorausginge. Diese wenigen Sätze enthalten eine vollständige Widerlegung des Sensualismus, denn sie zeigen, daß aus einem *bloß rezeptiven Empfindungsleben* niemals eine Raumanschauung hervorgehen könnte. Nur weil Empfindungen imstande sind, virtuelle und die sie effektuierenden Realbewegungen anzuregen, kann sich in der ersten Lebenszeit des Kindes eine Raumanschauung (insbesondere ein Tastschauen) ausbilden.

5. Man kann das Tastschauen (bzw. den Weberschen „Ortssinn") experimentell entweder an blinden oder an sehenden Versuchspersonen studieren. Ich nenne den Blinden an erster Stelle, weil er für Versuche über das Tastschauen das geeignetere Objekt ist. Er besitzt infolge seines großen Gebrechens ein völlig selbständiges oder *reines Tastschauen*, das für sich allein nicht nur funktionieren kann, sondern auch muß, während der Sehende, der über zwei innigst verbundene Schauungsarten verfügt, das Tastschauen niemals isoliert zu verwenden vermag. Verbindet man ihm die Augen und berührt einen Ort seiner Haut, so wird er unwillkürlich und unbewußt auch unter der Binde den Berührungsort mit dem Gesichtsschauen zu erfassen suchen, freilich ohne hierdurch seinem Tastschauen auch nur die geringste Hilfeleistung zu bringen. Vielmehr wird dieses nutzlose Gesichtsschauen unter der Binde auf sein Tastschauen einen wenn auch geringfügigen *störenden* Einfluß üben, der immerhin die Folge hat, daß der Blinde im allgemeinen bei Versuchen im Tastschauen eine größere Feinheit und Bestimmtheit zeigt als der Sehende, weshalb ich das Tastschauen direkt als Blindschauen bezeichnen möchte. Es gibt also eine Art des Raumschauens, in welchem der Blinde dem Sehenden überlegen ist, wofür ihn sicher kein Sehender beneiden mag, und dies ist eben das Tast- oder Blindschauen.

Die Wissenschaft hat bislang diesen Satz niemals klargelegt, wie sie denn überhaupt den Begriff des Tastschauens trotz mancher ahnungsvollen Annäherungen nicht auszubilden vermochte. Um dies leisten zu können, muß sich der Sehende in die Lage des Blinden sehr tief einfühlen lernen, und dies ist eine weit schwierigere Aufgabe, als es mancher oberflächlich denkende Mensch annehmen möchte. Was wir Sehenden unser Gesichtsschauen nennen, ist nämlich niemals ein *reines Gesichtsschauen*, sondern es enthält immer in geheimnisvoller Weise ein unterstützendes Tastschauen in sich, das uns nicht zum Bewußtsein kommt. Zwar erfahren wir es beim Zeichnenlernen, daß unser Sehen anfangs wie mit einer Art von Bleigewicht belastet ist, das uns behindert, das räumlich Gesehene auf einer Fläche abzubilden, aber wir machen es uns nicht klar, daß jenes innere Hindernis, das wir beim Abbilden des Räumlichen auf einer Fläche zu überwinden lernen müssen, eben das Tastschauen ist. Es wäre jedoch ein Irrtum, zu glauben, daß der

Zeichner und Maler sich im Interesse der Ausübung seiner Kunst vom Tastschauen völlig befreien und sich ein reines „Gesichtsschauen" aneignen müßte. Davon kann durchaus nicht die Rede sein. Auch der Zeichner und Maler kann des Tastschauens niemals völlig entraten, nur hört es bei ihm auf, ein „Hindernis" in der Ausübung seiner Kunst zu sein, und wird vielmehr zu einem mächtig fördernden Berater in seiner künstlerischen Schöpfertätigkeit, ohne daß er sich davon Rechenschaft geben könnte, worin denn jenes rätselhafte Tastschauen bestehe, dem er so manche köstliche Eingebung verdankt. Kurz, wir würden uns vergebens selbst an einen neuen Lionardo da Vinci wenden, daß er uns unser Raumschauen in zwei gesonderte Komponenten, in ein reines Gesichtsschauen und ein reines Tastschauen zerlege, denn diese Spaltungsaufgabe liegt außerhalb des Rahmens seiner Kunst und seines künstlerischen Denkens. Auch der Physiologe und der Physiker, ja auch der Mathematiker, so tief interessiert sie an der bezeichneten Aufgabe sein mögen, und so viele Aufschlüsse wir ihnen über die zwei Arten des Schauens verdanken, hängen doch viel zu sehr an der „Wirklichkeit" (Realität) des Erschauten, als daß sie uns nicht im Stiche ließen, wenn wir in das Geheimnis unseres subjektiven Schauungsvermögens einzudringen versuchen. So kommt es uns allmählich zum Bewußtsein – nachdem wir uns zu Schülern der großen Vertreter der bildenden Kunst und dann auch der Physiologen, Physiker und Mathematiker machten –, daß das Raumschauen ein ungeheures Problem in sich birgt, das trotz aller Bemühungen erlauchter Geister noch lange nicht genügend geklärt ist. Dabei schweigen wir vorläufig vom „Zeitschauen" noch ganz, weil wir unser Problem nicht gleich im Anfang noch mehr komplizieren möchten, obwohl es leicht einzusehen ist, daß die Probleme des Raumschauens und Zeitschauens in innigster Weise zusammenhängen und nicht lange auseinander gehalten werden können.

Daß es höchst schwierig ist, die beiden Komponenten unseres Raumschauens, das Tast- und Gesichtsschauen, reinlich voneinander zu sondern, hat übrigens durchaus nichts Überraschendes. Die beiden Schauungsarten haben sich schon in der allerfrühesten Kindeszeit, wo das Bewußtsein noch nicht erwacht ist, so innig miteinander verbunden, daß sie sich bei uns Sehenden im Verlaufe des ganzen Lebens unvermeidlich stets zusammen betätigen, als ob sie miteinander verwachsen wären. In dieser Vereinigung herrscht aber das Gesichtsschauen dermaßen vor, daß das Tastschauen gleichsam aschenbrödelartig stets tief überschattet bleibt, so daß sein Mitwirken den Seelenforschern von jeher entgangen ist. Wie beim Sonnenaufgang alle Sterne des Nachthimmels verblassen und am lichten Tag wie ausgelöscht sind, so duldet auch unsere Gesichtswahrnehmung vom Anbeginn ihrer Thronbesteigung bis ans Ende des Lebens nicht, daß die tief verborgene Unterstützung, die sie vom Tastschauen erhält, uns zum klaren Bewußtsein komme. Darum werfen wir das große Problem nicht auf: Wie betätigt sich das Tastschauen *innerhalb* aller Gesichtswahrnehmung, wie stellen wir seinen unvermeidlichen Anteil an aller Gesichtswahrnehmung fest, wie sondern wir die

Komponente des reinen Gesichtsschauens von der Komponente des reinen Tastschauens und wie bestimmen wir das Verhältnis der beiden Komponenten zueinander?

Wir wollen gleich auch – so weit dies im Beginn der Untersuchung möglich ist – die Richtung andeuten, in der wir die Lösung dieses Problems versuchen. *Zwischen dem Tastschauen und Gesichtsschauen besteht ein Verhältnis der Gegensätzlichkeit und der wechselseitigen Ergänzung, das wir kurz als Polaritätsverhältnis bezeichnen.* Gewöhnlich denkt man, daß Gegensätze sich „ausschließen" müßten und daß sie einander durchaus „feindselig" gegenüberstünden, und verbaut sich durch eine so einseitig falsche Begriffsfassung den Weg zum Verständnis unserer seelischen Vermögen, ja auch der Naturvorgänge. In welchem Sinne das Tast- und Gesichtsschauen einander ergänzen und in welchem Sinne sie gegensätzlichen Charakter haben, kann nur Schritt für Schritt aufgedeckt werden. Was das Ergänzungsverhältnis der beiden Schauungsarten betrifft, so ist dasselbe aus der gemeinen Erfahrung bekannt, und man spricht es gewöhnlich in der Form aus, daß der Tastsinn ein „Nahesinn", der Gesichtssinn hingegen ein „Fernsinn" sei, d. h. jener nur zur Aufdeckung der räumlichen Verhältnisse in der Leibesnähe geeignet ist, dieser aber gleichsam Flugkraft besitzt und die unermeßlichen Raumfernen eröffnet. Ebendeshalb hält man beide Raumschauungen für völlig „gleichartig", so daß es überraschend wirkt, zwischen ihnen ein Polaritätsverhältnis annehmen zu sollen, während doch schon die primitiven Ausdrücke „Nahesinn" und „Fernsinn" die dumpfe Ahnung irgendeines Gegensatzes ankünden. Die Wissenschaft hat zwar die Auffassung dieser Polarität vielfältig vorbereitet, sie aber niemals ausgesprochen, weil sie eben niemals zum Begriff des isolierten Tastschauens (Blindschauens) durchzudringen vermochte. Die Schwierigkeit, mit der man hier zu kämpfen hat, wird erst allmählich hervortreten. Vorläufig will ich nur den Weg andeuten, auf dem man zur Entdeckung der polaren zwei Schauungsvermögen gelangt.

Der Gegensatz zwischen den beiden Schauungsarten wird einigermaßen nahegerückt, wenn man den eigentümlichen Charakter der *Augenbewegungen* mit den Bewegungen der *Gliedmaßen* vergleicht. Die Augen haben eine unvergleichliche Sonderstellung in unserem Organismus, sie bewegen sich in ihren Höhlen etwa so wie in einem Kugelgelenk, so daß sie um einen festen Mittelpunkt *Drehungen* vollbringen, während die Bewegungen der Gliedmaßen einen pendelnden und im Endresultat *fortschreitenden* Charakter haben. Schon diese Bewegungsformen lassen eine Polarität vermuten, die aber erst dann deutlich hervortritt, wenn man die *virtuellen* Bewegungen des Gesichtsschauens mit denjenigen des Tastschauens vergleicht. Bevor wir jedoch hierauf näher eingehen, wollen wir das Tastschauen für sich eindringlicher kennzeichnen und namentlich die hierher gehörigen Tatsachen hervorheben, die wir den Physiologen verdanken.

6. Obwohl die Physiologen sich mit dem Begriff des Schauens, insbesondere des Tastschauens, nicht befaßten, haben sie doch eine große Menge von interessanten Versuchen und Beobachtungen angestellt, als ob sie eine Lehre vom Raumschauen auszubilden beabsichtigten. E. H. Weber hat (1829) eine durch ihre Einfachheit überraschende, urwüchsige Methode ersonnen, um die Feinheit oder Schärfe des „Ortssinnes" in den verschiedenen Bezirken der menschlichen Haut zu bestimmen. Seine klassischen Versuche, in denen er die zwei abgestumpften Spitzen eines Zirkels auf verschiedene Hautstellen einer Versuchsperson setzt, sind allgemein bekannt. Die Zirkelspitzen müssen zweckmäßig abgeschliffen werden, damit nicht etwa Schmerzgefühle, sondern bloße Berührungs- oder Druckempfindungen entstehen. Die Versuchsperson verhält sich völlig passiv, es genügt, wenn sie die berührte Hautstelle mit dem Gesicht nicht wahrnimmt und wenn sie jeweilig darüber Angaben macht, ob sie zwei gesonderte Spitzen unterscheidet oder bloß eine fühlt. Denn wenn zwei benachbarte Stellen der Haut berührt werden, so könnten sie so nahe liegen, daß ihre Empfindungen verschmelzen und nicht mehr unterschieden werden. Es fragt sich eben, wie nahe die zwei Zirkelspitzen gerückt werden müssen, damit die Verschmelzung eintrete. Weber selbst sagt hierüber: „Indem ich nun den Zirkel anfangs mehr, dann immer weniger öffnete, gelangte ich zu derjenigen Entfernung der Enden der Schenkel desselben, wo die zwei Eindrücke anfingen als ein Eindruck empfunden zu werden. Auch dann konnte der Beobachter noch bestimmen, ob die Linie, die die Enden des Zirkels verbindet, in der Längsrichtung seines Körpers und seiner Glieder oder in querer Richtung läge. Denn er empfand nur *einen* Eindruck, aber der berührte Teil der Haut schien eine längliche Gestalt zu haben..." „Wurde nun aufgeschrieben, bei welcher Entfernung der Enden des Zirkels noch zwei Berührungen unterschieden wurden oder wenigstens die Richtung der Schenkel des Zirkels noch bestimmt werden konnte . . ., so erhielt ich eine Übersicht über die Feinheit des Tastsinnes, insofern er sich als Ortssinn äußert." Die feinste Ortsunterscheidung zeigte sich auf der Zungenspitze und den Fingerspitzen, die stumpfeste in der Mitte des Rückens, des Oberarms und Oberschenkels.

Später (1852) entwickelte Weber eine noch einfachere Methode zur Untersuchung des „Ortssinnes" der Haut, wobei die Versuchsperson die Berührung nur einer Spitze erfährt, sich aber nicht mehr passiv verhält, sondern selbst mit *einer* Spitze die berührte Stelle zu treffen sucht. Für den Philosophen hat gerade dieser im höchsten Maße vereinfachte Versuch eine prinzipielle Bedeutung, da er das Problem des Tastschauens von allem Nebenwerk gereinigt hervortreten läßt. Angesichts der Tatsache, daß die Versuchsperson, die die berührte Stelle nicht sieht, dieselbe doch mit einer gewissen Annäherung zu finden vermag, drängt sich mit elementarer Kraft die Frage nach der *seelischen Wurzel* dieser Leistung auf, in der das ganze Problem des Raumschauens eingeschlossen ist. Ein großer Physiologe hat solchermaßen durch seine Versuche den Anstoß gegeben, die sensualistische Lehre von den Erlebnissen, auf denen unsere Kunde von der Außenwelt beruht, einer gründlichen Revision zu unterwerfen und eine neue Wahrnehmungslehre zu schaffen. Leider vermochte aber die Philosophie dieser gewaltigen Anregung nur in beschränktem Maße gerecht zu werden, so daß der weitaus größere Teil der erforderlichen Denkarbeit nachzuholen ist.

Ganz offenbar wurzelt unser Raumschauen in den Tastempfindungen, womit freilich nicht gemeint ist, daß diese Empfindungen uns unmittelbar den Raum kundtun könnten. Unter Empfindungen oder Sensationen verstehen wir ja bloße Qualitätserlebnisse, und aus solchen kann niemals ein Raumschauen zustande kommen. Qualitätserlebnisse sind eben keine „Ordnungserlebnisse" und das Nebeneinander der Erscheinungen im Raume könnte uns nur durch diese letztere Art der Erlebnisse enthüllt werden. Es entsteht also die bedeutsame Frage, welche Kategorie von Erlebnissen wir als Ordnungserlebnisse ansprechen dürften. Leicht ist die Frage nicht zu beantworten, aber die Weberschen Versuche enthalten eine Anleitung zu ihrer Lösung. Es kommt nämlich in diesen Versuchen (1852) darauf an, eine gerichtete Bewegung auszuführen, die den Berührungsort beiläufig trifft. Also braucht nur noch entschieden zu werden, welches rein seelische Moment dazu erforderlich ist, eine Bewegung nach bestimmter Richtung hin auszuführen. Nun erlebt man aber zuweilen wohlmerkliche „Bewegungsanwandlungen" (virtuelle Bewegungen), die unausgeführt bleiben, d. h. rein seelischen Charakter bewahren und trotzdem *eine Richtungsbestimmung* der unausgeführt bleibenden Bewegung in sich enthalten. Mit dieser Erkenntnis machen wir den entscheidenden positiven Schritt zur Lösung des großen Problems des Raumschauens.

Daß dieser erste und entscheidende Schritt ein richtiger ist, wird uns durch den unverfälschten Lebensinstinkt bestätigt. Es wäre gar zu schlimm um die Möglichkeit unserer Lebenserhaltung bestellt, wenn die Fremdberührung, die unseren Leib an irgendeinem Hautpunkt trifft, keine reagierende Bewegungsanwandlung (virtuelle Bewegung) in uns wecken könnte und wenn wir von Haus aus unfähig wären, eventuell eine Abwehrbewegung nach jenem gefährdeten Hautpunkte hin auszuführen. Ein menschenartiges Leben könnte auf die Dauer gar nicht erhalten werden, wenn Fremdberührungen der Haut keine seelischen Bewegungsanwandlungen erregen würden, die im Notfalle auch zur Ausführung von entsprechenden realen Abwehrbewegungen hinüberleiten. Indem wir so die elementare Lebensnotwendigkeit der virtuellen Bewegungen erkennen, schwindet auch jeder Zweifel an ihrer Existenz. Da nun die auf einen Berührungsort hinzielenden virtuellen Bewegungen die fundamentalen Erlebnisse sind, auf welchen unser Raumschauen beruht, so ist im obigen die Lebensnotwendigkeit dessen dargelegt, daß die Tastempfindungen zu den wesentlich anders gearteten Erlebnissen des Tastschauens hinüberführen.

Wir können aber noch einen wichtigen Schritt weitergehen. Es ist für die Erhaltung des menschlichen Lebens zwar unerläßlich, aber noch lange nicht genügend, daß Fremdberührungen der Haut entsprechende virtuelle Bewegungen (eventuell auch Realbewegungen) wecken, da auch dafür gesorgt sein muß, daß, ehe noch die Fremdberührung die Haut getroffen hat, eine entsprechende Abwehrbewegung geleistet werden könne. Dies vermag aber das Tast- oder Blindschauen nicht mehr zu leisten. Ebendeshalb bedarf es der Ergänzung durch das Gesichtsschauen, das auf ein wesentlich anders geartetes (polares) System von virtuellen Bewegungen gegründet ist, wie dies die edle Kunst der auf dem Gesichtsschauen beruhenden Abwehr- und Angriffsbewegungen so schön zur Anschauung bringt. Also sind wir denn abermals vor das große Problem gestellt, wie Tast- und Gesichtsschauen einander ergänzen.

Vielleicht dürfen wir hier der Hoffnung Ausdruck geben, daß die Physiologen in Zukunft die Fragen des Tast- und Gesichtsschauens in engste Verbindung miteinander bringen und überhaupt das herrliche Problem des Schauens mit ihren so fruchtbaren experimentellen Methoden ernstlich in Angriff nehmen werden. Dazu bedürfte es vor allem einer neuartigen und systematischen Durchbildung der Weberschen Versuche (über den „Ortssinn“) in der ausgesprochenen planvollen Absicht, sie zu einem Fundament der Wahrnehmungslehre zu machen, also auf die Erforschung des Tastschauens einzustellen. Als Versuchspersonen wären überwiegend Blinde zu verwenden, teils weil nur der Blinde ein reines Tastschauen besitzt, teils auch weil der Experimentator selbst nur im Verkehr mit dem Blinden den Begriff des reinen Tastschauens als der minimalen Grundlage des Raumschauens auszubilden lernt. Natürlich dürfte man sich nicht mit den oben erwähnten zwei Weberschen Versuchsmethoden, ja auch nicht mit der bisherigen Fortentwicklung derselben durch eine lange Reihe trefflicher Forscher zufrieden geben, sondern es käme darauf an, eine regelrechte „*Schule des Tastschauens*“ für Blinde auszuarbeiten, um die äußersten Grenzen der Fähigkeit des Tastschauens auszukundschaften. Welche Bedeutung dieser Gegenstand für die „Blindenpädagogik“ haben würde, braucht nicht erst gesagt zu werden. Aber eine noch weit größere Bedeutung müßte er für die Lehre vom „reinen Gesichtsschauen“ gewinnen, denn die Ausarbeitung einer echten physiologischen „Optik“ ist nur durch die parallele Begründung einer physiologischen „Haptik“ möglich.

In welcher Richtung sich diese Haptik bewegen müßte, zeigt die folgende Betrachtung. Es gibt innerhalb des Blindschauens eine Fähigkeit, die dem entspricht, was wir beim Sehenden als „Augenmaß“ zu bezeichnen pflegen. Zur Prüfung dieser Blindschätzung von Punktentfernungen könnte die folgende Methode dienen. Man berühre in zeitlicher Aufeinanderfolge zwei Punkte im linken Handteller eines Blinden und fordere von ihm, daß er mit seiner rechten Hand a) entsprechende zwei Punkte im linken Handteller eines zweiten Blinden berühre, oder aber b) die beiden bei ihm berührten Orte auf einem passend vorbereiteten Papierblock vermittels eines Zeichenstiftes veranschauliche. Natürlich können auch ähnliche Dreipunktversuche gemacht werden, wobei auch schon deutlich die Schätzung von Richtungs- oder Winkelunterschieden in Frage kommt. An die Stelle von Punktversuchen können auch Linienversuche treten, wobei der Blinde aufgefordert wird, die ihm in die Handfläche gezeichnete recht einfache Figur (Dreieck, Viereck, Kreis) auf die Handfläche einer zweiten Person oder auf einen Papierblock zu übertragen. Mit einiger Phantasie kann auf diesem Wege ein ganzer Lehrkurs der Geometrie und des Zeichnens für Blinde ausgearbeitet werden, was aber von nicht geringer Wichtigkeit ist: es kann auf diesem Wege dem Sehenden ein neues Licht bezüglich des Tastschauens und infolge dessen des „reinen Lichtschauens“ aufgehen.

7. Hat man sich gründlich davon überzeugt, daß der Blinde die wesentlichen Bestandteile der Raumauffassung (wie Ort, Länge, Richtung, Dimension, Gestalt usw.) auszubilden vermag und demzufolge auch – falls er nur die nötige intellektuelle Veranlagung hat – in die Wissenschaft des Raumes (Geometrie) eingeführt, ja auch in den höheren Problemen derselben heimisch werden kann, dann befreit man sich von einem großen Vorurteil, in welchem man bezüglich der Raumauffassung befangen zu sein pflegt. Man steht gewöhnlich unter dem gewaltigen Einfluß einer Hegemonie des Sehens, eines Imperialismus der Augen: man ist dermaßen Augenmensch, daß man dadurch zu schweren Verirrungen in der Beurteilung der *Lebensquellen* unserer Raumwahrnehmung, ja auch aller Wahrnehmung überhaupt, verleitet wird, und namentlich ein so tiefgreifendes Problem, wie z. B. *durch welche Erlebnisse uns Raum und Zeit kund werden*, gar nicht aufzuwerfen lernt. Leider befinden sich derzeit auch die Naturwissenschaften und die Mathematik in dieser wenig beneidenswerten Situation.

Und doch wäre besonders die Physiologie in der Lage, auf dem oben gekennzeichneten Wege wichtige Beiträge zu einer neuen Lehre von der Raumwahrnehmung zu liefern. Sie könnte sehr nachdrücklich darauf hinweisen, daß zwar die Berührungsempfindungen notwendige *Vorbedingungen* der Ausbildung unserer Raumauffassung sind, diese jedoch niemals zustande kommen könnte, wenn wir nicht fähig wären, gerichtete Bewegungen auszuführen. Die Fähigkeit, Berührungen passiv zu empfinden, wären vollständig überflüssig und sinnlos, wenn wir nicht auch die Fähigkeit besäßen, Bewegungen nach der berührten Stelle hin auszuführen und die dort befindlichen Fremdkörper *aktiv* zu berühren und zu greifen. Es ist dermaßen auffallend, daß wir beim Tasten zweierlei Berührungserlebnisse haben können: *passive* beim bloßen Berührtwerden und *aktive* beim bewegten Greifen, daß man sich darüber verwundern muß, warum die Wissenschaft das Prinzip ihrer Zusammengehörigkeit nicht ausspricht und die Tastempfindungen nicht als *passiv-aktive Doppelerlebnisse* kennzeichnet, was zugleich besagen würde, daß ein normales Tastvermögen die aktive Bewegungsfähigkeit der Glieder schon voraussetzt. Damit ist aber auch schon ausgesprochen, daß die Raumwahrnehmung auf zweierlei Vorbedingungen beruht: 1. auf der Empfänglichkeit für Berührungsempfindungen, 2. auf der Bewegungsfähigkeit der Glieder und insbesondere der Greifberührungsempfindung, da nur beide im Verein die passiv-aktive Tastfähigkeit ausmachen. Steht dies fest, so ist auch klar, daß die Fähigkeit des Raumerfassens weder einseitig in den Erlebnissen des passiven

Berührtwerdens noch auch einseitig in der Selbstbewegung und dem aktiven Berühren wurzeln kann, sondern in der geheimen Verbindung dieser beiden Fähigkeiten wurzeln muß. Es gilt also, eine Brücke zu schlagen von der Empfindung zur gerichteten Selbstbewegung. Es muß zwischen das sensorische und das motorische Vermögen des Menschen eine Zwischenfähigkeit eingeschaltet werden, um das Raumerfassen begreiflich zu machen, und diese Zwischenfähigkeit ist eben das *Schauen.* Da wir uns zunächst auf die Raumerfassung des Blinden einschränken, so gilt dies vor allem vom *Tastschauen.*

Das Schauen ist eine durchaus eigenartige seelische Fähigkeit, die durch Empfindungen und zunächst Berührungsempfindungen in uns angeregt wird. Indem wir Berührungserlebnisse haben, werden wir schauend, und zwar geschieht dieser seelische Übergang, noch ehe wir zum Bewußtsein der Berührung kommen, d. h. ehe wir einen *geistigen Wahrnehmungsakt* aufbringen könnten, vermittels dessen wir uns auf das Berührtwerden beziehen könnten. Damit ist auch gesagt, daß der Übergang vom Empfinden zum Schauen innerhalb eines kleinen Bruchteiles einer Sekunde stattfindet, wodurch es auch erklärlich wird, warum es so schwer fällt, sich des Schauungserlebnisses gesondert vom Empfindungserlebnis bewußt zu werden. Überhaupt ist die Lehre von den Erlebnissen, die der Wahrnehmung der Außenwelt zugrunde liegen, darum mit großen Schwierigkeiten behaftet, weil wir uns auf *seelische Vorgänge, die in kleinen Bruchteilen der Sekunde stattfinden*, besinnen müssen.

Verhältnismäßig leichter fällt es, die Schauung gegenüber der eventuell erfolgenden Realbewegung abzugrenzen, denn die wirklich ausgeführte Bewegung ist ein durchaus der Außenwelt angehöriger Vorgang, während die Schauung ein rein innerliches, d. i. seelisches Geschehnis ist. Da aber das bloße Schauen (insbesondere das Gesichtsschauen!) gewöhnlich zu keinerlei Gliederbewegungen hinüberführt, kommt es uns gar nicht zum Bewußtsein, daß sie sehr wohl zu solchen Bewegungen hinüberführen *könnte*, ja, daß sie ein Erlebnis ist, in deren Natur es liegt, eine innerliche Vorbereitung auf eventuell auszuführende wirkliche Bewegungen zu enthalten. Darum ist es zweckmäßig, vor allem nicht das Gesichts-, sondern das Tastschauen zum Ausgangspunkt der Lehre vom Schauen zu machen, weil Berührungen, die unsere Leibeshaut treffen, so leicht zu Bewegungsanwandlungen hinüberführen, daß es einer Willensbetätigung bedarf, sie zu unterdrücken. Ist die einzelne Schauung sehr kurzdauernd, dann merken wir sie freilich überhaupt nicht, wird sie aber ausgiebiger, dann geraten wir in einen eigentümlichen Zustand, wo wir einen inneren Schwung und zugleich die Illusion erleben, als ob wir uns schon tatsächlich bewegen würden, während wir doch in Wirklichkeit noch unbewegt bleiben. Solche Zustände der bloß „scheinbaren" oder „eingebildeten" Bewegung sind es, die uns am leichtesten zur Entdeckung des Erlebnisses der „virtuellen Bewegung" führen, die der eventuell erfolgenden Realbewegung als Richtungskompaß dient und eigentlich nichts anderes als die *Schauung* selbst ist.

Ich möchte hier beiläufig bemerken, daß die virtuellen Bewegungen im alltäglichen Leben eine außerordentliche Bedeutsamkeit gewinnen können, ganz besonders, wenn sie durch Affekte unterstützt werden, die ihnen Ausgiebigkeit verleihen. Affekte oder „Gemütsbewegungen" enthalten einen Bewegungsdrang, durch welchen die Schauung oder virtuelle Bewegung sehr leicht in eine Realbewegung übergeführt wird. Da es nun im praktischen Leben von außerordentlicher Bedeutung sein kann, den Bewegungsdrang des Affektes zu überwinden und den bloßen Zustand der Schauung (oder virtuellen Bewegung) zu erhalten, so ist der Kampf zwischen der treibenden Gewalt des Affektes und dem Willen, sich im Schauungszustande zu erhalten, eine besonders ausgezeichnete Gelegenheit, diesen letzteren zu entdecken und sich dessen zu vergewissern, daß es tatsächlich innere Zustände oder Erlebnisse gibt, die man mit Recht als „virtuelle Bewegung" betrachtet, und die hart an die Realbewegungen grenzen, so daß man sie figürlich als „Erlebnisse am Ausgangstor der Seele" oder kürzer als „Ausgangserlebnisse" bezeichnen könnte. Empfindungen hingegen sind Erlebnisse, die am „Eingangstor der Seele" stattfinden und die deshalb auch „Eingangserlebnisse" genannt werden können. Diese figürlichen Bezeichnungen leisten den guten Dienst, die Gegensätzlichkeit oder Polarität von Empfindung und Schauung (oder virtuelle Bewegung) nahezurücken und unseren Geist von dem schweren sensualistischen Vorurteil zu befreien, als ob es nur Eingangs- und nicht auch Ausgangserlebnisse der Seele geben würde. Hat man erst das Vorurteil überwunden, daß die Seele eine Sackgasse ist, die nur Eingangs- und nicht auch Ausgangserlebnisse besitzt, dann ist man geistig gehörig darauf vorbereitet, die wichtige Frage zu erwägen, auf welchen Erlebnissen unsere Raumauffassung beruht.

IV. Metageometrische Grundbegriffe: Neue Theorie des Raumes und der Zeit

1. Einleitung[1]

§ 1. Die Lehre von Raum und Zeit als allgemeine Erscheinungslehre

Alles, was wir vermittels unserer sinnlichen Werkzeuge wahrzunehmen vermögen, stellt sich uns als Erscheinung im Raume und in der Zeit dar, und wir lassen überhaupt nur das raum-zeitlich sich Darstellende als physische Erscheinung gelten. Da nun einer jeden physischen Erscheinung notwendig räumliche und zeitliche Bestimmtheit zukommt, wird die Lehre von Raum und Zeit in allen Wissenschaften, die sich mit der sinnlichen Erscheinungswelt befassen, kurz in allen Naturwissenschaften, Anwendung und Geltung finden können. Die Lehre von Raum und Zeit ist eben nichts anderes als *allgemeine Erscheinungslehre*, und die Prinzipien, die sie entwickelt, müssen für alle Erscheinungen, seien sie mechanischer, physikalischer, chemischer oder physiologischer Natur, in gleichem Maße gültig sein. Sie ist eine Prinzipienlehre der Naturwissenschaften und kann füglich auch eine *Logik* derselben genannt werden. Wenigstens will ich hier nur in diesem Sinne von ihr sprechen.

§ 2. Die notwendige Verbindung von Raum und Zeit

So selbstverständlich es zu sein scheint, muß es doch gleich im Beginne unserer Untersuchung über Raum und Zeit eindringlichst betont werden, daß es keine sinnlichen Erscheinungen gibt, die sich *bloß im Raume* oder *bloß in der Zeit* darstellen würden. Was irgendwo unseren Sinnen zugänglich sein soll, muß auch irgendwann erscheinen, und umgekehrt muß das irgendwann Erscheinende auch irgendwo auffindbar sein. Kurz: die räumliche und die zeitliche Bestimmtheit einer Erscheinung vermag der menschliche Verstand wohl voneinander zu unterscheiden: *in der wirklichen sinnlichen Erfahrung treten jedoch beide Bestimmtheiten in notwendiger Verbindung miteinander auf.* Da aber für die raum-zeitliche Bestimmtheit zwei Worte (Raum und Zeit) zur Verfügung stehen, so geschieht es leicht, daß wir an die Stelle der zwei Worte zwei unabhängige Wesenheiten setzen. Die Lehre von Raum und Zeit laboriert an diesem *scholastischen Irrtum*, und auch die tiefsinnige *Kant*sche Theorie ist von demselben nicht freizusprechen. Kant erklärt bekanntlich den Raum und die Zeit für *zwei* Formen, a priori, unserer reinen Anschauung, ohne jedoch irgendwo zu betonen, daß diese

---

[1] Aus: Palágyi, M.: Neue Theorie des Raumes und der Zeit. Die Grundbegriffe einer Metageometrie, Leipzig 1901, S. 1-5. Mit geringen Änderungen wieder abgedruckt in: Palágyi, M.: Zur Weltmechanik. Beiträge zur Metaphysik der Physik (Ausgewählte Werke Band 3), Leipzig 1925, S. 1-4.

zwei Formen im Grunde bloß *eine* Form ausmachen. Nun kann aber bei der wirklichen Wahrnehmung von sinnlichen Erscheinungen nie bloß eine jener beiden Formen zur Anwendung gelangen, weil es sonst Erscheinungen geben müßte, denen eine bloß räumliche oder bloß zeitliche Natur zukommt. Da also – um die Kantschen Termini zu behalten – beide Anschauungsformen in der wirklichen Wahrnehmung stets im Vereine wirken, so bethätigen sie sich im Grunde genommen so, als ob sie bloß eine Form ausmachen würden. Allerdings ist der Verstand fähig, die räumliche Determination einer Erscheinung von ihrer zeitlichen Determination zu sondern, doch ist es von großer Wichtigkeit, nachzuweisen, daß es unmöglich ist, einen *Begriff* vom Raume ohne Mithilfe des Zeitbegriffes zu bilden, und auch umgekehrt der Zeitbegriff nicht ohne Mithilfe des Raumbegriffes zustande kommen kann.

§ 3. Raum und Zeit gehören zu jenen Begriffspaaren, die in wechselseitiger Abhängigkeit voneinander stehen

Man denkt sich den Raum aus Teilen bestehend, und es kommt diesen Teilen das notwendige Merkmal der *Gleichzeitigkeit* zu. Würden wir versuchen, dieses Merkmal fallen zu lassen, so ginge uns der Raumbegriff verloren. Wir vermögen keinen Raum zu denken, dessen Teile nicht gleichzeitig bestehen; und kann sich jemand vorstellen, daß die Teile des Raumes zeitlich aufeinanderfolgen, dann ist es eben um so gewisser, daß sein Raumbegriff am Leitfaden des Zeitbegriffes entstanden ist. Es erleidet also keinen Zweifel, daß der Begriff eines Raumes ohne das Hineinspielen des Zeitbegriffes niemals konstruiert werden kann. Von diesem Hineinspielen der Zeit in den Raum macht übrigens der Geometer immer Gebrauch, so oft er z. B. die Linie durch die Bewegung eines Punktes, die Fläche durch die Bewegung einer Linie entstehen läßt. Auch die Methode der Projektion ist, wie wir sehen werden, nichts anderes als ein verstecktes Hineinspielen des Zeitbegriffes in die Raumbetrachtung.

Umgekehrt nimmt der Raumbegriff unvermeidlichen Anteil an der Bildung des Zeitbegriffes. Wir denken uns nämlich die Zeit als fließend, und zwar in solcher Weise fließend, daß, welchen *Punkt im Raume* wir auch annehmen mögen, alle Teile der Zeit durch diesen Raumpunkt hindurchfließen müssen. Würden wir versuchen, dieses Merkmal fallen zu lassen, so ginge uns der Zeitbegriff verloren. Wir vermögen uns den Zeitstrom nicht so vorzustellen, daß ein Intervall desselben zwar durch den Raumpunkt *A* hindurchfließe, aber ein anderes Intervall desselben nicht mehr durch *A*, sondern sagen wir bloß durch den Raumpunkt *B* flösse. Glaubt aber jemand, daß er sich wohl einen Zeitstrom vorstellen kann, dessen einzelne Intervalle bald da, bald dort im Weltenraume auftauchen würden, so ist es nur um so gewisser, daß er des Raumbegriffes bedarf, um den Zeitbegriff konstruieren zu können. Übrigens ist ja bekanntlich der Zeitbegriff so sehr an den Raumbegriff gebunden, daß wir den Zeitstrom gar nicht anders als durch eine *gerade Linie* zu versinnlichen vermögen. Ja, wir messen die Zeit geradezu an einer gleichförmigen Bewegung, also an einer zurückgelegten *Raumstrecke.*

Ich muß nun hier bemerken, um auf einen allgemeineren Standpunkt hinzuweisen, daß Raum und Zeit nicht das einzige Begriffspaar des menschlichen Verstandes sind, die eine solche wechselseitige Abhängigkeit zeigen. Eine ganz ähnliche wechselseitige Abhängigkeit ergibt sich auch bei der Untersuchung der Begriffspaare, wie: Erscheinung und Substanz, Wissen und Sein, Geist und Natur, Subjekt und Objekt, Freiheit und Notwendigkeit, Ursache und Wirkung, Kraft und Materie, Individuum und Gattung usw. usw. Es müßte demnach dieser Lehre von Raum und Zeit eine allgemeine Untersuchung aller jener Begriffspaare des menschlichen Verstandes vorangehen, weil eine solche erkenntnistheoretische Diskussion der Begriffspaare überhaupt ein intensives Licht auf die spezielle Lehre von Raum und Zeit verbreiten würde. Doch will ich es versuchen, den umgekehrten Weg zu gehen und aus speziellen Betrachtungen über Raum und Zeit zu den allgemeinen Prinzipien der Lehre von den Begriffspaaren vorzudringen.

Unsere nächste Aufgabe wird sein, jenen Anteil zu prüfen, den der Zeitbegriff an der Bildung des Raumbegriffes (und vice versa) nimmt. Denn da – wie wir gesehen – der eine Begriff nicht ohne den anderen gebildet werden kann, so kann weder der eine noch der andere Begriff für sich abgesondert erklärt werden, sondern erst ihre wechselseitige Beziehung kann ihre beiderseitige Bedeutung klarlegen. *Eine abgesonderte Untersuchung der zwei Begriffe muß notwendigerweise zu bloßen scholastischen Spitzfindigkeiten führen*, weil sie einerseits die gegenseitige Abhängigkeit der beiden Begriffe in künstlicher oder unbewußter Weise verhüllen muß, andererseits aber der allgemeinen Tatsache nicht Rechnung trägt, daß in jeder wirklichen Wahrnehmung von sinnlichen Erscheinungen die räumliche und die zeitliche Bestimmtheit in notwendigem Vereine miteinander auftreten.

Erfahrung und Logik fordern also mit gleicher Entschiedenheit, daß wir vor allem mit möglichster Klarheit festsetzen, in welcher Weise sich die Begriffe von Raum und Zeit wechselseitig durchdringen.

2. Einheit und Dualität des Raumes und der Zeit[1]

§ 4. Der Zeitpunkt und der Weltraum

Um das Hineingreifen des Zeitbegriffes in den Raumbegriff zu untersuchen, erscheint es zweckmäßig, ein *elementares Intervall* der Zeit mit dem Raume in Verbindung zu setzen. Es bleibt dem Leser dabei freigestellt, unter dem elementaren Zeitintervall einen mathematischen Zeitpunkt von der Größe = 0, oder aber eine äußerst kleine Zeitstrecke, die sich der 0 beliebig annähert, zu verstehen. Ich muß diese Wahl freigeben, weil eine Diskussion der Frage, ob der Begriff eines mathematischen Zeitpunktes ein berechtigter, d. h. ob ein ausdehnungsloser Zeitmoment thatsächlich denkbar sei, mich von meinem Gegenstande ablenken würde. Für die Ergebnisse dieser Untersuchung wird es übrigens gleichgültig sein, für welche der bezeichneten zwei Bedeutungen man sich immer entscheiden möge. Ich für meinen Teil denke im folgenden an ausdehnungslose, d. h. mathematische Zeitpunkte und werde in ähnlichem Sinne auch von mathematischen Raumpunkten sprechen.

Wir bringen also den Raum in Beziehung zu einem Zeitpunkte, am besten zum Jetztpunkte, den ich mit t_0 bezeichne. Wie schon oben betont, müssen wir alle Teile oder – was gleichwertig ist – alle Punkte des Raumes als gleichzeitig vorhanden uns vorstellen. Sind also *a, b, c* etc. verschiedene Punkte des Raumes, so müssen sie alle in dem Zeitpunkte t_0 zugleich vorhanden gedacht werden. Auch die umgekehrte Ausdrucksweise ist zulässig, und wir können füglich sagen, daß der Zeitpunkt t_0 in allen Punkten des Raumes gegenwärtig ist. Bildlich gesprochen, beherrscht der Zeitpunkt t_0 den ganzen Weltenraum, oder in umgekehrter Ausdrucksweise, alle Punkte des Raumes huldigen einem Herrscher, und zwar dem Jetztpunkte der Zeit, t_0. Der logische Dienst also, den der Begriff des Zeitpunktes bei der Bildung des Raumbegriffes leistet, ist nunmehr klargelegt:

Die Mannigfaltigkeit aller Raumpunkte schließt sich in dem Zeitpunkte zu einer einheitlichen Totalität zusammen. Oder umgekehrt ausgedrückt: *Der Zeitpunkt entfaltet sich in allen Raumpunkten zu dem unendlichen Weltenraume.*

Dieser Satz zeigt nun zur Genüge, daß es völlig unmöglich ist, den Raumbegriff ohne Mithülfe des Zeitbegriffes zu konstruieren. Was den Raum zum Raume macht, daß wir nämlich seine Teile in eine Einheit zusammenfassen, geschieht eben vermittels des Zeitpunktes, so daß man den Zeitpunkt definieren kann als die

---

[1] Aus: Palágyi, M.: Neue Theorie des Raumes und der Zeit. Die Grundbegriffe einer Metageometrie, Leipzig 1901, S. 5-11. Mit geringen Änderungen wieder abgedruckt in: Palágyi, M.: Zur Weltmechanik. Beiträge zur Metaphysik der Physik (Ausgewählte Werke Band 3), Leipzig 1925, S. 4-7.

Einheit des Weltenraumes, und umgekehrt den Weltenraum auffassen kann als die endlose Entfaltung eines Zeitpunktes.

Um dieses Verhältnis von Zeitpunkt und Weltraum anschaulicher zu machen, ist es zweckmäßig, auf einige Analogien aus anderen Denkgebieten hinzuweisen. Wir denken uns z. B. alle Eigenschaften eines Körpers in seiner Substanz in eine Einheit verbunden, so daß die Substanz als die Einheit aller dieser Eigenschaften, hinwieder diese Eigenschaften als die Entfaltungen jener Substanz aufgefaßt werden können. Noch passender dürfte hier eine geometrische Analogie ihre Stelle finden. Alle Geraden, die durch einen Punkt gehen, bilden ein Strahlenbündel, und die Einheit dieses Bündels wird eben durch den gemeinsamen Punkt, hinwieder die Entfaltung des Bündels durch alle Strahlen desselben dargestellt. Wir dürfen also mit einer geometrischen Metapher sagen: alle Raumpunkte schneiden sich in einem gemeinsamen Zeitpunkte, oder alle Raumpunkte sind Ausstrahlungen, Projektionen, eines Zeitpunktes.

Wenn aber auch diese Analogien dem Physiker oder Geometer mundgerecht sein sollten, den Logiker befriedigen sie nicht, und er fordert geradezu, daß man präcise auf jene bestimmte Denkfunktion hinweisen möge, durch welche der Zeitpunkt mit dem Weltraum stets in Beziehung gesetzt wird. Dieser Forderung ist aber leicht zu genügen, denn überall, wo ein Mannigfaltiges in eine Einheit zusammengefaßt wird, findet jene Denkfunktion statt, die in der Logik mit Urteil bezeichnet wird und sprachlich sich im Satze darstellt. Man nimmt dann gewöhnlich das Einheitliche zum Subjekt und drückt das Mannigfaltige in Form von einem oder mehreren Prädikaten aus. So nimmt man z. B. die Substanz eines Körpers zum Subjekt eines Satzes und weist den Eigenschaften die Rolle von Prädikaten zu. In unserem Falle wird dann der Zeitpunkt die Stelle des Subjektes, der Weltraum die Stelle des Prädikates einnehmen, und wir erhalten den Satz: *Der Zeitpunkt ist der Weltraum.* In ähnlichem Sinne sagt z. B. der Geometer: Der Punkt ist ein Strahlenbündel.

§ 5. Der Raumpunkt und der Zeitstrom

Wir gehen nunmehr zur umgekehrten Aufgabe über und wollen das Hineinspielen des Raumbegriffs in den Zeitbegriff einer näheren Prüfung unterwerfen. Zu diesem Zwecke setzen wir den Raumpunkt mit dem Zeitstrom in Verbindung. Wir gehen am besten von dem *Hier-Punkte* (Anfangspunkt irgendeines Koordinatensystems) aus und bezeichnen ihn mit *0*. Wie schon oben betont, müssen wir alle Intervalle der Zeit oder – was gleichwertig ist – alle Punkte der Zeit als durch den Raumpunkt *0* hindurchfließend uns vorstellen. Sind also t_0, t_1, t_2 … etc. aufeinander folgende Punkte des Zeitstroms, so müssen sie alle durch den Raumpunkt *0* ziehen. Auch die umgekehrte Ausdrucksweise ist zulässig, und wir können füglich sagen, der Raumpunkt *0* erhalte sich über alle Punkte des durch ihn gleitenden Zeitstroms. Bildlich gesprochen, beherrscht der Raumpunkt *0* den ganzen

Zeitstrom, oder in umgekehrter Ausdrucksweise, alle Punkte des Zeitstroms huldigen einem Herrscher und zwar dem Hier-Punkte des Raumes *0*. Der logische Dienst also, den der Begriff des Raumpunktes bei der Bildung des Zeitbegriffs leistet, ist nunmehr klargelegt.

Die Mannigfaltigkeit aller Zeitpunkte schließt sich in dem Raumpunkte zu einer einheitlichen Totalität zusammen. Oder umgekehrt ausgedrückt: *Der Raumpunkt entfaltet sich in allen Zeitpunkten zu dem unendlichen Zeitstrom.*

Dieser Satz zeigt nun zur Genüge, daß es völlig unmöglich ist, den Zeitbegriff ohne Mithülfe des Raumbegriffs zu konstruieren. Was die Zeit zur Zeit macht, daß wir nämlich ihre Teile in eine Einheit zusammenfassen, geschieht eben vermittels des Raumpunktes, so daß man den Raumpunkt definieren kann als die Einheit des Zeitstromes, und umgekehrt den Zeitstrom auffassen kann als die endlose Entfaltung eines Raumpunktes.

Ich befleißige mich hier vorsätzlich, alle Stilwendungen des vorigen Paragraphen zu wiederholen, denn auf solche Weise dürfte der Leser am nachdrücklichsten auf den durchgängigen *Parallelismus* der beiden Ausführungen aufmerksam werden. Auch hier ist also jene Denkthat, vermittels welcher wir den Raumpunkt zu dem Zeitstrom in Beziehung setzen, nichts anderes als ein logisches Urteil; und auch hier werden wir, wenn wir den Raumpunkt an die Stelle des Subjekts, den Zeitstrom an die Stelle des Prädikats im Urteil setzen, den analogen Satz erhalten: *Der Raumpunkt ist der Zeitstrom.*

§ 6. Die zwei Grundbeziehungen zwischen Raum und Zeit

Wir haben nunmehr zwei Grundbeziehungen zwischen Raum und Zeit gewonnen. Sie lauten in aller Kürze:

α) Der Zeitpunkt ist der Weltraum.
β) Der Raumpunkt ist der Zeitstrom.

Beide Grundbeziehungen sprechen in eindringlichster Weise dasjenige aus, was wir wohl als *Einheit von Raum und Zeit* bezeichnen dürfen. Auffallend ist jedoch die Zweizahl dieser Beziehungen, so daß wir nunmehr das Verhältnis der beiden näher in Augenschein nehmen müssen.

In der Beziehung α) gehen wir vom Raumbegriffe aus und gelangen durch das Zusammenfassen aller Raumpunkte in eine Einheit zu dem Begriffe des Zeitpunktes. Der Raum ist das primum, der Zeitpunkt das secundum unseres Denkens, was aber sprachlich umgekehrt zum Ausdruck gelangt, indem das secundum die Stelle des Subjekts, das primum die Stelle des Prädikates einnimmt.

In der Beziehung β) gehen wir vom Zeitbegriffe aus und gelangen durch das Zusammenfassen aller Zeitpunkte in eine Einheit zu dem Begriffe des Raumpunktes. Hier ist, umgekehrt wie im obigen Falle, die Zeit das primum, und der Raumpunkt das secundum unseres Denkaktes. Der sprachliche Ausdruck aber vertauscht auch hier das primum und secundum unseres Denkens.

Die Thatsache, daß wir die Einheit von Raum und Zeit durch *zwei* Grundbeziehungen auszudrücken vermögen, nenne ich die *Dualität* von Raum und Zeit. *Diese Dualität ist die Quelle des Dualitätsgesetzes in der projektiven (synthetischen oder neueren) Geometrie.* Das wechselseitige Ineinanderspielen des Raum- und des Zeitbegriffes ist der nächste Grund davon, daß wir z. B. parallele Lehrsätze für Punktreihen und Strahlbüschel in der ebenen Geometrie erhalten. Den tiefsten Grund dieser wunderbaren Tatsache kann nur eine allgemeine Theorie der Begriffspaare enthüllen, und ich gedenke eine solche Theorie in meiner „Grundlegung der Philosophie" zu liefern.

In dem Zusammenhange der gegenwärtigen Spezialuntersuchung erwächst für uns zunächst die Frage, ob in den allgemein gangbaren populären sowie wissenschaftlichen Anschauungen über Raum und Zeit beide Grundbeziehungen α) und β) des Raum- und Zeitbegriffes in gleicher Weise zur Geltung gelangen, oder ob etwa die eine Grundbeziehung die andere in den Schatten stellt, und was gleichfalls nicht ausgeschlossen ist, ob beide Grundbeziehungen sich wechselseitig beengen und verwirren, so daß unser zeit-räumliches Bewußtsein entweder einseitig entwickelt wäre oder gar an innerlicher Verworrenheit leiden würde?

Der Geometer zumindest wird diese Frage für vollauf berechtigt halten, denn er erinnert sich an jene einseitige Raumanschauung, wo die Gerade zwar als Punktreihe, jedoch der Punkt noch nicht als Strahlenbüschel aufgefaßt wurde. Bekanntlich hat erst *Poncelet* unsere geometrische Anschauung von der gewohnheitsmäßigen Einseitigkeit befreit und hierdurch die geometrische Forschung in neue Bahnen gelenkt. Es fragt sich also, ob wir uns in Bezug auf unser raumzeitliches Bewußtsein nicht von einer ähnlichen Einseitigkeit zu befreien haben?

3. Über den fließenden Raum[1]

§ 7. *Verschiedenen Zeitpunkten entsprechen verschiedene Räume*

Im Sinne der ersten Grundbeziehung fassen wir alle Raumpunkte in dem Jetztpunkte der Zeit (t_0) zusammen. Ich nenne nun den Weltraum, insofern er dem Jetztpunkte t_0 entspricht, den Jetztraum und bezeichne ihn mit R_0 Wenn also im Verlaufe der Zeit an die Stelle des Jetztpunktes t_0 neue Jetztpunkte t_0, t_1, t_2 … etc. treten, so werde ich mit logischer Berechtigung sagen können, daß jedem derselben auch ein neuer Jetztraum, etwa R_1, R_2, R_3 ... etc. entspricht. Auf solche Weise gelange ich zu dem Begriffe einer stetigen Reihe von Räumen, die ich in ihrer Gesamtheit als *fließenden Raum* bezeichne.

Dieser neuen Auffassung steht unsere angewohnte Ansicht von dem einen „*stehenden Raume*" gegenüber, und man wird vielleicht von dem Begriff dieses stehenden Raumes ausgehend den Begriff des fließenden Raumes bekämpfen wollen. Ich weise jedoch auf die Grundbeziehung α) zwischen Zeitpunkt und Weltraum hin, welche eben die Identität von Zeitpunkt und Weltraum ausspricht. Wird nun der Zeitpunkt ein anderer, so habe ich die logische Berechtigung, auch von einem anderen Weltraume zu sprechen. Es ist also nur eine logische Folge aus der klar erkannten Grundbeziehung zwischen Raum und Zeit, daß wir zu der Bildung eines Begriffes von dem fließenden Raume fortschreiten müssen.

Keineswegs behaupte ich, daß wir diesen fließenden Raum *anzuschauen* vermögen. Was man nämlich unter Anschauung gemeinhin versteht, ist eben nichts anderes als eine unmittelbare Anschauung im Jetztpunkte der Zeit. Vergangenes oder Zukünftiges vermögen wir nicht unmittelbar (d. h. in aktueller Weise) anzuschauen, und eben deshalb sind wir ja gezwungen, einen Unterschied zwischen der Gegenwart einerseits und Vergangenheit (resp. Zukunft) andererseits zu machen. Wie es nun der Wirklichkeit zuwiderläuft, zu sagen, daß wir Vergangenheit und Zukunft ebenso unmittelbar anzuschauen vermögen wie die Gegenwart, wäre es nicht minder widersinnig, zu behaupten, daß wir uns eine unmittelbare Anschauung von dem fließenden Raume bilden könnten.

Man könnte ferner einwenden, daß die Einführung einer Reihe von Räumen, entsprechend der Folge von Zeitpunkten, leicht zu der Auffassung verleite, daß wir vergangenen und zukünftigen sinnlichen Erscheinungen dieselbe Wirklichkeit, dieselbe Realität zuschreiben wie den sinnlichen Eindrücken des Jetztmomentes.

---

[1] Aus: Palágyi, M.: Neue Theorie des Raumes und der Zeit. Die Grundbegriffe einer Metageometrie, Leipzig 1901, S. 11-16. Mit geringen Änderungen wieder abgedruckt in: Palágyi, M.: Zur Weltmechanik. Beiträge zur Metaphysik der Physik (Ausgewählte Werke Band 3), Leipzig 1925, S. 8-11.

Dem gegenüber ist jedoch zu betonen, daß das metaphysische Problem von der Realität des Vergangenen oder Zukünftigen nichts mit dem Begriffe des fließenden Raumes zu schaffen hat. Es steht jedermann frei, dem Vergangenen oder Zukünftigen eine solche Art von Realität oder Irrealität zuzuschreiben, wie es ihm gefällt, und er wird von jedem Standpunkte aus den Begriff eines fließenden Raumes konstruieren können. Es handelt sich uns in dieser Theorie des Raumes und der Zeit um eine allgemeine Erscheinungslehre, und die Frage, was denn in allen sinnlichen Erscheinungen das eigentlich Wirkliche sei, übt auf unsere Betrachtungen keinen Einfluß. Wir haben die Begriffe von Raum und Zeit mit logischer Konsequenz so auszubilden, daß wir zu den allgemeinsten Prinzipien der sinnlichen Erscheinungswelt vorzudringen vermögen. Nun ist es aber auf den ersten Anblick einleuchtend, daß wir eine weit klarere Einsicht in die sinnliche Ordnung der Erscheinungswelt gewinnen, wenn wir jedem Zeitpunkte einen entsprechenden Raum zuordnen, als wenn wir Vergangenheit, Gegenwart und Zukunft in denselben stehenden Raum zusammenwerfen und so einer jeden Verwirrung unserer Eindrücke Thür und Thor öffnen. Gerade die Auffassung von dem stehenden Raume bietet die Möglichkeit, alle Unterschiede momentaner Wirklichkeit und vergangener Erinnerungsbilder oder zukünftiger Hoffnungsphantasmen durcheinander zu mengen; während die Auffassung von dem fließenden Raume zu einem strengen Auseinanderhalten der verschiedenen Zeitintervalle führen muß.

Nichts behindert uns aber, die den einzelnen Zeitpunkten entsprechenden Räume wieder in denselben einen stehenden Raum zusammenfallen zu lassen und so zu unserer angewöhnten Raumauffassung zurückzukehren. Diese Rückkehr liefert uns alsdann eine sehr erwünschte Probe in bezug auf die Richtigkeit resp. Fruchtbarkeit unserer Begriffskonstruktionen im fließenden Raume.

Übrigens vermeine ich gar nicht, mit der Einführung dieses Begriffes etwas völlig Neues angeregt zu haben. So oft sich jemand an Vergangenes erinnert oder Zukünftiges vorbereitet, operiert er in einem sogenannten „Phantasieraume“, den er mit dem Jetztraume nicht verwechselt. Nun ist es aber notwendig, allen diesen Erinnerungs- und Phantasieoperationen unseres Geistes, die wir sonst nur schweifend und unsicher durchführen, eine feste und exakte Basis zu sichern, und dies geschieht meiner Ansicht nach am besten, wenn wir den Begriff eines fließenden Raumes mit möglichster Klarheit entwickeln. Es eröffnet sich uns dadurch die lockende Aussicht, eine mathematische Darstellung auch in solche Gebiete hineintragen zu können, die der exakten Behandlung bisher unzugänglich waren.

§ 8. Der Punkt im fließenden Raume

Um uns mit dem Begriffe des fließenden Raumes vertraut zu machen, ist es zunächst angezeigt, einen Punkt desselben in Augenschein zu nehmen. Bezeichnen wir also wie oben den Jetztraum, der dem Jetztpunkte t_0 entspricht, mit R_0, und benennen wir einen beliebigen Punkt dieses Raumes mit A_0. Schreiten wir nun zu den Zeitpunkten t_1, t_2, t_3 … etc. der Zukunft vorwärts, so gelangen wir zu den entsprechenden Zukunftsräumen R_1, R_2, R_3 … etc. In jedem dieser Räume erhalten wir einen dem A_0 entsprechenden Punkt, also eine ganze Reihe von Punkten A_1, A_2, A_3 etc. Wir erkennen nunmehr, daß, was uns im stehenden Raume für einen einzigen Punkt A gegolten, sich im fließenden Raume zu einer stetigen Reihe von Punkten entfaltet, die allerdings nicht räumlich, sondern bloß zeitlich unterscheidbar aufeinanderfolgen und in ihrer Gesamtheit dasjenige darstellen, was wir gemäß unserer alten raumzeitlichen Auffassung die Linie der Zeit nannten. Wir gewinnen demnach den Satz:

Der Punkt im fließenden Raume ist nichts anderes als die durch ihn geführte Zeitlinie.

Es ist dies aber nichts anderes als ein wenig abgeänderter Ausdruck der Grundbeziehung β) zwischen Raum und Zeit, die wir im vorigen Kapitel feststellten. Wir gingen bei der ersten Begriffskonstruktion des fließenden Raumes von der Grundbeziehung α) aus, und sehen jetzt, daß in dieser Konstruktion auch die Grundbeziehung β) zur völligen Geltung gelangt. Der Begriff des fließenden Raumes erweist sich als solcher, der beiden Grundbeziehungen in gleicher Weise genug thut. Was aber den Begriff des stehenden Raumes betrifft, so ist er gewissermaßen nur ein Bestandteil unserer *erweiterten* Begriffsbildung, denn die einzelnen Räume R_0, R_1, R_2 … etc. müssen ja wenigstens für die Augenblicke t_0, t_1, t_2... etc. als stehende Räume angenommen werden. Der alte Raumbegriff geht also unangetastet in den neuen ein, und wir sehen nunmehr, daß er für sich allein weder der ersten noch auch der zweiten Grundbeziehung zwischen Raum und Zeit in klarer Weise Genüge leisten kann. Diese Unzulänglichkeit des alten Raumbegriffes gibt sich offen darin kund, daß wir ihm die vage Vorstellung von einem Zeitstrom *adjungieren* müssen, wobei es den Anschein hat, als ob der stehende Raum und die strömende Zeit zwei voneinander völlig unabhängige Existenzen bedeuten würden, und es zu einem unerklärlichen Wunder wird, wieso sie sich beide in unserer wirklichen Anschauung vereinen. Dieses Zerreißen des Raum- und Zeitbegriffes führt überall zu einer dualistischen (d. h. in sich selbst widersprechenden) Natur- und Weltauffassung. Mit dem Begriffe des fließenden Raumes wünsche ich jedoch einer einheitlichen (d. h. in sich selbst konsequenten) Philosophie die Wege zu ebnen.

Wir können die alte, dualistische Anschauung von Raum und Zeit auch so charakterisieren, daß in ihr der Zeitbegriff vernachlässigt erscheint. Unsere gewohnheitsmäßige Anschauung haftet nämlich mit Vorliebe am Raume, oder unserer neuen Auffassung gemäß am Jetztraume, wobei wir geneigt sind, zu vergessen, daß dieser Raumbegriff durch das Zusammenfassen seiner Punkte im Jetztpunkte der Zeit entstanden ist. Kurz, wir lassen uns zu sehr durch den gegenwärtigen Augenblick gefangennehmen und verlieren uns deshalb ganz in eine einseitige Bevorzugung des räumlichen Anschauens. Wir sind einseitige Realisten. Besinnen wir uns aber auf das Vergangene und Zukünftige, dann begnügen wir uns mit der vagen Idee von einem unsicher schwebenden Zeitstrom, wobei wir im höchsten Grade geneigt sind, zu vergessen, daß der Begriff der Zeit durch das Zusammenfassen seiner Punkte in einen Raumpunkt entstanden ist. Wir werden eben zu einseitigen Idealisten. Der vom Raumbegriff losgelöste, unsicher schwebende Zeitbegriff muß aber in diesem entwurzelten Zustande notwendig verkümmern. Um ihn neu zu beleben, müssen wir ihn mit dem Raumbegriff in eine organische Verbindung setzen, und dies geschieht dadurch, daß wir einem jeden Raumpunkte eine durch ihn hindurchgehende Zeitlinie zuordnen. Wir erhalten somit zur Charakterisierung des fließenden Raumes folgende zwei Grundbeziehungen:

α) Jedem Zeitpunkt entspricht ein Weltraum.
β) Jedem Raumpunkt entspricht eine Zeitlinie.

Um nun einen deutlichen Nachweis zu liefern, daß unser gangbarer Zeitbegriff ein unentwickelter ist, werde ich im Folgenden zwei Fragen aufwerfen, deren verständliche Diskussion erst durch Einführung des Begriffes vom fließenden Raume ermöglicht wird.

4. Die Unentwickeltheit unseres Zeitbegriffes[1]

§ 9. Weshalb der Zeitstrom durch eine Gerade dargestellt wird?

Die erste dieser beiden Fragen lautet: woher es komme, daß wir den Zeitstrom notwendigerweise durch das Bild einer geraden Linie veranschaulichen müssen? Soweit es mir bekannt ist, war diese Frage noch kein Gegenstand wissenschaftlicher Diskussionen; selbst *Kant* ließ es bei der Erwähnung dieser Grundthatsache unserer Zeitanschauung bewenden. Allerdings bietet ihm seine Lehre von der Apriorität der Raum- und Zeitformen auch für die Grundthatsache unserer Zeitauffassung eine Art von Erklärung: man kann nämlich im Kantschen Sinne sagen, daß es eben ein apriorisches Gesetz unserer reinen (von der sinnlichen Erfahrung unabhängigen) Anschauung sei, daß wir die zeitliche Folge der Erscheinungen in dem Bilde einer geraden Linie auffassen müssen. Doch wird sich z. B. der Mathematiker durch eine solche Erklärung kaum sehr befriedigt fühlen. Es ist nämlich eine Eigentümlichkeit der tiefsinnigen Denkweise Kants, daß er zwar die Axiome der Mathematik herbeizieht, um durch ihre Denknotwendigkeit die Apriorität der Raum- und Zeitform zu beweisen, daß er aber den umgekehrten Versuch nicht macht, seine Lehre von der Apriorität des Raumes und der Zeit für die mathematische Betrachtung fruchtbar zu machen. Es ist übrigens auch gar nicht abzusehen, wieso der Mathematiker die Lehre von der apriorischen Erkenntnis für seine Begriffskonstruktionen irgendwie nutzbar machen könnte.

Um nun auf unsere Frage zurückzukommen, nehme ich in dem Jetztraume R_0, der dem Jetztpunkte t_0 entspricht, einen Punkt A_0 an. Indem ich alsdann im Verlaufe der kommenden Zeitpunkte t_0, t_1, t_2 … etc. zu den Räumen R_1, R_2, R_3 ... etc. fortschreite, erhalte ich in jedem dieser Räume einen entsprechenden Punkt, also eine ganze stetige Reihe von Punkten A_1, A_2, A_3 ... etc. Ich werde diese Punkte auch die *Zeitprojektionen* des Punktes A_0 nennen, da sie eben in ihrer Gesamtheit die durch A_0 gehende Zeitlinie bilden. Es fragt sich nun, mit welchem Rechte ich diese Zeitlinie eben durch eine *Gerade* darstelle? In der wirklichen Anschauung nämlich bleibt der Raumpunkt A_0 durch alle Zeiten hindurch derselbe Raumpunkt A_0, und alle seine Zeitprojektionen A_1, A_2, A_3 ... etc. fallen in der wirklichen Anschauung mit ihm selbst zusammen. Da also die wirkliche (unmittelbare) Anschauung mir nie die Zeitlinie selbst enthüllt, sondern dieselbe stets durch

---

[1] Aus: Palágyi, M.: Neue Theorie des Raumes und der Zeit. Die Grundbegriffe einer Metageometrie, Leipzig 1901, S. 16-22. Mit geringen Änderungen wieder abgedruckt in: Palágyi, M.: Zur Weltmechanik. Beiträge zur Metaphysik der Physik (Ausgewählte Werke Band 3), Leipzig 1925, S. 11-15.

einen einzigen Raumpunkt ersetzt, woher nehme ich die Berechtigung, diese bloß gedachte Zeitlinie für eine ihrer Natur nach gerade zu halten?

Die Antwort ergibt sich sofort, wenn wir den Grundcharakter einer räumlichen Geraden ins Auge fassen. Nehmen wir an, daß die ganze Punktreihe A_0, A_1, A_2, A_3 etc. im Raume läge, so wird diese Punktreihe als eine Gerade aufgefaßt, sobald es mir gelingt, mein Auge in eine solche Stellung zu ihr zu bringen, daß einer der Punkte alle anderen verdeckt, daß also die ganze Gerade in einen einzigen Punkt zusammenschmilzt. Genau dies ist aber der Fall bei der Zeitlinie. Irgendeine Zeitprojektion A_n verdeckt alle Zeitprojektionen A_{n-1}, A_{n-2} etc. des Punktes, so daß die ganze Zeitlinie in einen einzigen Punkt zusammenschmilzt. Hieraus folgt die Berechtigung, ja die Notwendigkeit, die Zeitlinie in Form einer Geraden darzustellen. Ich werde deshalb von nun an die Zeitlinie, die durch den Raumpunkt A_0 geht, den diesem Punkte zugeordneten *Zeitstrahl* nennen.

§ 10. Weshalb man dem Zeitstrome nicht irgendeine Richtung zuschreibt?

Wenn man aber den Zeitstrom durch eine gerade Linie darstellt, so fragt es sich weiter, weshalb wir dieser Linie keine Richtung zuschreiben? Eine jede gerade Linie im Raume hat nämlich eine bestimmte Richtung, die wir in einem positiven oder umgekehrt in einem negativen Sinne durchzulaufen vermögen. Was den Zeitstrahl betrifft, kann man ihn zwar gedanklich sowohl im positiven als auch im negativen Sinne durchlaufen, denn setzen wir z. B. fest, daß die Bewegung von dem Jetztpunkte nach der Zukunft hin als positiv gilt, so wird das Zurückgreifen in die Vergangenheit wohl als negativ gelten müssen; doch von einer Richtung des Zeitstrahls, analog der Richtung von Raumstrahlen, kann, wie jedermann es fühlt, gar keine Rede sein.

Der Grund davon ist, daß wir allen Zeitstrahlen eine gleiche Richtung zuschreiben. Wir denken uns einem jeden Raumpunkte einen Zeitstrahl zugeordnet und betrachten ihre Gesamtheit als ein paralleles System von Strahlen. Da nun Richtungsunterschiede zwischen den Zeitstrahlen nicht vorkommen, so erachten wir es für völlig überflüssig, von einer Richtung derselben zu sprechen.

Es ergiebt sich dann aber die Frage, mit welcher Berechtigung wir die Gesamtheit der Zeitstrahlen für ein paralleles System erklären? Um diese Berechtigung nachzuweisen, nehmen wir im Raume R_0 zwei beliebige Punkte A_0 und B_0 an, die durch die Gerade (A_0 B_0) verbunden werden können. Schreiten wir zu den Räumen R_1, R_2, R_3 … etc. fort, so erhalten wir die Zeitprojektionen A_1, B_1, A_2, B_2, A_3, B_3, … etc. der beiden Punkte; zugleich aber auch die Zeitprojektionen der Geraden (A_0 B_0), die da sind: (A_1 B_1), (A_2 B_2), (A_3 B_3) etc. Diese verschiedenen Zeitprojektionen der Geraden (A_0 B_0) fallen jedoch in der wirklichen Anschauung in eine Gerade zusammen, und es sind die Strecken (A_0 B_0), (A_1 B_1), (A_2 B_2), etc. alle einander gleich, weil ja die Punkte A_0 und B_0 des Raumes im Verlaufe der Zeit nie ihre Entfernung verändern. Die Folge davon ist, daß die Zeitstrahlen, die durch die zwei Punkte gehen, immer in gleicher Entfernung bleiben, also einander parallel sind. Der Parallelismus der Zeitstrahlen bedeutet demnach nichts anderes, als daß zwei Punkte des Raumes im Verlaufe der Zeit nie ihre Entfernung verändern können. Dies ist es, was man die absolute Starrheit des Raumes zu nennen pflegt, und *diese absolute Starrheit drückt sich in bezug auf die Zeit als der Parallelismus der Zeitstrahlen aus.* Beide Ausdrücke sind im Grunde gleichbedeutend, und wir überzeugen uns auf solche Weise, daß die Axiome, die auf den Raum Bezug haben, im engsten Zusammenhange mit Axiomen der Zeit stehen, wie dies übrigens aus den dualen Grundbeziehungen zwischen Raum und Zeit in vorhinein hätte gefolgert werden können.

Anmerkung. Die Geraden $(A_0 B_0)$, $(A_1 B_1)$ etc. sind senkrecht zu den Zeitstrahlen, die durch A_0 und B_0 gehen, denn die Projektionen des ersten Zeitstrahles fallen alle in A_0, die des zweiten Zeitstrahles aber alle in B_0. Eben deshalb durften wir in der obigen Auseinandersetzung sagen, daß die Raumstrecken $(A_0 B_0)$, $(A_1 B_1)$ die (senkrechten, normalen) Entfernungen der beiden Zeitstrahlen bezeichnen, und durften aus der Gleichheit dieser Strecken auf den Parallelismus der Zeitstrahlen schließen. – Diese Bemerkung macht uns zugleich darauf aufmerksam, daß wir den Zeitstrahl eines Punktes A_0 senkrecht zu allen Raumstrahlen, die durch A_0 gehen, denken müssen. Der Zeitstrahl bezeichnet also eine vierte, imaginäre Dimension des fließenden Raumes.

§ 11. Der in sich selbst rotierende Weltenraum

Wir können den Begriff des fließenden Raumes durch einen in sich selbst rotierenden Weltenraum ersetzen; werden aber, wenn wir diesen genau durchdenken, wieder zu dem fließenden Raume zurückgeführt.

Betrachten wir zunächst einen um eine Achse rotierenden kugelförmigen Körper, so finden wir, daß alle seine materiellen Punkte, ausgenommen die der Rotationsachse selbst, in kreisförmiger Bewegung begriffen sind, während doch die räumlichen Beziehungen dieser Punkte untereinander völlig unverändert bleiben, sobald man nur den Körper als absolut starr annimmt. Dürften wir den Weltenraum als *endlich* betrachten, dann wäre es auch statthaft, ihn wie einen Kugelraum aufzufassen, der um eine Achse rotiert. In einem solchen Raume wären die Zeitlinien nicht bloß imaginär, sondern wirkliche Raumlinien, und zwar Kreise, deren Ebene die Achse des Kugelraumes unter einem rechten Winkel schneiden würde. In einer solchen endlichen Kugelwelt aber wären nur die Punkte eines Meridiankreises gleichzeitig vorhanden, auch würden gleichen Zeitintervallen ungleiche Zeitbögen entsprechen, für die Achse aber gäbe es überhaupt keine Zeit. Was aber die Hauptsache ist, der Zeitlauf wäre ein periodischer, so daß nach der Beendigung einer Rotation derselbe Zeitpunkt, der einmal statthatte, wieder zurückkehren müßte. Ein solcher Zeitbegriff widerspricht aber allem dem, was wir unter Zeit verstehen. Daraus ist zugleich ersichtlich, daß ein endlicher Weltraum ein unstatthafter Begriff ist, weil er zu dem Begriffe einer sich selbst wiederholenden Zeit führt. Und so tritt uns selbst aus diesen rein phantastischen Betrachtungen wieder die Grundwahrheit entgegen, daß unsere Zeit- und Raumauffassung in innigster Wechselbeziehung steht, *so daß wir keinen Satz in bezug auf die eine zu formulieren vermögen, ohne einen dual entsprechenden Satz in bezug auf die andere zu erhalten.*

Würden wir z. B. annehmen, daß jener endliche Kugelraum um eine *variable* Achse rotiert, so würden auch jene Parallelkreise, welche die Zeitlinien darstellen, in Mitleidenschaft gezogen werden, und wir wären dann gezwungen, von *Richtungsänderungen der Zeit* zu sprechen, in dem Sinne, daß ein Zeitintervall mit dem anderen einen meßbaren Winkel bilden könnte. Kurz, eine jede phantastische Annahme in bezug auf den Raum muß auch als eine phantastische Hypothese in bezug auf die Zeit darstellbar sein (und vice-versa).

Setzen wir aber den Radius jenes Kugelraumes = ∞ und denken ihn um eine unendlich entfernte Achse in sich selbst rotierend, so werden die Parallelkreise, welche die Zeitlinien darstellen, unendlich groß, und wir kehren dadurch zu den geraden Zeitlinien unserer Begriffskonstruktion eines fließenden Raumes zurück. *Diese Begriffskonstrukion ist also in Übereinstimmung mit der Annahme von der Unendlichkeit des Weltenraums.*

Zum Schlusse dieses Kapitels will ich nur bemerken, daß phantastische Annahmen bloß den Zweck verfolgen dürfen, uns zur Erkenntnis des Thatsächlichen zurückzuführen. Je energischer wir es versuchen, die Erscheinungswelt anders vorzustellen, als sie sich darbietet, desto heftiger prallt unser Denken von den Thatsachen ab, und desto eindringlicher werden wir auf die wirklichen Verhältnisse der Dinge aufmerksam gemacht. Ich kehre also im nächsten Kapitel zu einer exakten Ausbildung des Begriffes vom fließenden Raume zurück.

5. Dimensionen im fließenden Raume[1]

§ 12. Der Zeitstrom liefert den Typus einer Dimension

In der alten, zwiespältigen Auffassung von Raum und Zeit ist der Begriff der Dimension mit einer Unklarheit behaftet, die daraus entspringt, daß man den Begriff rein räumlich faßt, und man sich nicht genügend darauf besinnt, daß der Raumbegriff nicht ohne Mitwirkung des Zeitbegriffes gebildet werden kann. Man denkt sich gemeinhin *eine Dimension* durch eine gerade Linie, als den Träger einer Punktreihe, anschaulich dargestellt. Nun sollte man es aber nicht außer acht lassen, daß der Begriff einer geraden Linie nicht ohne den Begriff der Zeit zustande kommen kann. Indem wir nämlich die Gerade ihrer Länge nach überblicken, stellen sich ihre einzelnen Teile als *zeitliche* Folge von Teilen in unserem Bewußtsein dar. Allerdings haben wir während dieses Überblickens die Überzeugung, daß die zeitlich nacheinander überblickten Teile gleichzeitig existieren; dies ändert jedoch nichts an der Thatsache, daß die wirkliche Wahrnehmung einer geraden Strecke aus einer Zeitfolge von Wahrnehmungsakten besteht, und daß ein zeitloses Überblicken einer Strecke in der unmittelbaren, wirklichen Wahrnehmung völlig unmöglich ist. Wieso es möglich ist, daß der menschliche Verstand eine Mannigfaltigkeit von Eindrücken, die ihm als Zeitfolge gegeben ist, hinterher als eine gleichzeitige, d. h. räumliche Mannigfaltigkeit auffaßt, das ist ein Problem der allgemeinen Bewußtseinslehre, welches ich übergehen muß. Es handelt sich nämlich dabei um die Frage, wie wir dasjenige, was uns bloß in unserem Bewußtsein gegeben ist, zugleich als ein *außerhalb* unseres Bewußtseins Liegendes erkennen. Das Überblicken einer räumlichen Strecke ist in unserem Bewußtsein bloß als eine Zeitfolge von Akten gegeben, und doch beziehen wir diese Zeitfolge von Akten auf eine räumliche, d. i. gleichzeitige Mannigfaltigkeit, die wir (mit Recht oder Unrecht, was hier nicht von Belang ist) als außerhalb unseres Bewußtseins liegend denken. Wir pflegen das in unserem Bewußtsein Gegebene als *subjektiv* zu bezeichnen und nennen dasjenige, was dem subjektiven Inhalt unseres Bewußtseins außerhalb unseres Bewußtseins entspricht, ein *objektives*. Man müßte also das Begriffspaar von *Subjekt* und *Objekt* einer Untersuchung unterwerfen, um die Frage entscheiden zu können, wie wir dazu kommen, die subjektive d. i. die zeitliche Mannigfaltigkeit, die uns in dem Anblick einer Strecke gegeben ist, in eine objektive, d. i. räumliche Mannigfaltigkeit, in die Strecke selbst, umzudeuten.

---

[1] Aus: Palágyi, M.: Neue Theorie des Raumes und der Zeit. Die Grundbegriffe einer Metageometrie, Leipzig 1901, S. 22-29. Mit geringen Änderungen wieder abgedruckt in: Palágyi, M.: Zur Weltmechanik. Beiträge zur Metaphysik der Physik (Ausgewählte Werke Band 3), Leipzig 1925, S. 15-20.

Diese tiefste Frage des menschlichen Bewußtseins muß jedoch der allgemeinen Erkenntnistheorie vorbehalten bleiben.

Uns genügt hier die Tatsache, *daß wir bei dem wirklichen Wahrnehmen einer geraden Linie des Raumes stets eine zeitliche Mannigfaltigkeit in eine räumliche Mannigfaltigkeit umdeuten.* Wenn wir also den Raumstrahl als den Repräsentanten einer Dimension des Raumes betrachten, so kann dies nur deshalb geschehen, weil wir dem Zeitstrom eine Dimension zuschreiben. *Als der Typus der einen Dimension wird demnach die Dimension der Zeit gelten müssen,* womit wir übrigens nichts anderes sagen wollen, als daß wir zur Wahrnehmung von Raumdimensionen nur durch die Veräußerlichung oder Objektivierung der Zeitdimension gelangen. Der Raum hat nur in bezug auf die Zeit Dimensionen, und wenn wir dem Raume eine Dreizahl von Dimensionen zuschreiben, so hat diese Dreizahl nur in bezug auf die Zeit einen Sinn. Allerdings hätten wir auch von der Dimension der Zeit keinen Begriff, würden wir sie nicht auf den Raum beziehen und im Raume veräußerlicht auffassen, aber da die Zeitdimension sich in dieser Veräußerlichung verdreifacht, so ist es nur allzu begreiflich, daß wir bei der Untersuchung des Dimensionsbegriffes von der Zeit, nicht aber vom Raume ausgehen, gerade so wie wir das Zählen nicht mit der Dreizahl, sondern mit der Eins beginnen. – Wir können das Gesagte auch so zusammenfassen, daß Raum und Zeit in der Frage nach der Dimension sich so verhalten, wie der Zähler und der Nenner eines Bruches. Wie nun der Begriff des Bruches keinen Sinn hat ohne die wechselseitige Beziehung des Zählers und des Nenners zueinander, so verliert auch der Begriff einer Dimension jeden Inhalt, wenn wir die wechselseitige Beziehung von Raum und Zeit außer acht lassen. Also kann der Begriff der Dimension nur in dem fließenden Raume festgesetzt werden, weil ja der fließende Raum nichts anderes ist als der deutlich gefaßte Ausdruck von der wechselseitigen Beziehung des Raumes und der Zeit. Wie nun ferner der Charakter eines Bruches in erster Reihe durch seinen Nenner bestimmt ist, so wird auch die Frage nach der Dimension in erster Reihe mit Rücksicht auf die Dimension der Zeit zu lösen sein.

§ 13. Das psychische Phänomen des Verdeckens

Im fließenden Raume wird der durch einen Raumpunkt ziehende Zeitstrahl als die Darstellung einer Dimension gelten müssen. Mit anderen Worten: Die Mannigfaltigkeit von Zeitpunkten, die wir im Raumpunkte zusammenfassen, repräsentiert uns eine Dimension. Die Grundbeziehung β) zwischen Raum und Zeit enthält somit zugleich die Definition des Dimensionsbegriffes.

Erst diese Definition des Dimensionsbegriffes läßt uns den wesentlichen Inhalt desselben erkennen. Es liegt nämlich in unserem Zeitbegriffe, daß der gegenwärtige Augenblick alle vergangenen und alle zukünftigen Momente des Zeitenlaufes in unserem Bewußtsein verdeckt. Gerade dieses *Verdecken* aber ist der Hauptbestandteil des Dimensionsbegriffes. Unsere Überlegung sagt uns zwar, daß dem

Jetzt unendlich viele Zeitpunkte der Vergangenheit vorangegangen sind, und daß ihm unendlich viele Zeitpunkte der Zukunft folgen werden, in unserer wirklichen, unmittelbaren, sinnlichen Wahrnehmung aber ist alle Vergangenheit und alle Zukunft durch den Jetztpunkt der Zeit verdeckt, den wir, weil wir die Beziehung auf den Raum nicht fallen lassen dürfen, in den Hierpunkt des Raumes verlegen müssen. Der in den Hierpunkt verlegte Jetztpunkt verdeckt in unserer unmittelbaren Wahrnehmung die unendliche Mannigfaltigkeit aller vergangenen und zukünftigen Zeitpunkte. Und dieses Verdecken ist ein notwendiges, ein unausweichliches, denn es ist uns unmöglich, Vergangenes oder Zukünftiges mit sinnlicher Unmittelbarkeit wahrzunehmen. Dies ist in der unwandelbaren Natur unseres menschlichen Bewußtseins begründet, und ist im Grunde nichts anderes als ein Ausdruck der Thatsache, daß wir gezwungen sind, die sinnliche Erscheinungswelt als eine zeitliche aufzufassen. Das Verdecken der Mannigfaltigkeit aller Zeitpunkte durch den Hierpunkt ist aber bloß ein anderer Ausdruck für die Thatsache des *Zusammenfassens* des Zeitenlaufes in eine Einheit. Es ist nun gut, den Unterschied der beiden Ausdrücke des Verdeckens und des Zusammenfassens je schärfer hervorzuheben. Spreche ich von einem Verdecken aller Zeitpunkte durch den Hierpunkt, so denke ich daran, daß dieses psychische Phänomen unabhängig von meinem Willen, d. h. naturnotwendig stattfindet. Sage ich aber, daß ich alle Zeitpunkte in dem Hierpunkt zusammenfasse, so will ich damit ausdrücken, daß ich dieses Zusammenfassen als eine Denktat meines Bewußtseins, d. h. in einer Abhängigkeit von meinem Willen, betrachte. Die Denktat des Zusammenfassens aller Zeitpunkte in den Hierpunkt findet also in dem psychischen Phänomene der Verdeckung eine Anleitung, und zwar eine nötigende Anleitung, der ich in der unmittelbaren sinnlichen Wahrnehmung nicht auszuweichen vermag. Ich darf demnach das Zusammenfassen aller Zeitpunkte in den Hierpunkt, da es durch die unvermeidliche psychische Verdeckung der Zeitpunkte veranlaßt wird, als ein naturnotwendiges Zusammenfassen aller Zeitpunkte erklären, mithin auch die Dimension der Zeit als die *naturnotwendige Grunddimension* meines Bewußtseins auffassen. Und da ferner jene Verdeckung immer auf dieselbe Weise geschieht, indem jeder Zeitpunkt ebenso den ganzen Zeitstrahl verdeckt wie irgendein beliebiger Vorgänger desselben, und ich in der unmittelbaren sinnlichen Wahrnehmung keinen Zeitpunkt finde, der einen Teil des Zeitstrahls verdecken und einen anderen Teil nicht verdecken würde, so habe ich damit die Berechtigung gewonnen, dem Zeitstrome *eine und nur eine* Dimension zuzuschreiben.

§ 14. Das einfache Identifikationsurteil

Um das psychische Phänomen der Verdeckung der Vergangenheit und Zukunft durch die Gegenwart deutlicher zu fassen, werde ich im folgenden nicht von bloßen Raum- und Zeitpunkten sprechen, sondern sinnliche Erscheinungen in dem fließenden Raume annehmen, handelt es sich ja schließlich mit der Theorie des Raumes und der Zeit um die Prinzipien einer allgemeinen Erscheinungslehre. Statt also von einem Raumpunkt A_0 zu sprechen, verlege ich in diesen Punkt eine beliebige punktuelle sinnliche Erscheinung, der ich eine bestimmte Dauer in der Zeit zuschreibe. Um diese Vorstellung für die Phantasie zu fixieren, nehme ich in dem Jetztraume R_0 einen, sagen wir, rotleuchtenden Punkt A_0 an, den ich mir bewegungslos denke. Schreiten wir zu den Räumen R_1, R_2..., die den Zeitpunkten t_1, t_2 ... entsprechen, fort, so erhalten wir in jedem dieser Räume einen neuen sinnlichen Eindruck, eine neue Empfindung jenes leuchtenden Punktes, und es ergibt sich uns auf solche Weise eine Reihe von Empfindungen A_1, A_2 …, die zeitlich aufeinanderfolgen, und von denen jede alle Vorgänger verdeckt. An die Stelle der Zeitprojektionen eines Raumpunktes treten demnach die Erinnerungsempfindungen, die der leuchtende Punkt in unserem Bewußtsein veranlaßt. Die letzte dieser Empfindungen verdeckt immer alle ihre Vorgänger, und dieses Verdecken ist ein unabwendbares, wenn wir nur nicht unsere Aufmerksamkeit von dem besagten Punkte ablenken. Wir drücken die Tatsache des Verdeckens auch so aus, daß die einzelnen Empfindungen A_1, A_2, A_3 ... alle in eine einzige Gesamtempfindung des leuchtenden Punktes zusammenfließen. Gewöhnlich besinnen wir uns gar nicht darauf, daß die Empfindung des leuchtenden Punktes aus einer ganzen zeitlichen Reihe von Empfindungen entstanden ist; würden wir aber an den Begriff des fließenden Raumes gewöhnt sein, so wäre uns sofort klar, daß wir in der Wahrnehmung jenes ruhenden leuchtenden Punktes eine kontinuierliche zeitliche Reihe von einzelnen Empfindungen zusammenfassen.

Das Verdecken oder Zusammenfließen der einzelnen Empfindungen A_0, A_1, A_2 … ist nur ein anderer Ausdruck für die Unmöglichkeit, dieselben in der unmittelbaren Wahrnehmung voneinander zu sondern. Gerade in dieser Unmöglichkeit liegt aber der Antrieb, die Empfindungen A_0, A_1, A_2 … in eine Gesamtempfindung, die ich kurz A nennen will, zusammenzufassen. Das Zusammenfließen der zeitlichen Empfindungsreihe in eine Empfindung liefert erst die Möglichkeit, den leuchtenden Punkt mit sich selbst zu identifizieren. Wir erkennen den leuchtenden Punkt A als diesen selben leuchtenden Punkt erst dadurch, daß die Reihe der Erinnerungsempfindungen, die er veranlaßt, in eine Empfindung zusammenfließt oder, was dasselbe besagen will, daß wir die Reihe seiner Zeitprojektionen A_0, A_1, A_2 … in einen Raumpunkt A zusammenfassen. Das Zusammenfassen einer Mannigfaltigkeit in eine Einheit ist aber als Denkfunktion betrachtet nichts anderes als ein Urteil. In dem Zusammenfließen der Zeitprojektionen A_0, A_1, A_2 … zu einem Raumpunkt A liegt also für unser Denken die Anregung zur Bildung eines Urteils, und zwar jenes Urteils, durch das wir den Punkt A mit sich selbst identifizieren. Ohne das Verdecken oder Zusammenfließen jener Zeitprojektionen könnte ein solches Identifikationsurteil gar nicht zustande kommen, wir könnten den Punkt A nicht als diesen Punkt A erkennen. Das psychische Phänomen des Verdeckens oder Zusammenfließens ist also ein Grundphänomen unseres

Bewußtseins, denn erst dieses ermöglicht es, daß wir die punktuelle Erscheinung A mit sich selbst identifizieren. Das Identifikationsurteil, vermittels dessen wir eine punktuelle Erscheinung als eben diese Erscheinung erkennen, nenne ich ein *einfaches* und sage wohl auch, daß es ein Identifikationsurteil von einer Dimension sei, da die zeitliche Mannigfaltigkeit von Empfindungen, die in ihm zusammengefaßt werden, in die eine Dimension der Zeit fällt.

Das psychische Phänomen des Verdeckens oder Zusammenfließens kann auch als *Association* aufgefaßt werden. Das Zusammenfließen der $A_0, A_1, A_2 \ldots$ ist eben nichts anderes als eine Association dieser einzelnen Empfindungen; sie ist aber allerdings eine *elementare, naturnotwendige Association*, der wir in der unmittelbaren Wahrnehmung nicht ausweichen können, denn insolange wir unsere Aufmerksamkeit auf den leuchtenden Punkt *A* richten, werden sich auch die zeitlichen Einzelempfindungen, die er veranlaßt, verdecken, sie werden notwendigerweise in den einzigen Eindruck A zusammenfließen, oder wenn es beliebt, sich zu diesem einzigen Eindruck *A* associieren, vereinigen.

6. Die Dreizahl der Raumdimensionen[1]

§ 15. Beziehung zwischen Zeit- und Raumdimensionen

Indem wir die Zeitdimension veräußerlichen oder objektivieren, gelangen wir zu dem Begriffe *einer* Raumdimension. Dieses Objektivieren geschieht aber dadurch, daß wir die zeitliche Mannigfaltigkeit A_0, A_1, A_2 …, die in den einen Raumpunkt A zusammenfließt, als eine gleichzeitige Mannigfaltigkeit auffassen. Eine Raumdimension wird also jedenfalls durch eine gerade Linie dargestellt werden müssen, denn diese und nur diese liefert eine solche Mannigfaltigkeit von Punkten, die anschaulich in einen einzigen Raumpunkt zusammengefaßt werden können. Wir können, wie schon erwähnt, einer jeden Geraden gegenüber unser Auge so einstellen, daß ein Punkt derselben alle anderen verdeckt, wohingegen die Punkte einer Kurve nie zu solcher Deckung gebracht werden können. Das psychische Phänomen der Verdeckung ist aber das entscheidende Moment bei der Bildung des Dimensionsbegriffes.

Die Verdeckung aller Punkte des Zeitstrahls durch einen Punkt sowie die Verdeckung aller Punkte des Raumstrahls durch einen Punkt, ist im Grunde ein und dasselbe psychische Phänomen. Nur ist diese Verdeckung einmal eine innerliche, subjektive; das andere Mal eine äußerliche, objektive. Indem wir also die Verdeckung im Zeitstrahl veräußerlichen, wird er zum Raumstrahl; die Zeitdimension wird zur Raumdimension. Umgekehrt, erhalten wir durch die Verinnerlichung (Subjektivierung) der Raumdimension die Zeitdimension.

Allerdings besteht zwischen dem Zeitstrahl und dem Raumstrahl der bedeutsame Unterschied, daß, während die Punkte des ersteren sich in der wirklichen Wahrnehmung notwendig verdecken, die der letzteren nicht notwendig zur Deckung gebracht werden müssen. Wir können ja einen Raumstrahl so anschauen, daß er sich unserem Blicke seiner Länge nach entfaltet, daß also seine Punkte nicht zur Verdeckung gelangen. Aber dies ist es eben, was uns die Veranlassung gibt, von einer Mehrheit der Raumdimensionen zu sprechen. Indem wir unseren Blick in einer bestimmten Richtung fixieren, werden die Punkte dieser Fixierlinie sich in der Anschauung verdecken, während die übrigen Geraden des Raumes auch ihre Länge vor uns entfalten. Jede Gerade kann zur Fixierlinie dienen, jede kann demnach als Repräsentantin einer Dimension betrachtet werden; da sich aber noch eine Mannigfaltigkeit von unendlich vielen Raumstrahlen der Anschauung

---

[1] Aus: Palágyi, M.: Neue Theorie des Raumes und der Zeit. Die Grundbegriffe einer Metageometrie, Leipzig 1901, S. 29-43. Mit geringen Änderungen wieder abgedruckt in: Palágyi, M.: Zur Weltmechanik. Beiträge zur Metaphysik der Physik (Ausgewählte Werke Band 3), Leipzig 1925, S. 20-29.

darbietet, so werden wir zu dem Begriff einer Mehrheit von Dimensionen hingeleitet. Um diesen Begriff klar zu entwickeln, ist es jedoch nötig, den Begriff *einer* Raumdimension einer näheren Betrachtung zu unterwerfen.

§ 16. Das Bewußtsein in einer Dimension

Nehmen wir an, daß unser Bewußtsein auf das Wahrnehmen bloß einer einzigen Raumdimension beschränkt wäre, oder besser – um der Phantasie zu Hülfe zu kommen –, konstruieren wir den Begriff eines Wesens, das in seiner sinnlichen Wahrnehmung bloß über eine einzige Raumdimension verfügt, ein Wesen also, dem bloß ein einziger Raumstrahl, der ihm zur Fixierlinie dient, zu Gebote steht. Für ein solches Wesen müssen alle Punkte dieser Fixierlinie durch einen einzigen Punkt derselben verdeckt werden, es wird die ganze Länge des Strahls bloß als einen Punkt auffassen müssen. Denken wir uns den Strahl leuchtend, so gewinnt jenes Wesen von dem leuchtenden Strahl bloß den Eindruck eines leuchtenden Punktes; überhaupt fließt ihm alles Empfinden in eine Punktempfindung, alle Erscheinung in eine Punkterscheinung zusammen. Seine ganze Welt ist ein Punkt. Da es ein solches Wesen gar nicht zum Unterscheiden von verschiedenen Eindrücken zu bringen vermag, so werden wir ihm mit vollem Rechte ein Bewußtsein absprechen dürfen. Trotzdem ist es zweckmäßig, diese Betrachtung so fortzuführen, als *ob* jenes Wesen ein Bewußtsein hätte. Wir halten zwar daran fest, *daß ein Bewußtsein in bloß einer Dimension unmöglich ist,* betrachten jedoch diesen Fall als einen *Grenzfall* unseres Bewußtseins von mehreren Dimensionen. Und indem wir auch diesen Grenzfall in der Rede als eine Art von elementarem Bewußtsein auffassen, wollen wir mit dieser Redewendung bloß der Phantasie einen Vorschub leisten.

Dies zugegeben, werden wir also sagen können, daß jenes Wesen bloß die Zeitprojektionen einer Empfindung in eine punktuelle Erscheinung des Raumes zusammenfassen könne. Es hat bloß die Fähigkeit der Empfindung, und es vermag bloß eine Empfindung zu fassen, die ihm aus den Zeitprojektionen dieser Empfindung zusammenfließt. Kurz, wir erhalten den Satz, daß das Bewußtsein in einer Dimension ein bloß empfindendes Bewußtsein ist. Dieser Satz hat nun allerdings keine Geltung für jenes hypothetische Wesen, er hat aber eine desto größere Bedeutung für uns, die wir über ein mehrdimensionales Bewußtsein verfügen. Wir werden nämlich sagen können, daß unser Bewußtsein, insofern wir es auf eine Dimension beschränkt denken, ein bloß empfindendes ist, und wir erhalten für die psychische Thätigkeit des Empfindens folgende Definition: Empfinden ist die Thätigkeit unseres Bewußtseins, insofern wir diese Thätigkeit bloß auf eine Dimension beschränkt denken, oder kürzer: *Empfindung ist das Bewußtsein in einer Dimension.*

Nun gewinnt auch der Satz, daß ein Bewußtsein in bloß einer Dimension unmöglich ist, den wir für jenes hypothetische Wesen feststellten, auch für unser mehrdimensionales Bewußtsein eine bestimmte Bedeutung. Wir vermögen nämlich nicht unser Bewußtsein in exakter Weise auf eine Dimension zu restringieren, d. h. es ist unmöglich, einen mathematischen Punkt oder richtiger eine mathematisch punktuelle, ausdehnungslose Erscheinung sinnlich zu fassen. Trotzdem sprechen wir von mathematischen Punkten und mathematischen Linien als den Grenzen unserer sinnlichen Wahrnehmung, und ich muß hinzufügen, obgleich ich mich auf den erkenntnistheoretischen Beweis hier nicht einlassen kann, daß jene Redeweise aus einer fundamentalen Denknotwendigkeit entspringt, und deshalb völlig berechtigt ist. Ist es also auch eine Unmöglichkeit, eine mathematisch punktuelle Empfindung in der sinnlichen Wahrnehmung zu isolieren, so werden wir doch berechtigt sein, von ihr als von der letzten Grenze unserer wirklichen Empfindungen zu sprechen. In diesem Sinne werden wir also die Definition der Empfindung als eines Bewußtseins in einer Dimension aufrechterhalten können.

Die logische Denkfunktion, die diesem Bewußtsein in einer Dimension entspricht, ist jene Art des Urteils, die ich oben als einfaches Identifikationsurteil bezeichnete, und vermittels dessen wir einen sinnlichen Punkt mit sich selbst identifizieren. Ein Wesen von bloß eindimensionalem Bewußtsein könnte – wenn es überhaupt es zu einem Bewußtsein brächte – bloß ein einziges Identifikationsurteil fällen. Es könnte, wenn es sprachbegabt wäre, bloß einen einzigen Satz bilden, der den ganzen Inhalt seines Bewußtseins erschöpfen würde. Dieser Satz aber könnte nichts anderes als die Identifikation eines sinnlichen Punktes A mit sich selbst enthalten. Mit der Formel $A \equiv A$, die der Ausdruck des einfachen Identifikationsurteils ist, wäre das eindimensionale Bewußtsein in logischer Hinsicht völlig charakterisiert.

Nun ist aber das eindimensionale Bewußtsein nur als Grenze unseres mehrdimensionalen aufzufassen. Wir werden also zu dem Satz gelangen, *daß es unmöglich ist, ein einfaches Identifikationsurteil für sich selbst zu fällen.* Wir vermögen nicht einen sinnlichen Punkt mit sich selbst zu identifizieren, ohne daß wir noch ein zweites, von dem vorigen verschiedenes Identifikationsurteil $B \equiv B$ fällen; denn es ist nicht möglich, ein A als dieses zu erkennen, wenn wir es nicht von einem B unterscheiden. Nun erwächst uns die bedeutsame Frage, ob zwei verschiedene Identifikationsurteile genügen würden, um ein Wesen denkfähig zu machen, d. h. ihm den Besitz eines Bewußtseins zu sichern? Diese Frage drängt uns zu der Untersuchung eines zweidimensionalen Bewußtseins.

§ 17. Das Bewußtsein in zwei Dimensionen

Eine räumliche Mannigfaltigkeit von zwei Dimensionen stellen wir gewöhnlich durch die Gesamtheit der Punkte einer Ebene dar. Wir vermögen nämlich unser Auge einer Kante der Ebene gegenüber so einzustellen, daß diese Kante die ganze Ebene verdeckt. Die Ebene reduziert sich in diesem Anblick auf eine einzige

Gerade *K*, also auf eine Punktmannigfaltigkeit von bloß einer Dimension, und wir sagen wohl auch, daß in diesem Anblick eine Dimension der Ebene verlorengegangen sei. Es gilt nun diesen Ausdruck zu rechtfertigen, d. h. nachzuweisen, daß in jenem Anblick wirklich eine und nur eine Dimension der Ebene in Verlust geraten sei, denn erst durch einen solchen Nachweis wird die Ebene für eine Punktmannigfaltigkeit von zwei Dimensionen erklärt werden können.

Zu diesem Zwecke richten wir unser Augenmerk auf die Gesamtheit von Normalen zur Kante *K*, die in der angenommenen Ebene liegen. Bezeichnen wir eine solche Normale mit *N*, so werden sämtliche Punkte dieser Normale durch einen Punkt derselben verdeckt, sobald wir nur das Auge so einstellen, daß die Kante *K* die ganze Ebene verdeckt. Alle Punkte der Normale *N* verschwinden dann in einen einzigen Punkt, und zwar in den Schnittpunkt von *K* und *N*. Ähnliches gilt von allen übrigen Normalen zur Kante *K*. Jeder Normale entspricht ein einziger Verschwindungspunkt auf der Kante, welcher durch den Schnittpunkt dieser Normale mit der Kante dargestellt ist. Die Gesamtheit der Normalen enthält aber sämtliche Punkte der Ebene, so daß das Verdecktwerden aller Punkte der Ebene durch die Kante gleichwertig ist mit dem Verschwinden aller Normalen. Das Verschwinden einer einzigen Geraden *N* hat aber zur Folge, daß das ganze System derselben verschwindet, und wir können daher das Verschwinden sämtlicher Punkte der Ebene in die Kante *K* dadurch charakterisieren, daß eine einzige Normale *N* verschwindet, d. h. ihre Dimension verliert. Wir haben auf solche Weise die in Verlust geratene Dimension der Ebene in der Dimension einer Normale aufgefunden und dürfen nunmehr mit vollem Rechte die Ebene als ein Punktgebilde von zwei Dimensionen auffassen, von denen die eine durch die Kante *K*, die andere durch die Normale *N* dargestellt wird. Zu bemerken ist, daß wir zur Kante *K* einen beliebigen Strahl der Ebene wählen können, und dann wird sie die eine, ihre Normale aber die andere Dimension der Ebene repräsentieren.

Dies vorausgeschickt, können wir zur Diskussion unserer Frage übergehen und den Begriff eines Wesens konstruieren, dem bloß zwei Raumdimensionen zur Verfügung stehen. Für ein solches Wesen wird stets eine Kante *K* die ganze Ebene verdecken, so daß es bloß zur Anschauung einer einzigen Geraden gelangen kann. Denn wohl vermag es z. B. durch die Drehung um die eigene Achse zu immer neuen Kanten überzugehen, doch stellt sich ihm in einem Anblick die ganze Ebene bloß als eine Gerade-dar, ganz so wie das hypothetische Wesen, das in eine einzige Dimension gebannt war, von der ganzen Geraden bloß einen Punkt auffassen konnte. Das zweidimensionale Bewußtsein vermag also nur eine eindimensionale Mannigfaltigkeit von sinnlichen Punkten zu erfassen, und dies stellt sich ihm als *sinnliche Anschauung* einer Geraden dar.

Nun sollte man meinen, daß ein solches Wesen wirklich ein Bewußtsein, und zwar ein *anschauendes Bewußtsein* haben könne; dies ist jedoch, wie die genauere Betrachtung zeigt, durchaus nicht der Fall. Jenes Wesen vermag es nämlich nicht zu der Anschauung der ihm gegebenen Geraden zu bringen, weil es unfähig ist, die Punkte der Geraden in eine Anschauung *zusammenzufassen.* Zum Zusammenfassen dieser Punkte wäre es nämlich nötig, daß ihm die Gerade nicht nur in ihrer Entfaltung gegeben sei, sondern daß es sich auch so der Geraden gegenüber anstellen könne, daß sämtliche Punkte derselben durch einen einzigen verdeckt werden. Wir selbst vermögen nur dadurch eine Punktreihe in die Anschauung einer Geraden zusammenzufassen, daß uns diese Punktreihe einmal in ihrer Entfaltung, das andere Mal aber als Fixierlinie, also in einen Punkt verschwindend, gegeben ist. Überhaupt kann eine räumliche Anschauung nur dadurch zustande kommen, daß uns Mannigfaltigkeiten von Punkten zuweilen in einen Punkt zusammenfließen, weil nur das Phänomen des Zusammenfließens oder Deckens die zusammenfassende Thätigkeit unseres Anschauungsvermögens erweckt. Da nun jenem hypothetischen Wesen nirgends ein Verdecken eines Punktes durch den anderen gegeben ist, wird es auch nie einen Anlaß zu einer Thätigkeit des Zusammenfassens finden, und so auch zu keiner Anschauung der Geraden gelangen können. Vielmehr wird ihm die Gerade in eine Vielheit von Punkten zerfallen, die es durchaus nicht zu einer Beziehung miteinander bringt. Es ist ihm zwar eine Reihe von Empfindungspunkten gegeben, doch mangelt ihm die Fähigkeit, sie als eine Reihe aufzufassen, und es kann demnach ebenso wenig zu einem Bewußtsein gelangen, wie das eindimensionale Wesen, dem nur eine einzige Punktempfindung zur Verfügung steht. Der ganze Vorteil des zweidimensionalen Wesens im Vergleich zu dem eindimensionalen würde nur dann zur Geltung gelangen, wenn es eine Punktempfindung mit der anderen in Verbindung brächte, aber gerade dieser Vorteil geht ihm ab, und so befindet es sich in derselben Lage wie das eindimensionale Wesen. Allerdings könnte es einen Empfindungspunkt nach dem anderen auffassen, doch kann ihm dies zu nichts nützen, da eine jede dieser Empfindungen völlig außer Beziehung zu der anderen besteht. Das Bewußtsein dieses zweidimensionalen Wesens ist also eine bloße Wiederholung des eindimensionalen Bewußtseins, d. h. eine wiederholte Bewußtlosigkeit.

Trotzdem ist es zweckmäßig, von einem zweidimensionalen Bewußtsein zu sprechen, weil wir dasselbe als einen Grenzfall unseres Bewußtseins auffassen können. Die Unmöglichkeit eines zweidimensionalen Bewußtseins besagt für das unsrige zunächst, daß wir unfähig sind, eine mathematische Linienerscheinung sinnlich zu fassen. Indem wir aber die mathematische Linie bloß als Gedankengrenze auffassen, werden wir das Bewußtsein in zwei Dimensionen ein anschauendes oder vorstellendes Bewußtsein nennen und *die Vorstellung definieren können als die Bethätigung des Bewußtseins in zwei Dimensionen.*

Wir sehen ferner, daß zwei verschiedene einfache Identifikationsurteile $A \equiv A$, $B \equiv B$ nicht genügen, den Besitz eines Bewußtseins zu sichern, da die beiden, wenn auch einzeln gefällt, doch nicht in Verbindung miteinander gebracht sind. Und so erwächst uns die neue Frage, ob ein drittes Identifikationsurteil, $C \equiv C$, durch welches die beiden vorigen Urteile in Beziehung gesetzt würden, die

Denkfähigkeit eines Wesens begründen könnte. Dies führt aber zur Untersuchung eines Bewußtseins von drei Dimensionen.

§ 18. Das Bewußtsein in drei Dimensionen

Eine eingehende Charakteristik des dreidimensionalen Bewußtseins könnte nur durch eine allgemeine Bewußtseinslehre geliefert werden, und dies würde so ziemlich auf die Entwicklung eines philosophischen Systemes herauskommen. Da nun das tierische Bewußtsein im allgemeinen ein dreidimensionales ist, so müßte unter anderem auch jenes Moment betont werden, durch welches sich das dreidimensionale tierische Bewußtsein zu einem spezifisch menschlichen potenziert, was schon für sich eingehende physiologische und psychologische Untersuchungen erfordern würde. Man kann also hier nur eine Andeutung der Rolle von einer dritten Dimension für das Bewußtsein erwarten.

Wir kehren zu diesem Zwecke zu dem Wesen in zwei Dimensionen zurück, dessen Bewußtsein auf eine Ebene beschränkt ist, die ihm in eine Kante *K* verschwindet. Dreht sich dieses Wesen um 90° von der Kante ab, so erscheint ihm die Normale *N* ihrer ganzen Länge nach, wohingegen *K* in einen Punkt verschwindet. Ein Zurückdrehen um 90° hat zur Folge, daß *N* verschwindet und *K* wieder erscheint. Dieses Wesen kann es also nie dahin bringen, daß ihm beide Dimensionen *K* und *N* zugleich erscheinen. Während ihm eine Dimension *K* gegeben ist, verschwindet ihm die andere *N* in einen Punkt, ganz so, als ob sie eine bloß subjektive oder Zeitdimension wäre.

Ähnlich verhält es sich mit dem eindimensionalen Wesen, dem zwar eine Dimension gegeben ist, dem aber dieselbe in einen Punkt verschwindet, ganz so, als ob sie eine bloß subjektive oder Zeitdimension wäre. Damit es diese eine Dimension wirklich übersehen könne, kurz damit sich ihm diese Dimension objektiviere, muß ihm eine zweite Dimension zur Verfügung gestellt werden, aus der es die erste überblickt. Nun wird ihm aber diese zweite Dimension zu einer bloß subjektiven, die es nicht gleichzeitig mit der objektiven Dimension überblicken kann. *Der Fortschritt in der Zahl der Dimensionen geschieht also dadurch, daß immer eine subjektive Dimension objektiviert wird.*

Wenn das zweidimensionale Wesen, dem, wie gesagt, eine der beiden Dimensionen stets bloß subjektiv bleibt, nunmehr beide Dimensionen *K* und *N* zugleich übersehen soll, so muß es die subjektive Dimension objektivieren, d. h. zu einer dritten Dimension fortschreiten, aus der es die beiden Dimensionen *K* und *N* objektiv auffassen kann. Bezeichnen wir diese dritte Dimension mit *T*, so entsteht die gewichtige Frage, wieso das dreidimensionale Wesen von dieser dritten Dimension *T* Kenntnis nimmt, da ja diese dritte ihm als eine subjektive gegeben ist, aus der es die beiden anderen als objektive aufzufassen vermag.

Diese Frage ist aber die aus der Physiologie und Psychologie wohlbekannte Frage nach der Tiefenwahrnehmung, da ja das Bild auf der Netzhaut ein bloß zweidimensionales ist. Man löst dieses Problem in genügender Weise durch die Bewegungsempfindungen und durch das binokulare Sehen, so daß ich mich hier nicht auf dasselbe einzulassen brauche. Wir können uns hier mit der Thatsache begnügen, daß die Tiere, ebenso wie der Mensch, von einer subjektiven Dimension ausgehend, die beiden anderen Dimensionen zu objektivieren vemögen und kraft ihrer Organisation dazu befähigt sind, durch Fortbewegung und Drehung des Körpers die subjektive Dimension so mit einer objektiven zu vertauschen, daß sie schließlich alle drei Dimensionen als objektive aufzufassen vermögen.

Der Unterschied zwischen Tier und Mensch besteht aber darin, daß das Tier während der dreifachen Objektivierung der einen subjektiven Dimension es nicht dahin zu bringen vermag, diese subjektive Dimension in einen Gegensatz zu der objektiven zu bringen; es gelangt nicht zu dem Gegensatze von Subjekt und Objekt. Wohingegen der Mensch die Zeitdimension deutlich den Raumdimensionen, in denen sie sich objektiviert, gegenüberstellt, was übrigens erst dadurch geleistet werden kann, daß der zeitliche Verlauf unserer Gedanken in sprachlichen Sätzen objektiviert wird. Dies aber des näheren auszuführen, muß ich mir für eine andere Gelegenheit vorbehalten.

Ich werde das dreidimensionale Bewußtsein – ob es nun ein tierisches oder menschliches sei – da es in letzter Instanz erst durch die Bewegungsfähigkeit des tierischen Organismus ermöglicht wird, ein Bewegungs- oder Willensbewußtsein nennen, und *den Willen definieren als die Bethätigung unseres Bewußtseins nach allen drei Dimensionen des Raumes.* Die drei psychischen Grundfähigkeiten: Empfindung, Vorstellung und Wille hängen somit in engster Weise mit der Dreidimensionalität unserer Welt zusammen. Ja, wir können sagen, daß die Dreizahl der Raumdimensionen und die Dreizahl der psychischen Grundfähigkeiten als der Ausdruck ein und derselben Tatsache, einmal in geometrischem, das andere Mal in psychologischem Gewande, zu betrachten sind. Wir erblicken die Welt in drei Dimensionen, weil wir drei psychische Grundfähigkeiten besitzen, und umgekehrt, wir haben drei psychische Grundfähigkeiten, weil wir die Welt als dreidimensional auffassen.

Wir haben ferner gesehen, daß zwei isolierte einfache Identifikationsurteile nicht genügen, die Denkfähigkeit eines Wesens zu begründen, und können nunmehr hinzufügen, daß es zumindest eines Identifikationsurteils der dritten Dimension bedarf, um jene zwei ersteren auseinander zu halten und miteinander zu verbinden und so ein denkendes Bewußtsein zu ermöglichen. Wir können diese fundamentale Thatsache der Logik durch die folgende Figur veranschaulichen:

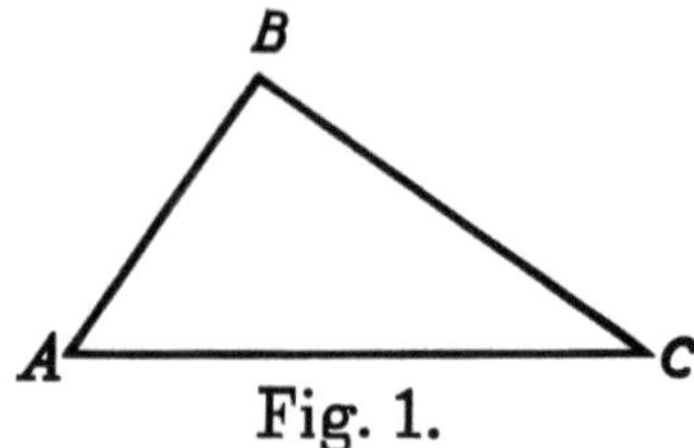

Fig. 1.

Repräsentiert hier die Seite *AB* die Dimension eines einfachen Identifikationsurteils, die Seite *BC* aber die eines zweiten solchen Urteils, so werden wir, solange unser Bewußtsein in die Ebene des obigen Dreiecks *ABC* gebannt ist, diese zwei Urteile nicht voneinander zu unterscheiden vermögen, da ja die ganze Ebene uns stets nur als eine Kante gegeben ist. Erheben wir uns aber in die dritte Dimension, so wird uns mit den Seiten *AB* und *BC* zugleich auch die Seite *CA* gegeben sein, und wir werden vermittels dieser letzteren die zwei ersteren miteinander verbinden und voneinander unterscheiden können. *Das Dreieck ABC symbolisiert uns also das Schlußverfahren des Denkens.* Die Urteile in den zwei Dimensionen *AB* und *BC* repräsentieren die Vordersätze, und indem wir uns in die dritte Dimension erheben, vermögen wir beide Vordersätze auf einmal zu fassen und voneinander zu sondern, was zu der Bildung des Urteils *CA* als dem Folgesatz aus den beiden Vordersätzen führt.

Die Dreizahl der Sätze im Schlußverfahren und die Dreizahl der Raumdimensionen ist also im Grunde genommen ein und dieselbe Thatsache, nur daß wir sie einmal für unser Denken, das andere Mal für unsere Sinnlichkeit zum Ausdruck bringen. Wir können dies auch so formulieren: *Weil wir ein schließendes Denken besitzen, objektiviert sich uns die Welt in drei Dimensionen, oder umgekehrt, weil sich uns die Welt in drei Dimensionen objektiviert, besitzen wir ein schließendes Denken.*

Diese Sätze bilden die Grundlage zu einem neuen Aufbau der Psychologie und Logik. Hier will ich nur noch erwähnen, daß aus den obigen Ausführungen sich in deutlicher Weise die Unmöglichkeit einer vierdimensionalen Raumvorstellung ergibt. Das Fortschreiten zu einer vierten Raumdimension wäre nur möglich, wenn wir nunmehr die Zeitdimension selbst objektivieren würden, d. h. das thatsächlich in der Zeit aufeinanderfolgende Geschehen als ein gleichzeitiges, kurz die Vergangenheit und Zukunft samt der Gegenwart als ein „nunc stans" auf einmal sinnlich unmittelbar wahrnehmen könnten. Es wäre dies eben ein zeitloses Auffassen der Welt, weil ja die Zeitdimension selbst objektiviert, d. h. zur Raumdimension würde. Es wäre aber im Grunde genommen auch ein raumloses Auffassen der Welt, da alle Punkte dieses vierdimensionalen Raumes uns gleichzeitig gegeben wären und es keine Zeitdauer in Anspruch nehmen dürfte, diese vierdimensionale Welt in allen ihren Teilen zu überblicken. Die vierdimensionale Raumvorstellung würde sonach eigentlich die völlige Aufhebung der Raumzeitlichkeit der Welt bedeuten.

Der Mathematiker vermag allerdings den Begriff von Mannigfaltigkeiten von beliebig vielen Dimensionen zu konstruieren. Dies liegt darin, daß uns in unserem Denken freisteht, was wir als Element einer Mannigfaltigkeit wählen. Betrachte ich z. B. nicht den Punkt, sondern die Gerade als das Raumelement, so wird sich der Raum in Beziehung auf dieses Element als ein vierdimensionaler manifestieren, da die Lage einer Raumgeraden analytisch durch vier Konstanten bestimmt ist. Überhaupt werden wir bei einer Naturerscheinung alle Umstände, von denen wir diese Erscheinung als abhängig erkennen, die Elemente jener Erscheinung nennen dürfen, und diese Erscheinung als eine Mannigfaltigkeit von soviel Dimensionen mathematisch darstellen, von wieviel Umständen oder Elementen (unabhängigen Variabeln) wir sie abhängig finden. Je weiter aber die Naturwissenschaft fortschreitet, desto besser muß es gelingen, jene empirischen Umstände oder Elemente auf die Urbestandteile unserer sinnlichen Wahrnehmung zurückzuführen, und desto weniger Bedeutung können die Begriffskonstruktionen von Mannigfaltigkeiten, welche die dritte Dimension übersteigen, in Anspruch nehmen.

7. Ruhe und Bewegung im fließenden Raume[1]

§ 19. Die gleichförmige Bewegung im fließenden Raume

Ich nenne die Begriffskonstruktionen dieser Abhandlung metageometrisch, weil sich mir dieselben aus einer Vereinigung von metaphysischen Betrachtungen mit den Begriffen der projektiven Geometrie ergeben haben. Durch die folgenden Überlegungen, die ich wohl als metadynamische bezeichnen darf, suche ich mir den Weg zum zweiten Teile dieser Arbeit anzubahnen.

Ich betrachte hier bloß die Bewegung eines sinnlichen Punktes längs einer geraden Linie. Es werde also in dem Jetztraume R_0 ein Raumstrahl angenommen, dessen einzelne gleich weit entfernte Punkte ich mit A_0, B_0, C_0, D_0 etc. bezeichne.

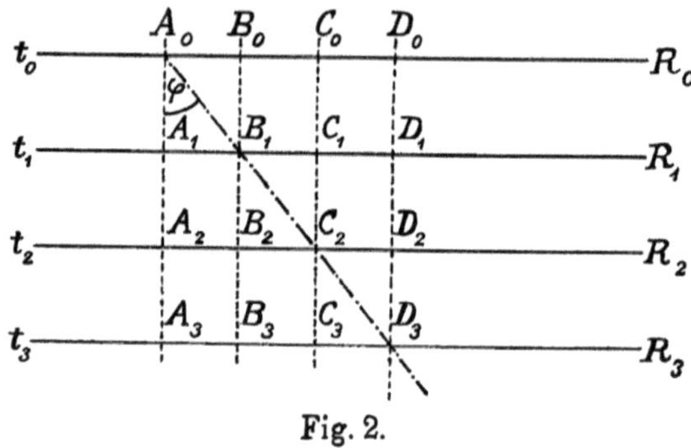

Fig. 2.

Schreite ich zu den Räumen R_1, R_2, R_3 fort, die den Zeitpunkten t_1, t_2, t_3 etc. entsprechen, und durch welche Zeiträume von gleicher Dauer bezeichnet sein sollen, so erhalte ich die Zeitprojektionen eines jeden der angenommenen Punkte, und zwar sind die Zeitprojektionen von A_0 der Zeitfolge nach A_1, A_2, A_3 etc., die von B_0 aber B_1, B_2, B_3 und so fort. Es ergeben sich demnach für die angenommene Gerade ($A_0\, B_0\, C_0\, D_0$) in jedem der folgenden Räume, Zeitprojektionen wie ($A_1\, B_1\, C_1\, D_1$), ($A_2\, B_2\, C_2\, D_2$) etc. Die Zeitprojektionen einer Geraden müssen also ebenfalls als Gerade, und zwar als ein paralleles System von Geraden dargestellt werden, weil die Zeitdauer t_1–t_0 für alle Raumpunkte dieselbe Größe bedeutet. Wir sind nämlich gezwungen, die Zeit in jedem Punkte des Raumes als gleichförmig fließend und ihre Geschwindigkeit für alle Raumpunkte als dieselbe zu betrachten.

[1] Aus: Palágyi, M.: Neue Theorie des Raumes und der Zeit. Die Grundbegriffe einer Metageometrie, Leipzig 1901, S. 43-48. Mit geringen Änderungen wieder abgedruckt in: Palágyi, M.: Zur Weltmechanik. Beiträge zur Metaphysik der Physik (Ausgewählte Werke Band 3), Leipzig 1925, S. 29-33.

Das liegt in der Natur unseres Bewußtseins begründet, und wir pflegen überhaupt von einer Geschwindigkeit der Zeit gar nicht zu sprechen, weil wir eben die Zeitgeschwindigkeit in jedem ihrer Punkte und an allen Punkten des Raumes als eine und dieselbe auffassen. Es verhält sich hiermit ebenso wie mit dem Richtungsbegriffe der Zeit, den wir allemal übergehen, weil wir die Zeit in allen ihren Teilen und an allen Punkten des Raumes als mit derselben Richtung behaftet denken müssen.

Verlege ich nunmehr in den Punkt A_0 eine sinnliche Erscheinung oder, wenn es beliebt, einen materiellen Punkt, so wird er, falls derselbe als ruhend angenommen wird, im Verlaufe der Zeit in A_1, A_2, A_3 … erscheinen, er wird sich in dem als fließend vorgestellten Raume fortbewegen. Die Ruhe erscheint also im fließenden Raume als eine gleichförmige Bewegung längs des Zeitstrahles. Bewegt sich aber der materielle Punkt längs der angenommenen Raumgeraden, so gerät er mit dieser selbst im Verlaufe der Zeit in die folgenden Räume R_1, R_2, R_3 … etc. Nehmen wir an, daß der materielle Punkt in den Intervallen von t_0, t_1, t_2 … die gleichen Strecken zwischen A_0, B_0, C_0 … zurücklegen würde, sich also in gleichmäßiger Bewegung befände, so muß er im Verlaufe des ersten Zeitintervalles statt in B_0 in B_1, nach dem zweiten Zeitintervall statt in C_0 in C_2 erscheinen und so fort. Er durchquert die Räume längs der Diagonale ($A_0\, B_1\, C_2\, D_3$).

In der wirklichen Wahrnehmung aber ist diese Diagonale durch ihre Projektion auf der angenommenen Raumgeraden ersetzt. Was wir also in dem stehend gedachten Raume als den durch den materiellen Punkt zurückgelegten Weg betrachten, ist nur der *scheinbare Weg*, den der Punkt beschreibt; der *wirkliche Weg* aber ergibt sich durch Konstruktion des rechtwinkligen Parallelogramms aus dem scheinbaren Wege und aus der verflossenen Zeit. Die Diagonale dieses Parallelogramms stellt dann den wirklichen Weg des Punktes dar. Man kann den scheinbaren Weg auch als die *objektive Komponente*, die verflossene Zeit als die *subjektive Komponente* des wirklichen Weges bezeichnen.

Hier zeigt sich also, daß das Gesetz des Parallelogramms, welches in der Dynamik eine so grundlegende Rolle spielt, nicht erst bei der Zusammensetzung von zwei oder mehreren Bewegungen, sondern schon bei der Betrachtung einer einfachsten gleichförmigen Bewegung in Anwendung kommt. Dies mußte sich daraus ergeben, daß wir schon die Ruhe als eine gleichförmige Bewegung, und zwar als eine Bewegung in der subjektiven Dimension der Zeit auffaßten. Wir setzten also diese subjektive Komponente mit der objektiven Komponente, die durch den scheinbaren Weg gegeben ist, durch das Parallelogramm zusammen und erhielten so den wirklichen Weg, den der Punkt im fließenden Raume zurücklegt.

Dieser wirkliche Weg bildet mit dem Zeitstrahl einen Winkel φ, den ich den *Zeitwinkel* der gleichförmigen Bewegung nenne. Je größer dieser Zeitwinkel ist, mit desto größerer Geschwindigkeit bewegt sich der Punkt. Man mißt die

Geschwindigkeit eines Punktes durch den Quotienten aus dem scheinbaren Weg und aus der verflossenen Zeit

$$c = \frac{s}{t}.$$

Dieser Quotient ist aber in unserer Darstellung die Tangente des Zeitwinkels: $c = \tan \varphi$, welche Formel zeigt, auf welche Weise das Wachsen des Zeitwinkels mit dem Wachsen der Geschwindigkeit verbunden ist.

Ich werde die Richtung des wirklichen Weges als die *Zeitachse* der Bewegung bezeichnen, dann wird die Richtung des Zeitstrahls durch einen ruhenden Punkt die *allgemeine Zeitachse* genannt werden dürfen. Wenn sich also ein Punkt bewegt, dann bildet seine spezifische Zeitachse mit der allgemeinen Zeitachse einen Winkel, durch dessen Tangente die Geschwindigkeit des Punktes gemessen wird. Diese Ausdrucksweise ist dazu geeignet, den Unterschied zwischen Ruhe und Bewegung in ein helles Licht zu setzen. Wir sind in der wirklichen Wahrnehmung gezwungen, gewisse sinnliche Erscheinungen (Körper) als ruhend, andere hingegen im Vergleiche zu den ruhenden als bewegt aufzufassen. Nunmehr dürfen wir sagen, daß die ruhenden Erscheinungen die allgemeine Zeitachse unserer sinnlichen Wahrnehmung festlegen, während den bewegten Erscheinungen spezifische Zeitachsen zukommen, die von der allgemeinen abweichen, d. h. mit ihnen einen Winkel bilden, dessen Tangente das Maß der Bewegungsgeschwindigkeit liefert.

Wir können schließlich unserem Bewußtsein selbst eine Zeitachse zuschreiben, womit ich meine, daß jene sinnlichen Erscheinungen, die uns zwingen, sie als ruhend aufzufassen, die Zeitachse unseres Bewußtseins bestimmen. Wir werden also *die Ruhe definieren können als das Zusammenfallen der Zeitachse unseres Bewußtseins mit der Zeitachse der Erscheinung selbst, wohingegen die Bewegung nichts anderes ist als ein Richtungsunterschied dieser Zeitachsen.*

Ich muß es mir versagen, mich schon im Rahmen dieser Abhandlung mit den beschleunigten Bewegungen und mit den allgemeinen Prinzipien der Bewegungslehre in dem fließenden Raume zu befassen, weil rein mathematische Betrachtungen hier nicht gut am Platze wären. Zum Schlusse will ich nur bemerken, daß die Koordinaten eines Punktes im fließenden Raume sich durch

$$\left.\begin{matrix} x + it \\ y + it \\ z + it \end{matrix}\right\}$$

darstellen lassen, welche Ausdrücke dem Mathematiker zeigen, daß die Räume R_0, R_1, R_2 … eindeutige kongruente Abbildungen voneinander sind. Ziehen wir aber bewegte Erscheinungen in Betrachtung, so hört die Kongruenz dieser Abbildungen auf, und es wird sich die mathematische Aufgabe ergeben, die Natur dieser Abbildungen für die verschiedenen Formen der Bewegung zu bestimmen.

§ 20. Ausblick

In dieser Abhandlung war es mir daran gelegen, bloß ein neues Werkzeug für die philosophische Untersuchung der Natur und des menschlichen Bewußtseins zu liefern, nicht aber auch die Anwendungen dieses Werkzeuges in die verschiedensten Gebiete des menschlichen Wissens zu verfolgen. Die Begriffskonstruktion vom fließenden Raume, die im Grunde nur eine strenge Formulierung unserer raumzeitlichen Anschauung ist, muß sich notwendig fruchtbar in allen Gebieten der Naturwissenschaft erweisen; denn das strenge Achten auf die Einheit von Raum und Zeit resp. auf die dualen Grundbeziehungen dieses Begriffspaares kann nur eine Vertiefung der Naturbetrachtung zur Folge haben. Ich verinnerliche sozusagen unsere Naturanschauung dadurch, daß ich die subjektive (ideale) Dimension der Zeit ganz offen in die Untersuchung der sinnlichen Erscheinungswelt hineintrage. Die Naturwissenschaft wird auf solche Weise durchgeistigt, sie wird zu einer objektivierten Psychologie und objektivierten Logik. Umgekehrt aber, trage ich zugleich die sinnliche Naturanschauung in die Psychologie und Logik hinein, um die Begriffe derselben von ihrer Nebelhaftigkeit zu befreien. Der Begriff vom fließenden Raume soll sich dieser wechselseitigen Durchdringung von Natur- und Geisteswissenschaften, also einer einheitlichen Weltauffassung dienstbar machen. Ist ja die Annäherung einer einheitlichen Weltanschauung, das erhabenste Ziel, das sich der menschliche Verstand zu stecken vermag.

Anhang

Melchior (Menyhért) Palágyi – Werke

Ausgewählte Werke in drei Bänden (deutsch):

Bd. I.: Naturphilosophische Vorlesungen, 2., wenig veränderte Auflage mit Vorrede von Palágyi, Leipzig 1924.

Bd. II.: Wahrnehmungslehre, mit einer Einführung von Ludwig Klages, Leipzig 1925.

Bd. III.: Weltmechanik, mit einem Geleitwort von Ernst Gehrke (Beiträge zur Metaphysik der Physik), Leipzig 1925.

Philosophische Schriften (deutsch):

Neue Theorie des Raumes und der Zeit. Die Grundbegriffe einer Metageometrie, Leipzig 1901.

Der Streit der Psychologisten und Formalisten in der modernen Logik, Leipzig 1902.

Kant und Bolzano, Halle 1902.

Die Logik auf dem Scheidewege, Berlin 1903.

Theorie der Phantasie, in: Jahrbuch moderner Menschen, Osterwieck 1908.

Naturphilosophische Vorlesungen. Über die Grundprobleme des Bewußtseins und des Lebens, Charlottenburg 1907.

Philosophische Schriften (ungarisch; Auswahl):

Grundlegung der Erkenntnislehre (Az Ismerettan Alapvetése), Budapest 1904.

Schriften zur Physik (deutsch; auch in: Ausgewählte Werke Bd. III):

Die Relativitätstheorie in der modernen Physik, Vortrag auf dem 85. Naturforschertag in Wien, Berlin 1914.

Kopernikus und die Relativitätstheorie, in: Didaskalia (Beilage der Frankfurter Nachrichten), 1922.

Galilei und das Übertragungsprinzip, in: Didaskalia, a. a. O., 1922.

Das Weltbild der neuen Physik, in: Didaskalia, a. a. O., 1922.

Alte und neue Atomistik, in: Didaskalia, a. a. O., 1923.

Aufsätze (ungarisch; Auswahl):

In: *Athenaeum* (Philosophische und staatswissenschaftliche Zeitschrift), Budapest:

Vom Wachsein, 4/1892.
Von der realen und idealen Besinnung, 1/1893.
Höhere ideale Ströme, 1/1893.
Das Gedächtnis, 4/1893.

In: *Jelenkor* (Gegenwart), Budapest:

Insichgehen, 1896.
Das Gesetz des Verstandes, 18/1896.
Das Gesetz der Verstandes in der Erfahrung, 10/1897.
Das Gesetz der Anschauung, 1896.

In: *Magyar Figyelö* (Ungarischer Beobachter), Budapest:

Darwinisten und Antidarwinisten, 17/1911.
Die Krise des Darwinismus, 1911.
Sozialbiologie, 23/1911.
Paläontologie und Entwicklungslehre, 1912.
Moderne Traumdeutung, 10/1912.
Dämmerung des Marxismus, 22/1912.
Lasalle und die Sozialisten, 4/1913.
Shakespeares Laufbahn und Lebensauffassung, 10/1916.
Leibniz, 2/1917.

Aufsätze (deutsch; Auswahl):

Weltkrieg und Weltfrieden, in: Hans F. Helmholt: Das Buch vom Kriege, Berlin 1915.

Die Krise der europäischen Zivilisation, in: Die Tat, 2/1916.

Insichgehen, in: Didaskalia (Beilage der Frankfurter Nachrichten), 1924.

Über den philosophischen Pessimismus und Optimismus, Darmstädter Tagblatt vom 25.5.1924.

Kant der Philosoph, Darmstädter Tagblatt vom 20.4.1924.

Wachen, Schlafen und Traum, Darmstädter Tagblatt vom 8.6.1924.

„Das Leben ein Traum“, Darmstädter Tagblatt vom 8.6.1924.

Aufsätze (französisch; Auswahl):

La crise de l'idée européenne, Revue Politique Internationale, 18/1915.

Le suicide de l'Europe, Revue Politique Internationale, 22/1916.

Abhandlungen zu Dichtung und Kunst (ungarisch; Auswahl):

Leben und Dichtung von Emmerich Madách, Budapest 1900.

Petöfi, Budapest 1909.

Unsere nationale Malerei: I. Berthold Székely, 1910.

Editorische Notiz

Für die hier edierten Palágyi-Texte gilt: Alles in eckigen Klammern Stehende bezeichnet Auslassungen oder Korrekturen oder kleinste Verständnishilfen des Herausgebers. Der Eingriff in die Originaltexte wurde bewusst so gering wie möglich gehalten. Offensichtlich falsch oder nicht gesetzte Kommata und ähnliche Kleinstkorrekturen wurden stillschweigend vorgenommen; ebenso wurden eindeutige Schreib- oder Satzfehler korrigiert.

Die Quellen der Originaltexte werden jeweils am Anfang des betreffenden Textes in der ersten Fußnote gegeben.

Die hier wiedergegebene Fassung der Texte folgt den Originaltexten mitsamt ihrer jeweiligen, zeit- und umstandsbedingten Rechtschreibung.

Reihen und Titel des Albunea Verlags

Reihe Naturreligion und Mythologie:

- Robert Josef Kozljanič: Antike Heil-Ort-Rituale – Traumorakel, Visionssuche und Naturmantik bei den Griechen und Römern. (2004 erschienen)
- Charles A. Eastman (Ohiyesa): Die Seele des Indianers – Ein Siouxindianer berichtet über Glauben und Sitten seines Volkes. (2009 erschienen)
- Helena Rytkönen: Opferriten und Pfannkuchen – Eine Reise ins Land der Mari an der Wolga. (2010 erschienen)
- Die Natur ist heilig. Hymnen an antike Gottheiten – Ein Gebetbuch für naturreligiöse Menschen. Zusammengestellt, teils neu übersetzt und mit einem Nachwort versehen v. Lothar Lohenstein. (2017 erschienen)
- Unser Dasein ist heilig. Antike Gebete für persönliche, familiäre und gesellschaftliche Anlässe. Zusammengestellt, teils neu übersetzt und mit einem Nachwort versehen v. Lothar Lohenstein. (In Bearbeitung)

Reihe Kulturgeschichte:

- Robert Josef Kozljanič: Der Geist eines Ortes – Kulturgeschichte und Phänomenologie des Genius Loci. 1. Band: Antike – Mittelalter. 2. Band: Neuzeit – Gegenwart. (2004 erschienen)
- Andrea Kölbl: Fiktionen der Liebe – Europäische Volksmärchen und populäre Spielfilme im Vergleich. (2006 erschienen)
- Eduard Stemplinger: Sympathieglaube und Sympathiekuren in Altertum und Neuzeit. (Erscheint 2019)

Reihe Zivilisationskritik und Befreiungsdenken:

- Theodor Lessing / Robert Josef Kozljanič: Untergang der Erde am Geist der Machteliten. Die verfluchte Kultur der Maschine / 100 Jahre radikale Zivilisationskritik und solidarische Lebensdemokratie. (2014 erschienen)
- Rudolf Gaßenhuber: Herzsinn und Weltangst. Philosophisch-psychologische Essays. (2018 erschienen)
- Helene Stöcker: Unsere Umwertung der Werte. (Deutscher Originaltext von 1897 in englischer, französischer, spanischer und türkischer Übersetzung; für 2019 geplant)

Reihe Lebensphilosophie (Jahrbücher):

- I. Jahrbuch für Lebensphilosophie (2005). Zur Vielfalt und Aktualität der Lebensphilosophie. Hg. v. R. J. Kozljanič. (Erschienen)
- II. Jahrbuch für Lebensphilosophie (2006). Leib-Denken. Hg. v. R. J. Kozljanič. (Erschienen)
- III. Jahrbuch für Lebensphilosophie (2007). Praxis der Philosophie – Gernot Böhme zum 70. Geburtstag. Hg. v. U. Gahlings, D. Croome u. R. J. Kozljanič. (Erschienen)
- IV. Jahrbuch für Lebensphilosophie (2008/2009). Lebensphilosophische Vordenker des 18. und 19. Jahrhunderts. Hg. v. R. J. Kozljanič. (Erschienen)
- V. Jahrbuch für Lebensphilosophie (2010/2011). Gelebter, erfahrener und erinnerter Raum. Hg. v. J. Hasse u. R. J. Kozljanič. (Erschienen)
- VI. Jahrbuch für Lebensphilosophie (2012/2013). Dramatisch-freiheitliches Philosophieren. Eberhard Simons in memoriam. Hg. v. T. Dahlheim. (Erschienen)
- VII. Jahrbuch für Lebensphilosophie (2014/2015). Lebensdenkerinnen. Liebe zum Denken – Praxis des Lebens – Weisheit der Liebe. Hg. v. H. Bennent-Vahle, U. Gahlings u. R. J. Kozljanič. (Erschienen)
- VIII. Jahrbuch für Lebensphilosophie (2016/2017). Kritik und Therapie wissenschaftlicher Unvernunft. Hg. v. J. Hasse u. R. J. Kozljanič. (Erschienen)
- IX. Jahrbuch für Lebensphilosophie (2018/2019). Väter, Mütter, Töchter und Söhne der Lebensphilosophie. Hg. v. R. J. Kozljanič. (Erscheint 2018)
- X. Jahrbuch für Lebensphilosophie (2020/2021). Sozialistische, anarchistische und pazifistische Lebensphilosophie. Hg. v. R. J. Kozljanič. (Geplant)

Reihe Lebensphilosophie (Grundlagentexte):

- Philipp Lersch: Erlebnishorizonte – Schriften zur Lebensphilosophie. Herausgegeben und eingeleitet von Thomas Rolf. (2011 erschienen)
- Friedrich Schlegel / Robert Josef Kozljanič: Philosophie des Lebens – Eine Manifestation. (2018 erschienen)
- Max Scheler: Versuche einer Philosophie des Lebens (2018 erschienen)
- Melchior Palágyi: Der Gegensatz von Geist und Leben. Schriften zur schöpferischen Verbindung von Erkenntnistheorie und Vitalismus. Herausgegeben und eingeleitet von Heiko Heublein. Mit einem Vorwort von Prof. Dr. Christian Möckel (2018 erschienen)

Reihe sozialer Humanismus und solidarische Pädagogik:

- Johann Gottfried Herder: Humanismus als Herzensbildung und schöne Wissenschaft. Vorrede und Briefe zu Beförderung der Humanität. Mit einem Nachwort von Prof. Dr. Wilfried Stroh (2018 erschienen)
- Ernesto Grassi / Robert Josef Kozljanič: Zweite Aufklärung und demokratische Bildung. Vom elitären zum sozialen Humanismus. (Erscheint 2018)
- Helene Stöcker: Verkünder und Verwirklicher der Menschenliebe. Sozialhumanistische und pazifistische Beiträge. (Erscheint 2019)
- Alice Rühle-Gerstel: Individualpsychologische und sozialhumanistische Schriften. (Geplant)

ALBVNEA VERLAG MVENCHEN

Seldeneckstr. 18
D-81243 München
www.albunea.de
info@albunea.de